la cuisine micro-ondes

Couverture
- Maquette:
  GAÉTAN FORCILLO

- Photo:
  RENÉ DELBUGUET

Maquette intérieure
- Conception graphique:
  GAÉTAN FORCILLO

- Photos:
  RENÉ DELBUGUET

- Illustrations:
  MICHEL-GÉRALD BOUTET

DISTRIBUTEURS EXCLUSIFS:

- Pour le Canada:
  AGENCE DE DISTRIBUTION POPULAIRE INC.*
  955, rue Amherst, Montréal H2L 3K4 (tél.: 514-523-1182)
  *Filiale de Sogides Ltée

- Pour la France et l'Afrique:
  INTER-FORUM
  13, rue de la Glacière, 75013 Paris (tél.: 570-1180)

- Pour la Belgique, la Suisse, le Portugal, les pays de l'Est:
  S.A. VANDER
  Avenue des Volontaires 321, 1150 Bruxelles (tél.: 02-762-0662)

Jehane Benoit

la cuisine micro-ondes

LES ÉDITIONS DE L'HOMME *

CANADA: 955, rue Amherst, Montréal H2L 3K4

*Division de Sogides Ltée

Table des matières

Introduction 9

Comment fonctionne votre four
à micro-ondes 11

Apprenez à connaître votre four 19

Les meilleurs ustensiles à utiliser
dans votre four 25

Guide de décongélation 35

Planification des repas 41

Hors-d'oeuvre 51

Boissons 67

Soupes 79

Sauces pour plats de poisson,
de viande et de légumes 93

Oeufs et fromage 111

Viandes et volailles 125

Poissons et fruits de mer 181

Légumes 199

Céréales, riz et pâtes 253

Desserts et sauces à desserts 267

Gâteaux et tartes 299

Biscuits, bonbons et confitures 317

Trucs qu'il est bon de connaître 325

Index 335

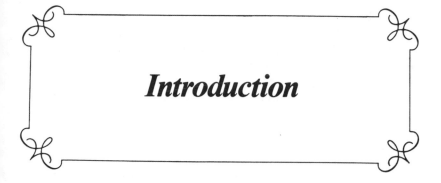

Introduction

Je fais la cuisine au four à micro-ondes depuis quelques années déjà et je suis convaincue que d'ici la fin du siècle toute l'économie familiale sera planifiée en fonction de cet appareil emballant. On n'a qu'à se reporter cinquante ans en arrière seulement pour voir le nombre étonnant d'accessoires qu'on a ajoutés à nos cuisines et le chemin parcouru depuis le poêle à bois pour réaliser que les changements considérés naguère comme impossibles sont maintenant ancrés dans nos mœurs.

Des changements sont survenus aussi dans nos modes de vie et dans nos habitudes alimentaires, et des appareils comme le four à micro-ondes vont marquer la libération de l'homme ou de la femme dans la cuisine. La congélation et le four à micro-ondes se complètent : nous avons à notre disposition un éventail d'aliments de tous genres, surgelés et instantanés, de telle sorte qu'il est possible de servir des aliments précuits sortant directement du congélateur, de les dégeler instantanément, puis de les cuire dans le four à micro-ondes en quelques minutes.

Si vous êtes le genre de personne pour qui le temps, le côté pratique, l'épargne et l'économie de travail comptent tout autant ·

qu'une bonne nourriture appétissante, vous adorerez cuire avec votre four à micro-ondes.

C'est la raison pour laquelle j'étais si enthousiaste à l'idée de divulguer la plupart des recettes que j'ai essayées et testées. En plus de celles que j'ai mises au point spécialement pour le four à micro-ondes, j'ai aussi appris à convertir mes vieilles recettes préférées à la cuisson micro-ondes. Quand vous aurez compris les principes de la cuisson micro-ondes et que vous aurez essayé quelques-unes des recettes du livre, vous serez à même de faire cette transposition.

Avec un four à micro-ondes, la cuisson requiert environ le tiers du temps qu'elle prenait traditionnellement, ce qui vous laisse plus de temps pour les diverses tâches de maison, pour jouer avec les enfants ou pour n'importe quel passe-temps. Non seulement le temps passé dans la cuisine est réduit, mais les personnes âgées, les handicapés ou les jeunes de votre entourage peuvent aussi préparer leur propre repas sans risque de trop faire cuire, de se brûler avec des plats trop chauds, etc.

Mon livre ne peut que vous donner une petite idée de ce vaste horizon qu'est la cuisine micro-ondes. Je suis sûre qu'il apportera une nouvelle dimension à votre vie.

Vous verrez aussi qu'il est facile de passer de la cuisinière à gaz ou électrique au four à micro-ondes si vous êtes décidé à réorganiser votre alimentation et votre manière de penser. De prime abord, vous trouverez que la cuisson micro-ondes diffère à plusieurs égards de la cuisson classique et il se peut que, pendant quelque temps, vous ne puissiez réussir à faire les choses machinalement comme par le passé et que cela vous retarde. Toutefois, cela ne durera pas et, dès que vous serez familiarisé avec ce procédé, vous vous demanderez comment vous avez pu jusqu'ici faire votre cuisson de la manière conventionnelle.

Il est important de lire les chapitres d'introduction avant de commencer à cuire avec votre four à micro-ondes.

Comment fonctionne votre four à micro-ondes

Les micro-ondes sont des ondes d'énergie électro-magnétique avec grandes ondes et hautes fréquences. Vous êtes habitué aux longueurs d'ondes de votre poste de radio, et, par rapport à celles-ci, la longueur d'onde des micro-ondes se situe au niveau des ondes les plus courtes de la radio, juste au-dessous des ondes infrarouges et de la lumière visible. Les micro-ondes sont produites par des électrons provenant du courant électrique et passant à travers un tube à vide spécial appelé magnétron. Comme d'autres ondes électromagnétiques, telles celles de la télévision, des réseaux AM ou FM de radio, du radar, des ultra-violets, etc., les micro-ondes se transmettent, se reflètent ou sont absorbées par des substances diverses.

Dans le cas du four à micro-ondes, c'est le magnétron qui produit l'énergie pour la cuisson. Les molécules humides des aliments absorbent cette énergie et la fréquence très rapide de vibration des molécules (friction) engendre la chaleur dans les aliments. Cette chaleur agit à une profondeur allant d'un pouce à un pouce et demi et se propage dans les aliments de la même façon que dans la cuisson classique. Comme vous le verrez, la nourriture se cuit d'elle-même. Cette manière de cuire rend le nettoyage très facile parce que rien n'adhère aux plats et que l'intérieur du four reste froid !

Avec certaines marques de fours, on risque d'endommager le magnétron si le four fonctionne sans aliments à l'intérieur pour absorber l'énergie. L'énergie peut, en effet, être renvoyée de la cavité du four au magnétron. Le même effet peut se produire quand il se trouve dans le four une grande quantité de métal qui vient déranger le faisceau d'ondes. Pour savoir si c'est le cas de votre propre four, lisez attentivement les instructions fournies par le manufacturier. Une bonne précaution pour éviter les risques d'accident avec votre four : laissez-y continuellement une tasse d'eau quand vous ne vous en servez pas.

Les normes de sécurité des fours à micro-ondes sont extrêmement rigoureuses et, à moins que la porte fasse défaut, il n'y a aucun risque de blessures par radiation. Au contraire des rayons X, l'énergie micro-ondes n'a pas d'effets cumulatifs et ne saurait produire d'ionisation. Tout ce qui pourrait vous arriver si vous étiez exposé aux micro-ondes, ce serait de subir une brûlure comparable à un fort coup de soleil car le soleil est aussi une forme de radiation.

Votre four ne peut émettre de radiations si la porte reste ouverte.

Pour son entretien, référez-vous au manuel du manufacturier.

Construction de base d'un four à micro-ondes

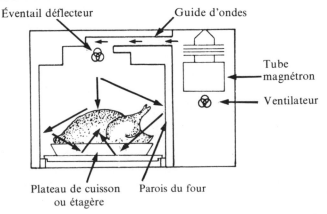

Éventail déflecteur Guide d'ondes

Tube magnétron

Ventilateur

Plateau de cuisson ou étagère Parois du four

Source d'énergie

La source d'énergie se compose d'un transformateur et d'un condensateur. Le transformateur augmente le courant domestique de 100 V aux tensions nécessaires pour faire fonctionner le magnétron.

Ventilateur de cuisson

Le ventilateur souffle de l'air sur le magnétron pour le refroidir. L'air circule ensuite dans la cavité du four pour transporter la vapeur et l'humidité des aliments.

Guide d'ondes

Les micro-ondes émanent du guide d'ondes vers la cavité où elles sont dispersées et réfléchies à partir des parois du four, comme l'indique le schéma.

Plateau de cuisson

Le plateau de cuisson sert à isoler les aliments de la base du four pour qu'ils soient bien cuits en-dessous. Le plus souvent, le plateau est en verre et amovible, mais il arrive qu'il fasse partie intégrante du four.

Éventail déflecteur

Les micro-ondes étant du même type que celles de la radio, elles ont des crêtes et des creux, ce qui donne des « points chauds » et des « points froids » dans le four et a comme résultat une cuisson irrégulière. Une solution serait de faire tourner constamment le plat à cuire. La plupart des fours sont dotés d'un éventail déflecteur muni de lames métalliques et placé de façon à réfléchir les micro-ondes dispersées par le guide d'ondes vers la cavité. Comme l'éventail tourne, il déplace le réseau d'ondes et uniformise ainsi la cuisson.

Porte

La plupart des fours ont un écran métallique qui conserve l'énergie à l'intérieur mais permet de voir ce qui se passe dans le four. Quelques-uns ouvrent sur le côté, d'autres ont une porte fixée au bas du four qui s'ouvre en se renversant.

Compte-minutes

Le compte-minutes contrôle les durées de cuisson. La plupart permettent un contrôle très précis pour les cuissons brèves où il est essentiel de ne pas faire trop cuire, comme dans le cas de fromages ou d'œufs, ainsi que pour de longues cuissons quand les pièces à cuire sont plus importantes. Il existe différents types de compte-minutes :

1. Deux compte-minutes — l'un pour les cuissons brèves, l'autre pour les cuissons longues.

2. Compte-minutes à deux vitesses, soit deux compteurs en un. Ils sont indiqués par de courts intervalles (5-15 secondes) et par des durées plus longues (habituellement des minutes).

3. Compteurs numériques — ces modèles donnent un contrôle précis des minutes et des secondes.

Dispositifs à brunir

Les grandes pièces peuvent brunir (ou dorer) dans le four à micro-ondes, mais les petites requièrent normalement un peu d'aide comme dans le cas des côtelettes ou des aliments qui cuisent vite. Il existe plusieurs façons d'obtenir leur brunissage.

1. Accessoires à brunir : ils sont ordinairement fournis avec le four par le manufacturier. Un plat est aussi fabriqué par *Corning* dans ce but. Ces ustensiles sont faits d'un matériau qui absorbe les micro-ondes et le plat se réchauffe. Plus il est exposé aux ondes, plus il devient chaud. Il suffit de le préchauffer dans le four de sorte que, lorsqu'on y place des aliments, ils sont saisis immédiatement. Après qu'on a remis le plat et l'aliment au four, la cuisson se fait à la fois par le plat et par les micro-ondes. Il convient de retourner la pièce à cuire au milieu de la cuisson pour saisir l'autre côté.

2. Élément : il est semblable à l'élément du gril d'un four ordinaire. Là encore, il faut retourner la pièce car l'élément ne brunit que le côté exposé. Cette méthode de brunissage allonge la durée de cuisson puisque l'élément et le magnétron ne peuvent fonctionner en même temps car le four devrait capter trop d'énergie d'un simple circuit à 110 V. La chaleur provenant de l'élément dans la cavité du four entraîne un surplus de nettoyage et suppo-

se aussi l'utilisation d'accessoires réguliers comme du papier, du plastique, etc.

Décongélation

Cette opération est décrite au chapitre 4 — Guide de décongélation.

Niveaux variables d'intensités

Les fours à micro-ondes à niveaux d'intensités variables deviennent de plus en plus populaires et vont des fours à deux intensités aux fours à intensités multiples ou dotés d'un nombre infini de positions variant entre très basse et pleine intensité. C'est un peu comme choisir le degré de chaleur de cuisson dans une cuisinière électrique classique. L'une de ces positions est utilisée pour décongeler mais aussi pour cuire certains aliments qui sont meilleurs cuits lentement, par exemple :

• les œufs et les crèmes renversées (« custard ») qui pourraient être trop cuits à pleine intensité

• les ragoûts, toujours meilleurs mijotés

• les viandes dans les coupes économiques qui exigent une cuisson lente pour être plus tendres

• les restes, meilleurs réchauffés à faible intensité, parce que la chaleur plus basse permet à la température de pénétrer les aliments au lieu de commencer par le pourtour.

Bref, ce dispositif de niveaux variables d'intensité présente un réel avantage.

Tablettes tournantes

Quelques fours possèdent ce dispositif qui fait mouvoir le plateau avec les aliments. Il a un peu le même effet que le déflecteur, soit une cuisson uniforme.

Commande

Certains modèles ont une commande transistorisée au lieu de compteurs mécaniques ou de commutateurs. C'est un dispositif plus sophistiqué, bien que les compteurs mécaniques fassent le même travail. Les commandes transistorisées seraient toutefois plus sûres et leurs fonctions sont plus variées. Les durées de cuisson ou de décongélation sont commandées par clavier comme un ordinateur ou un téléphone à boutons-poussoirs. La pendule est à lecture directe et indique l'heure, même quand le four ne marche pas.

Différents types de fours

Pour dessus de comptoir

Conçu pour être déposé sur un comptoir de cuisine et pour fonctionner à 110 volts, c'est le four à micro-ondes le plus répandu. Il en existe deux modèles :

1. Le plein format avec intensité de 600 à 650 watts. *Les durées de cuisson de ce livre sont établies pour ce four.*

2. Le modèle compact, plus petit et, par conséquent, plus facile à transporter. Il fonctionne normalement à 500 watts environ, donc à une chaleur plus basse que le plein format.

Pour dessus ou dessous de cuisinière

C'est un second four, ajouté à celui de type classique avec brûleurs ordinaires (au gaz ou à l'électricité) qui est installé en dessous. Le four supérieur, à micro-ondes, est du type plein format mais construit en même temps que la cuisinière traditionnelle. *Toutes les recettes et durées de cuisson de ce livre s'appliquent à ce modèle.* Son principal avantage est l'économie d'espace.

Four combiné

Il s'agit là d'un four pleine grandeur ou d'un four encastré dans le mur et combinant à la fois l'énergie micro-ondes et la chaleur ordinaire dans la cavité du four. On l'utilise comme une cuisinière normale ou comme un four à micro-ondes, ou encore avec les deux formes d'énergie simultanément.

Il économise l'espace et offre une puissance énorme de cuisson sans aucune des restrictions des fours pour dessus de comptoir.

Les recettes de ce livre ne peuvent s'appliquer à ce modèle de four qui utilise à la fois les deux formes d'énergie, bien qu'il soit possible de les y adapter. Il faut alors suivre les instructions du manufacturier pour les durées de cuisson.

Les recettes de ce livre ont été testées avec un four d'une puissance de 650 watts qui est standard pour la majorité des fours disponibles sur le marché. Ces fours fournissent en réalité une puissance de 600 watts. Pour savoir si le vôtre se classe dans cette catégorie, placez à l'intérieur 6 onces (170 ml) d'eau froide dans une tasse et observez combien de temps il faut pour l'amener à ébullition. Elle devrait bouillir en 2 minutes ou 2½ minutes. Si elle ne bout pas dans ce laps de temps, il vous faudra sans doute ajouter une minute à la plupart des recettes ou retrancher une minute dans le cas contraire.

Apprenez à connaître votre four

Nombreuses fonctions d'un four à micro-ondes

Il n'est pas tout à fait correct d'appeler cet appareil un *four* puisqu'il a la capacité de faire bouillir, frire, assécher ou cuire à l'étuvée, soit toutes les opérations qui s'effectuent, en fait, sur les éléments de la cuisinière. Au fait, cet appareil se révèle excellent pour faire cuire ces sauces qui, souvent, exigent d'être mijotées au bain-marie, qu'il faut remuer constamment et qui, plus souvent qu'autrement, collent aux casseroles. Les légumes paraissent aussi à leur meilleur quand ils sont cuits au four à micro-ondes qui n'exige que très peu d'eau, ce qui leur permet de conserver couleur et saveur.

La plupart des gens savent l'aide précieuse que représente un four à micro-ondes pour préparer un repas. Vous n'avez même pas à réchauffer le four ou à dégeler les aliments à l'avance. Mis au four, ils en ressortent aussi vite tout chauds et savoureux ! Mais ce n'est pas tout. Avec un four à micro-ondes, tous les aliments deviennent faciles à cuisiner.

Si votre famille compte parmi celles qui sont revenues au principe des aliments frais, le four à micro-ondes est fait pour elle. Même si la préparation de vos repas est un peu plus longue qu'avec les aliments instantanés, vous économisez un temps considérable sur la cuisson et vous obtenez de bien meilleurs résultats. J'ai essayé de donner beaucoup de recettes pour tous les types de cuisson.

Le four à micro-ondes possède encore un autre avantage par rapport à la cuisinière classique : il permet de décongeler les aliments rapidement et souvent d'en réduire la durée de cuisson. Si vous recevez des visiteurs à l'improviste ou que vous avez oublié de sortir la viande du congélateur, vous pouvez quand même préparer un repas en un temps record !

Il demeure une chose que votre cuisinière ordinaire fait mieux que le four à micro-ondes, c'est le rissolage ou brunissage. Mais là encore, il existe des moyens de contourner la difficulté. Par exemple, la plupart des aliments qui passent plus de dix minutes dans le four à micro-ondes se colorent automatiquement (rôtis, volailles, etc.). Cependant, comme l'air dans le four demeure à la même température que dans la pièce, le brunissage n'est pas aussi accentué que dans un four classique où l'air atteint 300 à 400°F (150 à 200°C). Donc, si vous désirez une viande ou une volaille dorée ou à la peau croustillante, il ne vous reste qu'à la placer quelques minutes au gril ordinaire. Les petites pièces comme les steaks, les côtelettes, les hamburgers, ne doreront pas mais il existe d'autres moyens. D'abord, certains fours sont munis de dispositifs de brunissage spéciaux — voir la section sur les dispositifs. De plus, vous pouvez utiliser une méthode complémentaire de cuisson comme je l'ai indiqué dans certaines recettes. Il suffit d'utiliser votre four classique et votre four à micro-ondes successivement. Pour les hamburgers, les pains de viande ou les plats similaires, j'ai utilisé une couche de « Kitchen Bouquet » ou encore de sauce au soja qui donnent un beau doré à la fin de la cuisson. Dans le cas des pâtisseries, le problème est résolu par le glaçage ou la décoration.

Avec le four à micro-ondes il est aussi possible de faire réchauffer des aliments déjà cuits en un rien de temps, sans dessèchement ni perte de saveur. En fait, tout paraît fraîchement cuit, y compris les steaks, les crêpes et les légumes délicats qui, d'ordinaire, ne sont pas appétissants quand on les réchauffe de manière conventionnelle ! On peut faire réchauffer mille et une choses dans le four à micro-ondes : les pains, les tartes, les hors-d'œuvre pour le cocktail et surtout les aliments des bébés et leurs biberons. On économise un temps précieux dans ce dernier cas, ce qui est fort appréciable surtout quand le bébé pleure parce qu'il a faim !

Essayez d'imaginer tous les avantages qui s'offrent à vous ! Si, dans votre famille, on mange un peu à toutes les heures du jour et de la nuit, suivant les occupations de chacun, vous pouvez faire cuire un repas complet pour toute la famille, en servir des portions individuelles et faire réfrigérer celle du retardataire. Tout ce qui restera à faire, ce sera de ressortir le plat du réfrigérateur, de le placer dans le four à micro-ondes et, en quelques secondes, le mets sera sur la table tout chaud, tout bouillant, comme s'il venait d'être cuit !

Pour ceux qui ne possèdent pas d'accessoires à brunir ou qui préfèrent les steaks, côtelettes, crêpes ou gaufres cuits de façon traditionnelle, il est facile d'en faire un peu plus, de les congeler et de les réchauffer au four à micro-ondes le moment venu. Ils seront aussi frais que lors de leur confection et on épargnera un temps précieux.

Un autre avantage que j'apprécie grandement, c'est que je peux préparer des repas à l'avance pour ma famille quand je dois m'absenter pour quelques jours. Avant de partir, je les place au réfrigérateur ou au congélateur, j'indique le contenu de chaque récipient avec la durée de réchauffage au four à micro-ondes. Les miens n'ont plus qu'à les mettre au four et, en un clin d'œil, ils ont un repas tout prêt. Pas de vaisselle à faire, les récipients vont dans le lave-vaisselle ! C'est ce que j'appelle du pratique ! Ils disent qu'ils n'ont jamais été aussi bien nourris en mon absence, grâce au four à micro-ondes.

Il ne serait toutefois pas honnête de ma part de ne pas souligner les limites de la cuisson micro-ondes. Elles existent, bien que ce four soit plus polyvalent que le four classique, le gril ou les éléments de surface d'une cuisinière ordinaire.

Une des limites du four à micro-ondes est la quantité d'aliments qu'il peut accepter. Bon pour une famille de 4 ou 5 personnes, il devient impossible d'y cuire un repas de fête pour plusieurs invités, exception faite des plats préparés à l'avance et qu'on peut rapidement réchauffer.

Une autre limite concerne certains types de cuisson au four, bien qu'on puisse y faire cuire beaucoup de mets différents. Rappelez-vous que l'air dans le four à micro-ondes est à la température de la pièce alors que, dans un four ordinaire, il y est très chaud. C'est l'action de cet air chaud qui donne la croûte dorée aux pains ou la belle couleur des pâtisseries. Cela ne peut se faire dans un four à micro-ondes. On peut toujours faire cuire ces aliments dans le four à micro-ondes, mais ils auront une texture et une apparence différentes de celles auxquelles vous êtes habituée.

Enfin, les coupes de viande les moins tendres doivent être cuites lentement et de façon traditionnelle pour les attendrir, sauf avec les fours à intensités et à niveaux variables. L'emploi de marinades et de liquides dans ces cuissons a aussi un effet en ce sens. Tout dépend aussi de la coupe utilisée et de votre goût personnel. Je trouve que la plupart des viandes que je fais cuire aux micro-ondes sont satisfaisantes.

AVANT DE COMMENCER À CUIRE

Le temps, et non la température, est le guide à suivre avec un four à micro-ondes. Au lieu de fixer temps de cuisson et température, il suffit de régler le compte-minutes.

La durée de cuisson dans un four à micro-ondes est basée sur trois choses : la température des aliments à leur entrée au four, leur quantité et leur densité.

Température d'entrée au four

Si les aliments sortent du congélateur ou du réfrigérateur pour entrer au four à micro-ondes, ils prendront plus de temps à cuire que s'ils étaient déjà à la température de la pièce.

Quantité

Plus la quantité est grande, plus long est le temps de cuisson. Rappelez-vous que la puissance de votre four est d'environ 600 watts. Une pomme de terre cuira en 4 ou 5 minutes parce que toute l'énergie se concentre dans cet aliment. Deux pommes de terre prendront de 7 à 8 minutes parce que l'énergie se trouve partagée.

Densité

Quand un aliment est très dense, comme la viande, il prend plus de temps à cuire ou à dégeler qu'un autre qui est plus poreux. Par exemple, une côtelette congelée prendra plus de temps qu'une tranche de pain congelée.

C'est une autre des raisons pour lesquelles on doit faire cuire les aliments les uns après les autres dans un four à micro-ondes. Comme la rapidité de cuisson des aliments varie, si nous les cuisions simultanément comme dans un four ordinaire, certains seraient bien cuits, d'autres pas. Donc, comme je l'ai souligné, on n'économise pas de temps en cuisant les aliments ensemble. Les aliments cuits individuellement, les uns après les autres, prennent, en définitive, le même temps total et sont cuits à la perfection.

Si vous réchauffez plusieurs aliments en même temps dans un même plat, vous vous apercevrez, là encore, que les diverses densités font une grande différence. En effet, ils absorbent les micro-ondes à un rythme différent. J'ai résolu ce problème de la façon la plus satisfaisante en recouvrant le plat d'une feuille de papier ciré pour que la chaleur se distribue également. On doit aussi laisser reposer le plat une minute ou deux pour compléter la répartition de la chaleur.

Il arrive, à l'occasion, des choses étranges parce que certaines substances absorbent l'énergie plus vite que d'autres. Par exemple, dans un friand à la saucisse, la pâte feuilletée qui enveloppe la saucisse est beaucoup moins dense que celle-ci, de sorte qu'on s'attendrait à ce que la pâte soit chaude plus vite que la saucisse. Toutefois, la saucisse contenant un fort pourcentage d'humidité, contrairement à la pâte, absorbe plus vite les micro-ondes. Après quelques secondes de cuisson, la pâte est encore froide mais la saucisse à l'intérieur est chaude.

La plupart des aliments demandent un temps de repos de quelques secondes au sortir du four. Rappelez-vous que les micro-ondes chauffent le pourtour des aliments, chaleur qui se communique ensuite vers le centre, de sorte que les aliments continuent de cuire après avoir quitté le four. Le temps de repos est nécessaire pour laisser le processus de cuisson se terminer et pour que le centre ne soit pas à moitié cuit. Le temps de repos est donné avec les recettes.

Comme les micro-ondes pénètrent d'abord le pourtour des aliments, il est préférable de placer les parties les plus denses vers le bord du plat pour que les substances les plus légères ne soient pas trop cuites. Si l'on peut disposer les aliments en cercle ou en anneaux, c'est l'idéal. Dans le cas de plats comme les pommes de terre au four, par exemple, on les disposera convenablement en laissant un espace d'un pouce entre elles. N'en mettez pas non plus au milieu d'un cercle.

Brassage

Il est nécessaire de brasser certains mets comme les casseroles, les poudings, les légumes, les œufs brouillés, car, comme on l'a déjà expliqué, les aliments cuisent d'abord sur le pourtour. En les remuant, vous amenez doucement le centre du plat vers le bord ou vice-versa, et le plat sera uniformément cuit.

Quand vous n'êtes pas certain de la durée de la cuisson, il est facile d'ouvrir la porte (ce qui arrête la cuisson), de vérifier le plat, puis de remuer ou de retourner l'aliment si nécessaire et de remettre à cuire au four pour quelques secondes ou minutes supplémentaires. Les temps de cuisson de ce livre ne peuvent qu'être approximatifs car toutes les variables, comme l'humidité des aliments, la température de départ, le niveau de tension dans votre maison ou votre quartier et la puissance de votre four, doivent être considérés. Mais le problème n'est pas complexe, il ne s'agit que d'une question de secondes ou de minutes et l'aliment est rarement trop cuit.

Tout ceci peut sembler compliqué à première vue, mais devient rapidement familier comme votre méthode actuelle de cuisiner. Les seules différences seront le temps minimal que vous mettrez à cuire, l'élimination du nettoyage du four, la suppression des dangers de trop cuire et la facilité de servir les retardataires ou les invités survenant à l'improviste.

Les meilleurs ustensiles à utiliser dans votre four

Étant donné que les micro-ondes traversent certains matériaux au lieu d'être absorbées par eux, vous pouvez utiliser un grand choix d'ustensiles de cuisine et de contenants dans votre four.

En fait, vous pouvez utiliser n'importe quoi, du papier au verre, et même une corbeille d'osier pour réchauffer les petits pains, pourvu que le récipient ne contienne pas de partie métallique. De ce fait, c'est donc un grand avantage de cuire au four à micro-ondes. Il n'est guère possible non plus de vous brûler les doigts parce que la plupart des ustensiles restent froids, à moins que les aliments ne soient cuits pendant une très longue période, pendant laquelle la chaleur se transmettrait de l'aliment au récipient. Vous pouvez même faire cuire dans l'ustensile où vous avez mélangé la préparation, dégeler dans le contenant, l'emballage ou le sachet et utiliser des contenants jetables, tels qu'assiettes de carton, serviettes de papier, donc, moins de plats à laver. Ceci parce que le papier, le verre, le plastique sont transparents aux micro-ondes : ils *transmettent* les ondes au lieu de les absorber puisqu'ils ne contiennent pas d'humidité comme les aliments.

Ci-dessous, une liste de base vous donnera une idée des formes et formats les plus populaires d'ustensiles à utiliser dans un four à micro-ondes pour les recettes du livre. Il est facile de substituer un bol ou un plat similaire à ces objets.

La plupart des produits *pyrex* et *corning* peuvent être utilisés dans un four à micro-ondes à l'exception de ceux bordés de métal comme les cafetières ou les théières. Cela comprend les ustensiles *corning* avec le symbole *, les articles *pyrex* pour le four, transparents ou opaques, les plats et la vaisselle *Corelle*.

N.B. : Les ustensiles *Centura* ne sont pas recommandables pour le four à micro-ondes.

Il existe d'autres produits équivalents sur le marché. En cas de doute, testez le plat dans le four de 15 à 30 secondes. S'il ne s'échauffe pas, il est utilisable. S'il devient chaud, ne l'utilisez plus.

Liste d'ustensiles de base

Ustensiles	Quantités	Usages
Bols à cossetarde de 6 oz (200 ml)	4	œufs, crèmes renversées, sauces
Bols avec couvercles de 10 oz (300 ml)	2	légumes en portions individuelles, œufs brouillés, sauces
de 32 oz (1 *l*)	1	desserts, légumes, sauces, plats en casserole
de 48 oz (1,5 *l*)	1	légumes, plats en casserole, desserts
de 64 oz (2 *l*)	1	légumes, soupes, boissons en grandes quantités, plats en casserole
Moules à gâteaux de 8 × 8 po (20 × 20 cm)	1	poissons, fruits de mer, desserts, gâteaux, côtelettes
Plat à four oblong de 12 × 8 po (30 × 20 cm)	1	rôtis, viandes, volailles

Moule à pain de 48 oz (1,5 *l*)	1	pain de viande ou de poisson, plats en casserole
Moule rond à gâteau de 48 oz (1,5 *l*)	1	gâteaux, hors-d'œuvre, légumes
Moule à tarte de 9 po (22,5 cm)	1	hors-d'œuvre, omelettes, tartes
Tasses à mesurer		
Mesure de liquide de 16 oz (0,5 *l*)	1	sauces, jus de viande, mélanges, oignons sautés, champignons
Mesure de liquide de 32 oz (1 *l*) comme ci-dessus	1	comme ci-dessus
Articles supplémentaires		
Casserole couverte de 96 oz (3 *l*)	1	soupes, pâtes
Poêle de 8 ou 10 po [20 ou 25 cm] de *Corning* avec manche	1	pour les mets ayant besoin d'être ensuite rissolés sur le dessus de la cuisinière

Thermomètre de plastique ou de verre

En plus des articles de verre et de céramique mentionnés ci-dessus, vous pouvez aussi utiliser la plupart des plats en porcelaine, en particulier pour réchauffer une assiettée ou pour préparer une boisson, des soupes ou des céréales chaudes dans des coupes ou des bols individuels. Assurez-vous d'abord que l'anse ou la poignée n'est pas collée. Il n'est pas recommandé d'utiliser de la verrerie délicate qui peut se fêler au contact de la nourriture chaude. La porcelaine ne doit pas avoir un bord métallique ou même de la glaçure. La présence de métal peut causer un arc ou des étincelles par décharge statique d'énergie et endommager la garniture ou la porcelaine.

Produits de carton

Beaucoup de gens ont peine à croire que l'on puisse utiliser des serviettes, des assiettes ou des tasses de carton (assurez-vous que ces dernières sont bien pour les liquides chauds) dans le four à micro-ondes, mais ces articles sont formidables puisqu'ils n'ont pas besoin d'être lavés. Les emballages de congélation pour dégeler la nourriture, de même que le carton fort des viandes congelées, sont aussi utilisables. De plus, beaucoup d'aliments congelés ou de plats à emporter peuvent être cuits ou réchauffés dans leurs contenants de carton.

Ustensiles de plastique

Les plastiques rigides et marqués « bons pour le lave-vaisselle » peuvent être utilisés, y compris les assiettes, les tasses et certains contenants pour congélateur, bien qu'ils soient recommandés seulement pour réchauffer la nourriture à la température de service et non pour une longue cuisson. Soyez prudent quand vous réchauffez des produits contenant beaucoup de graisse ou de sucre qui peuvent monter rapidement à une haute température, car le plastique peut se déformer ou se trouer. Les biberons de plastique peuvent être utilisés dans le four à micro-ondes.

Les sachets de plastique du type « Faites-bouillir-dans-le-sac », spécifiquement conçus pour chauffer ou congeler, sont utilisables pour dégeler ou cuire mais il faut les percer pour laisser s'échapper la vapeur. Pour décongeler seulement c'est l'idéal. Pour cuire, il est plus pratique de transférer la nourriture dans un contenant régulier pour éviter d'avoir à le faire quand la nourriture est chaude. Mais les sacs d'entreposage en plastique ne *doivent pas* être utilisés dans les fours à micro-ondes parce qu'ils dégagent une odeur et contamineraient la saveur de la nourriture.
N.B. Les contenants de Mélamine ne sont pas recommandés parce qu'ils tendent à absorber les micro-ondes et à retenir la chaleur.

Paille et osier

Les paniers de paille ou d'osier peuvent être utilisés dans le four à micro-ondes pour réchauffer les pains, petits pains, brioches ou croustilles pendant quelques secondes.

Bois

La plupart des articles de bois comme les assiettes à steaks ou les plateaux tendent à se fendiller s'ils sont laissés assez longtemps dans le four à cause de l'humidité qu'ils contiennent. Mais si vous oubliez une spatule de bois dans le four, il n'y a pas de problème.

Métal

Les ustensiles de métal NE PEUVENT PAS être utilisés dans le four à micro-ondes : le métal peut endommager le magnétron, et, comme je l'ai dit, il reflète les micro-ondes et la nourriture ne peut pas cuire.

Papier métallique : on peut l'utiliser en petite quantité pour couvrir les bouts des ailes ou des cuisses de poulet ou toute partie comportant un gros os sans beaucoup de viande dessus.

Broches de métal : même si ce n'est pas recommandé, on peut s'en servir, pourvu que la masse de viande soit plus importante que celle du métal. Dans ce cas-là, les micro-ondes seront attirées par la forte densité de la nourriture.

Plateaux TV ou en en papier métallique : Il est possible de cuire les aliments dans les plateaux qui ont moins d'un demi-pouce (1,25 cm) de profondeur parce qu'ils sont assez creux pour laisser pénétrer la chaleur. Il est cependant préférable de transférer les aliments dont les plateaux ont plus d'un demi-pouce d'épaisseur dans un autre contenant.

Dans tous les cas, assurez-vous que le métal ne touche pas les parois du four, ce qui causerait des étincelles.

Surveillez tout spécialement les sacs de plastique qui se vendent attachés avec un petit lien métallique ; celui-ci provoquerait des étincelles, ce qui ferait fondre le plastique qui se mélangerait alors aux aliments.

Poterie, faïence, terre cuite

On peut utiliser certaines terres cuites vernissées dans le four mais il est préférable de les tester auparavant. Quelques faïences ou terres cuites absorbent l'énergie des micro-ondes à cause du métal qui entre dans leur composition. Pour les tester, placez la terrine dans le four avec, à l'intérieur, une tasse à mesurer à moitié remplie d'eau, pour protéger le four. Si, après une minute, l'ustensile est chaud ou tiède, ne l'utilisez plus.

Couvercles

Dans mes recettes, j'ai spécifié quels plats doivent être couverts. Il y a deux bonnes raisons d'utiliser des couvercles. La première est de conserver l'humidité qui, une fois chauffée, pénétrera la nourriture pour une cuisson plus rapide et plus égale. Deuxièmement, le couvercle empêche les éclaboussures.

Les couvercles de casseroles non métalliques, le papier ciré, les assiettes ou soucoupes peuvent servir à couvrir, pourvu qu'ils ne contiennent pas de métal. Le plastique peut aussi servir, du moment qu'il ne touche pas aux aliments. Il est bon de le percer à un ou deux endroits après la cuisson pour laisser échapper la vapeur et pour éviter de se brûler. S'il touchait à la nourriture, il pourrait fondre. Soyez prudent en retirant ce « couvercle » de plastique qui agit comme un sceau efficace et peut donc emprisonner la vapeur en-dessous. On utilise généralement des serviettes de papier pour éviter les éclaboussures de bacon.

Thermomètres

Les thermomètres réguliers à viande ou à bonbons *ne peuvent pas* être utilisés dans ce genre de four parce qu'ils contiennent du métal. Quand il est important de connaître la température, retirez le plat du four à micro-ondes et testez sa température au repos.

Suivez bien les instructions données dans mes recettes concernant la température indiquée par le thermomètre, plutôt que les températures utilisées dans la cuisson ordinaire. Parce que les temps de cuisson sont plus courts aux micro-ondes et qu'un temps de repos est nécessaire pour permettre à la chaleur de circuler vers le centre de l'aliment, on doit arrêter la cuisson quand le thermomètre indique de 10 à 20° F (3 à 6° C) de moins que dans la cuisson traditionnelle.

Usage du thermomètre à viande : Ce graphique peut paraître un peu technique, mais il montre ce qui arrive quand le rôti est cuit.

La première ligne indique ce qui arrive quand un rôti est cuit dans un four ordinaire à 325° F (160° C). Comme on s'y attend, le rôti est plus chaud à la surface et la température devient plus tiède vers le centre. La température intérieure est d'environ 155 à

160° F (65 à 70° C) à la fin du temps de cuisson, et c'est la lecture que vous obtenez sur le thermomètre à viande.

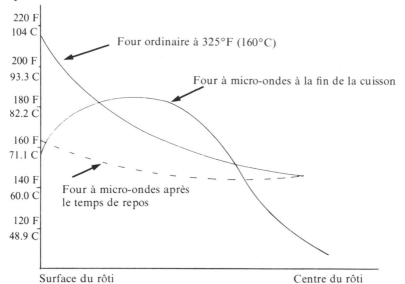

La distribution de la température est différente dans un four à micro-ondes. Parce que la chaleur se forme d'abord en dessous de la surface, la température la plus haute se situe donc en dessous de la surface. La croûte du rôti est plus froide parce qu'il perd de la chaleur dans l'air du four qui, comme vous le savez, est à la température de la pièce. En dessous d'une zone de 1 à 1¼ po (2,5 à 2,7 cm) de la surface où les micro-ondes peuvent pénétrer, la température tombe très rapidement et le centre du rôti est presque froid. La cuisson sera terminée quand le thermomètre à viande donnera une lecture plus basse que celle que vous liriez avec une cuisson au four ordinaire.

Pendant le temps de repos, la chaleur qui s'est produite dans la zone juste en dessous de la croûte se propage vers le centre. La température au centre du rôti augmente (vous pouvez la vérifier sur le thermomètre), et la température juste au-dessous de la surface du rôti descend. La ligne pointillée du graphique indique la température après le temps de repos.

Rappelez-vous que vous ne pouvez cuire avec le thermomètre à viande dans le four mais que vous devez retirer la viande du four pour y placer le thermomètre et lire la température. Placez toujours le bout du thermomètre dans la partie la plus épaisse en évitant la proximité du gras ou d'un os.

On peut utiliser le tableau suivant comme guide.

Viande		Lecture à la fin de la cuisson		Lecture finale après repos	
		° F	° C	° F	° C
Rosbif	saignant	120	49	140	60
	à point	140	60	160	71
	bien cuit	160	71	170	77
Agneau		160	71	175	80
Porc		170	77	185	84
Jambon		130	55	140	60
Poulet		180	82	190	88
Dinde		175	78	190	88

Ustensiles à brunir

Les ustensiles à brunir sont maintenant disponibles dans une grande variété de formes et de formats, allant des grilles plates aux plats genre poêles avec côtés, couvercles et poignées détachables.

Tous ces plats sont doublés d'un matériau qui absorbe les micro-ondes. On les fait d'abord chauffer dans le four à micro-ondes, puis on place l'aliment sur la surface chaude. Le schéma ci-dessous démontre le mécanisme de cuisson.

Les micro-ondes cuisent l'intérieur

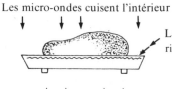

La surface chaude rissole l'aliment.

Les pattes permettent de placer l'ustensile sur un comptoir.

La surface chaude de l'ustensile rissole l'aliment mais, à cause des courts temps de cuisson, la plus grande partie de la chaleur transférée de l'ustensile à l'aliment reste en surface et n'a pas le temps de pénétrer jusqu'au centre. La cuisson réelle vers l'intérieur vient des micro-ondes.

Si vous aviez un ustensile à brunir d'un pouce carré (6,5 cm²), plus vous le chaufferiez, plus il deviendrait chaud, mais vous finiriez par avoir une saturation de chaleur. Mais si vous aviez un ustensile de deux pouces carrés (13 cm²) et que vous le chauffiez, il prendrait plus de temps pour s'échauffer parce que l'énergie aurait une plus grande surface à réchauffer. C'est exactement ce qui se produit quand vous placez une plus grande quantité d'aliments dans le four. La durée de cuisson augmente. Pour cette raison, les grands ustensiles à brunir ont besoin de plus de temps de réchauffage que les petits.

Vous pouvez utiliser du beurre, de l'huile, de la graisse ou un enduit végétal non collant pour faciliter le nettoyage de l'ustensile. Faites chauffer l'ustensile et appliquez le gras ou le vaporisant juste avant d'y déposer la viande.

La distribution de la chaleur dans l'ustensile peut être inégale après le réchauffage à cause de la façon de cuire du four à micro-ondes ; aussi, laissez-le reposer 30 à 60 secondes pour égaliser la chaleur, puis laissez-le chauffer encore 30 ou 40 secondes pour le reporter à la température voulue.

Comme vous pouvez le voir d'après le schéma, le côté de l'aliment en contact avec l'ustensile prend sa chaleur de celui-ci. Quand vous retournez la pièce à brunir, l'ustensile est donc beaucoup plus tiède que pour le premier côté, et l'action de brunissage pour le second côté est donc moindre. Il se peut que vous préfériez réchauffer l'ustensile une minute, par exemple pour de grands steaks.

Vous pouvez vérifier la cuisson d'un steak ou d'une côtelette en incisant avec un couteau pour voir la couleur.

À cause des tailles diverses des ustensiles, seule votre expérience personnelle vous dira le temps de réchauffage pour un aliment donné. Je recommande 2 minutes pour les œufs au plat, environ 3 minutes pour les mets comme les crêpes, le pain doré et les sandwichs grillés au fromage, et 4½ à 5 minutes pour la viande, le poisson et la volaille.

Le tableau suivant donne les temps de cuisson approximatifs de plusieurs mets de base.

Aliments	Cuisson premier côté	Cuisson second côté
2 œufs au plat	40-50 secondes	
6-8 saucisses	5 mn retourner fréquemment	
pain doré	25 secondes	25 secondes
sandwich grillé au fromage	40 secondes	30 secondes
petit steak saignant	1 minute	50 secondes
médium	1½ minute	1 minute
bien cuit	2 minutes	1½ minute
2 côtelettes de porc	2½ minutes	2 minutes
2 côtelettes d'agneau de ¾ po (2 cm) d'épais	2½ minutes	2 minutes
2 morceaux de poulet	7 minutes	3 minutes
2 boulettes de hamburger	2 minutes	1¼ minute

Guide de décongélation

L'un des multiples usages de la cuisson micro-ondes consiste à décongeler les aliments directement dans le four, ce qui ne pourrait se faire dans votre four ordinaire.

L'avantage de dégeler directement dans le four est triple :

— Rapidité : la décongélation prend quelques minutes au lieu de plusieurs heures comme auparavant.

— Moins de perte d'humidité : les jus sont retenus.

— Pas de bactéries, ce qui était courant avec l'ancienne méthode.

La décongélation est un peu différente du processus de cuisson régulier dans le four à micro-ondes. Le but est de dégeler la nourriture jusqu'au centre sans qu'il y ait de cuisson à l'extérieur ou en surface.

Pour y arriver, il faut diminuer l'énergie du four. La glace dans les aliments agit un peu comme le verre et absorbe mal l'énergie. L'eau, au contraire, l'absorbe tout de suite. Quand l'aliment congelé commence à absorber l'énergie des micro-ondes, une fine couche se dégèle sur son pourtour et peut rapidement atteindre des températures où la cuisson commence. Si le four est arrêté quand ce point précis est atteint, la chaleur du pourtour se répand vers le milieu en fondant la glace sur son passage. Après un court temps d'arrêt, on repart le four pour augmenter la quantité de chaleur dans l'aliment, puis on l'arrête de nouveau avant que la cuisson commence.

Il existe deux moyens de ralentir le four :

1. Alterner les temps de cuisson et de repos, ce qui peut se faire manuellement ou automatiquement selon la marque du four.

2. Utiliser la plus faible intensité avec une cuisson continue. Certains fours à micro-ondes ont un tel dispositif.

Quand vous décongelez des aliments, laissez-les dans leur emballage si celui-ci ne contient pas de métal ou de liens métalliques. Vous pouvez ouvrir l'emballage quand l'aliment est à moitié décongelé et le placer dans un plat.

Remuez, redisposez ou séparez les aliments quand ils commencent à dégeler. Des instructions supplémentaires sont données plus bas ainsi que tout au long du livre, dans les recettes. La plupart des aliments requièrent un petit temps de repos pour finir de dégeler.

Certains produits sont très faciles à dégeler, d'autres exigent un peu plus de soin et d'attention comme vous verrez.

Faciles

— Crêpes, pains, brioches, gâteaux

Ces aliments ont une très faible densité et peu d'humidité, et les micro-ondes les pénètrent directement.

— Jus de fruit concentrés, baies dans le sirop

Contenant beaucoup de liquide et de petit format, ces substances sont de bons conducteurs de chaleur.

— Paquets de légumes, format standard.

Dans ce cas, les micro-ondes pénètrent facilement leur faible masse. Ces légumes ayant été lavés avant la congélation, leur humidité se transforme en vapeur qui transporte l'énergie aux légumes quand le plat est couvert. On peut aussi leur ajouter une petite quantité d'eau. Voyez les temps de cuisson au chapitre des légumes.

Aucun de ces aliments n'exige de technique spéciale. Référez-vous aux instructions des recettes.

Moyennement faciles

— Steaks, côtelettes, viande hachée, poisson, poulet en morceaux

Bien que ces aliments soient de densité plus élevée que les précédents, les micro-ondes atteignent facilement leur centre, de chaque côté, à cause de leur forme. On dégèle en utilisant le cycle cuisson-repos ou faible intensité. Faites attention au poisson parce que le pourtour peut commencer à cuire. Il est préférable d'accorder un plus long repos après la décongélation, soit 5 à 10 minutes pour égaliser la température.

Les temps donnés dans le tableau ci-dessous s'appliquent aux aliments de la catégorie *Moyennement faciles*; ils sont approximatifs et varieront selon la quantité d'aliments et la marque de votre four. Il est très facile de juger du progrès du dégel et il vous suffit d'user de votre jugement. Utilisez une fourchette, une tige ou le thermomètre à viande pour voir s'il reste des cristaux de glace au centre. Arrêtez le dégel au four quand il n'en reste que quelques-uns. Ils disparaîtront pendant la période de repos.

Si votre four possède le dispositif de dégel ou le cycle spécial ou encore une faible intensité, réglez le compte-minutes selon le tableau. Autrement, procédez manuellement. Le four peut être en marche pour la moitié du temps donné et arrêté pour l'autre moitié. Vous pouvez commencer avec des temps de cuisson de 1 ou 2 minutes. Quand le dégel se fait, diminuez les temps de 20 ou 30 secondes pour éviter la cuisson.

Aliment	Temps de dégel	Temps de repos
1 lb (450 g) viande hachée	5 mn	5 mn
2 lb (900 g) viande hachée	8 mn	8 mn
16 oz (225 g) steak	3 mn	4 mn
1 lb (450 g) côtelettes porc	3½ mn	4 mn
3 lb (1,35 kg) spare ribs	8-10 mn	10 mn
1 lb (450 g) poisson	3 mn	5 mn
1 lb (450 g) morceaux de poulet	6 mn	10 mn
2 lb (900 g) morceaux de poulet	6-12 mn	15 mn

Note : Séparez les morceaux de poulet, coupez les pains de viande et ôtez les morceaux déjà dégelés.

Plus difficiles

— Rôti, poulet ou autre volaille, grandes quantités de bœuf haché.

Ces articles sont denses et de formes inégales avec de grandes masses et relativement peu de surface. Dans ce cas, il est nécessaire de laisser le temps à la chaleur de se propager vers le centre des aliments. Ils demandent l'usage du cycle de dégel — chaleur et repos — ou de la basse intensité, plus des périodes additionnelles de repos, entre les cycles de dégel et le long repos à la fin.

Aliments	Phase 1	Temps de repos	Phase 2	Repos final
Rôti de				
2 lb (900 g)	6 mn	3 mn	3 mn	10 mn
3 lb (1,35 kg)	10 mn	4 mn	5 mn	12 mn
4 lb (1,80 kg)	14 mn	5 mn	7 mn	15 mn
5 lb (2,25 kg)	16 mn	7 mn	8 mn	20 mn
Poulet de				
2 lb (900 g)	8 mn	5 mn	4 mn	10 mn
4 lb (1,80 kg)	15 mn	5 mn	7 mn	15 mn

Quand on procède manuellement, les temps de cuisson partent de 2 à 3 minutes, en décroissant au fur et à mesure du dégel. Note : Retournez les rôtis, poulets, etc., au milieu de l'opération. Dans le cas du rosbif, il est recommandé de laisser un peu de glace au centre pour qu'il soit saignant après la cuisson. Vérifiez-le en enfonçant le thermomètre à viande ou une broche ; il doit y avoir un peu de résistance.

La viande ou les volailles dépassant les poids ci-dessus devront dégeler une nuit dans le réfrigérateur. Si vous êtes pressé, vous pouvez quand même les dégeler au four à micro-ondes, mais le jeu n'en vaut pas la chandelle, comme vous verrez ci-dessous :

Retirez la volaille de son enveloppe de plastique et coupez les abattis quand le dégel commence. Il sera aussi nécessaire de la retourner sur le dos et d'alterner les côtés en cours de dégel. Si la viande devient grise ou commence à changer de couleur, c'est que la cuisson commence et les cycles de dégel doivent être diminués. Sortez-la et enfoncez une broche au milieu pour vérifier s'il reste de la glace dont vous pourriez sentir la résistance.

Les aliments de ces tableaux sont parmi les plus courants. On peut les remplacer par d'autres ou par des quantités plus importantes selon les principes de décongélation « faciles », « moyennement faciles » ou « plus difficiles ».

Pour décongeler une dinde de 6 à 7 livres (2,5 à 3 kg) :

Phases	Temps de dégel	Temps de repos
1	16 mn	5 mn
2	12 mn	5 mn
3	12 mn	20 mn

Pour décongeler une oie de 10 livres (4,5 kg) :

Phases	Temps de dégel	Temps de repos
1	20 mn	5 mn
2	16 mn	5 mn
3	12 mn	20 mn

Autres usages du dégel : Comme le dispositif de dégel diminue l'activité du four à micro-ondes, il peut être aussi employé à d'autres buts : cuire des coupes de viande moins tendres, par exemple. Faites-les cuire deux fois plus longtemps que mentionné dans la recette. Utilisez-le aussi pour les crèmes renversées, les œufs, etc., pour lesquels on recommande une cuisson à feu doux qui donne de meilleurs résultats.

Planification des repas

À cause de la grande différence qu'il y a entre un four à micro-ondes et un four ordinaire, j'ai pensé à établir des règles pour vous aider à tirer le maximum de votre four en un minimum de temps. Elles vous montreront comment, en organisant vos menus et la cuisson de vos aliments, faire en sorte que tous vos plats soient cuits et prêts à servir en même temps, avec le maximum de facilité et d'économie de temps et de courant.

L'éventail des choses à faire avec un four à micro-ondes n'a de limites que celles de votre imagination. Quand vous aurez lu les exemples ci-dessous et que vous aurez compris les principes qui les ont inspirés, vous pourrez prendre un crayon et un papier et élaborer vous-même quelques menus. Vous atteindrez vite le point où vous organiserez tout dans votre tête et procéderez automatiquement en appliquant ces principes chaque fois que vous cuisinerez.

Premièrement : Les autres appareils (principalement la cuisinière) doivent être considérés comme des auxiliaires de votre four à micro-ondes.

Deuxièmement : Rappelez-vous que le four à micro-ondes a trois usages : cuire, réchauffer et dégeler.

Troisièmement : Quand vous cuisinez aux micro-ondes, vous pouvez interrompre la cuisson *sans altérer la qualité de la nourriture.* C'est une grande différence avec la cuisson ordinaire. Vous pouvez l'interrompre quand vous voulez, pour ramollir du beurre, préparer une sauce, réchauffer le biberon de bébé, etc.

Quatrièmement : Vous pouvez laisser la plupart des plats attendre pendant que vous en cuisez d'autres, sans grande perte de chaleur. Il suffit de recouvrir un rôti avec du papier d'aluminium ou de couvrir les légumes. Ce qui veut dire que vous pouvez cuire tous les plats d'un repas et qu'ils resteront chauds, prêts à servir. Comme il est mentionné plus haut, un temps de repos est nécessaire après la cuisson de beaucoup d'aliments.

Si par hasard un mets est un peu refroidi, il suffit de replacer tout le repas sur un plat et de le repasser quelques secondes au four à micro-ondes. Veillez à ne pas réchauffer trop longtemps, ce qui prolongerait la cuisson.

Cuisson d'un repas complet aux micro-ondes

Voici quelques menus types.

Rosbif	Temps de cuisson	Repos	Recette page
Rosbif de 3-4 lb (1,35-1,80 kg) avec sauce à l'oignon	28mn	20mn	*128*
Pommes de terre au gratin	15 mn	10 mn	*236*
Petits pois et champignons congelés	6 mn	2 mn	*235*
Pouding aux pêches	6 mn	4 mn	*285*

Méthode : Cuisez le bœuf en premier parce qu'il prend plus de temps, puis les légumes pendant que le rôti repose. Le pouding aux pêches peut cuire pendant que l'on sert le premier plat.

Chaque élément du menu a un temps de préparation et un temps de cuisson. Basez-vous évidemment sur le temps de cuisson du premier pour préparer les autres.

Note : Tous les menus sont établis pour 4 personnes.

Jambon glacé à l'orange	Temps cuisson	Repos	Recette page
Tranche de jambon de 1¾ à 2 lb (790 à 900 g)	20 mn	5 mn	162
Patates au four (4)	15-18 mn	3-4 mn	243
1 lb (450 g) d'épinards au beurre	4-5 mn	2 mn	
Pouding au caramel	15 mn		269

Méthode : Faites d'abord le pouding au caramel et réfrigérez-le pour le faire épaissir et refroidir. Ensuite, cuisez les patates douces qui retiendront leur chaleur, puis la jambon glacé. Enfin, cuisez les épinards pendant que le jambon repose.

Aiglefin à la grecque	Temps de cuisson	Repos	Recette page
1 lb (450 g) de filets d'aiglefin congelé	Dégel : 3 mn cuisson 8-10 mn	5 mn 5 mn	185
Riz confetti	15 mn	10 mn	257
Pommes au four au caramel	8-9 mn	3-4 mn	273

Méthode : Dégelez d'abord le poisson. Laissez-le sur le comptoir pour qu'il continue de dégeler pendant que le riz cuit. Préparez le poisson et les pommes. Cuisez le poisson. Cuisez les pommes pendant que l'on mange le premier plat.

Cuisson complémentaire

Cette forme de cuisson combine l'usage du four à micro-ondes et de la cuisinière ordinaire. Des aliments comme les fruits de mer et les légumes devraient toujours être cuits aux micro-ondes si l'on apprécie la bonne nourriture, parce qu'ils y gagnent en couleur, texture et saveur.

Vous cuirez probablement les coupes de viande moins tendres avec la cuisinière ordinaire. Cela prendra beaucoup de temps mais vous n'avez pas besoin de rester dans la cuisine une fois que le plat est dans le four. Vous pourrez cuire le reste du repas dans le four à micro-ondes, juste avant le repas.

Quand une cuisson complémentaire est appropriée, je l'ai mentionné dans la recette.

Repas à congeler, à réfrigérer et à réchauffer

C'est quand vous planifiez des repas en tenant compte de votre congélateur que votre four à micro-ondes donne sa pleine mesure. Pour beaucoup de plats, le temps de préparation est plus long que celui de la cuisson, mais il en faut à peine plus si vous doublez les quantités. C'est alors que vous trouverez pratique de préparer deux repas quand vous avez du temps à passer dans la cuisine. Vous congelez alors le second pour un usage ultérieur.

Dans les familles où tout le monde ne peut manger en même temps et où la cuisinière doit parfois s'absenter — ce qui est mon cas —, ou quand il faut régaler des convives à l'improviste, pouvoir servir en quelques minutes un repas chaud aussi bon que s'il venait d'être fait est certainement l'aide la plus précieuse que puisse offrir un four à micro-ondes.

J'ai préparé ces menus pour vous montrer quelques méthodes permettant d'utiliser congélateur et four à micro-ondes conjointement et pour que vous compreniez combien il sera facile d'utiliser aussi vos recettes préférées de la même façon.

Menu pour le déjeuner	Temps de dégel	Temps de réchauffage	Recette page
Filets de poisson à la chinoise	5 mn	2-4 mn	*187*
Riz à longs grains	5 mn	5-8 mn	*256*
Sauce Jubilée pour glace à la vanille	10 mn	2-3 mn	*296*

Méthode : Cuisez d'abord les filets à la chinoise en en utilisant des frais. Refroidissez, couvrez, congelez (se conservent de 2 à 3 semaines). Dégelez avec le cycle de dégel, retournez une fois, puis réchauffez.

Ensuite, cuisez le riz et congelez-le (se conserve congelé 6 mois). Dégelez avec le cycle de dégel, puis réchauffez jusqu'à ce qu'il soit chaud, en remuant deux fois. La sauce Jubilé se garde de 3 à 4 mois au congélateur et dégèle en 10 minutes. Quand elle est prête à servir, faites-la seulement tiédir.

Menu pour le dîner

	Recette page
Steak	*136*
Pommes de terre brunes	*239*
Petits pois	*232*
Mousse au chocolat et au rhum	*274*
Petits gâteaux chocolat-vanille	*301*

Méthode : Cuisez les pommes de terre brunes le matin et laissez-les sur le comptoir. Dégelez les steaks (cuits de façon ordinaire et congelés) sur le comptoir pendant 2 à 4 heures, puis réchauffez-les 2 à 4 minutes dans l'ustensile à brunir (voir les directives page 32). Cuisez les petits pois congelés ou frais. Réchauffez les pommes de terre 1 minute, remuez pour les recouvrir de sauce et chauffer 30 à 40 secondes. La mousse au chocolat et au rhum se conserve 3 mois au congélateur — elle se sert comme de la crème glacée ou vous pouvez la laisser dégeler de 3 à 5 heures avant de servir.

Les petits gateaux chocolat-vanille se conservent 2 mois. Retirez-les du congélateur quelques heures avant de servir.

Dîner froid pour soir d'été

	Recette page
Vichyssoise	*89*
Pain de veau	*150*
Salade	
Pouding au riz crémeux	*268*

Méthode : La vichyssoise, le pain de veau et le pouding au riz crémeux peuvent être cuits à l'avance dans le four à micro-ondes, puis congelés. Pour les servir froids, vous n'avez qu'à les décongeler, puis à les laisser reposer quelques minutes pour les porter à la température de la pièce. Le pain de veau prendra de 5 à 6 minutes à dégeler, plus 10 minutes de repos. La vichyssoise prendra de 8 à 10 minutes à dégeler et devra être remuée une ou deux fois durant le cycle de dégel. Le pouding au riz prendra de 3½ à 5½ minutes à dégeler. Vérifiez avec une fourchette et retirez du four quand il reste encore quelques cristaux au centre et laissez reposer pendant que l'on mange le premier plat.

Le tableau suivant donne les temps de réchauffage des aliments précuits et congelés, achetés ou faits à la maison.

Réchauffage des aliments précuits et congelés

Aliments	Portion	Instructions de réchauffage	Temps
Plats au four			
Pain	4 tranches	Disposer en une seule couche sur un papier sans couvrir.	10 s ; 15 s de repos
Petit pain à hamburger ou à saucisse de Francfort	1 pain	Réchauffer sans couvrir sur un papier absorbant, une serviette en papier ou un plat.	24-26 s
	2 pains	Comme ci-dessus.	45-47 s
	4 pains	Comme ci-dessus.	1¼-1½ mn
Pommes enrobées (Apple Dumplings)	2 portions	Réchauffer dans le plat et laisser reposer 5 mn avant de servir.	5-5½ mn
Tarte aux fruits	Tarte de 8 po (20 cm)	Retirer du moule métallique, placer dans un plat de service. La température indiquée est prévue pour une dégustation tiède. Laisser reposer 5 mn avant de servir.	5½-6½ mn
Petits pains pour dîner	2 moyens	Chauffer sans couvrir sur une assiette de carton ou un plat de service.	20-25 s
	4 moyens	Comme ci-dessus.	40-50 s
	6 moyens	Comme ci-dessus.	60-65 s

Aliments	Portion	Instructions de réchauffage	Temps
Plats au four			
Pâtisseries danoises	4 portions (8 oz ou 225 g)	Chauffer sans couvrir sur une assiette en carton ou un plat de service.	1½-2 mn
Oeufs et fromage Ravioli à la sauce tomate	12½ oz (350 g)	Retirer du contenant d'aluminium. Mettre dans un plat d'une pinte (1 *l*), couvrir.	5 mn
Macaroni et sauce au fromage	7¼ oz (200 g)	Combiner tous les ingrédients comme indiqué sur le paquet. Mettre dans un plat de 2 pintes (2 *l*), couvrir.	10 mn ; 5 mn de repos
Poissons et fruits de mer			
Bâtons de poissons panés et congelés	8 oz (225 g)	Disposer en cercle sur une assiette de carton, chauffer à découvert.	Cuire 1 mn ; repos ; cuire 2 mn.
Pétoncles panés et congelés, poisson ou crevettes	7 oz (200 g)	Disposer en cercle sur une assiette de carton ou une serviette en papier, chauffer à découvert.	1½ mn
Viandes et volaille			
Rosbif, dinde, poulet et autres viandes	4 oz (115 g)	Chauffer 1½ minute ; reposer 2 minutes. Remettre au four et terminer de réchauffer.	4-5 mn

Aliments	Portions	Instructions de réchauffage	Temps
Poulet en sauce	1 portion	Chauffer 2 minutes ; reposer 2 minutes. Remettre au four, couvrir et terminer de réchauffer en retournant. Reposer 5 minutes.	8-10 mn
Chow Mein	14 oz (395 g)	Chauffer 2 minutes ; reposer 2 minutes. Remuer. Couvrir. Terminer de réchauffer, remuer encore. Laisser reposer avant de servir.	7-7½ mn
Dîner TV 1 viande 2 légumes	1 portion (10-11 oz) (285-310 g)	Retirer du plateau d'aluminium et mettre sur un plat de service. Chauffer à découvert en retournant souvent le plat. Laisser reposer 2 minutes.	5-6 mn
Hamburger cuit	1 de 4 oz (115 g)	Chauffer à découvert sur un plat. Ne pas trop cuire.	1-1½ mn
	2 de 4 oz (115 g)	Comme ci-dessus.	2-2½ mn
Macaroni, bœuf et tomates	11½ oz (325 g)	Retirer du contenant d'aluminium. Mettre dans un plat d'une pinte (1 l), couvrir.	7-8 mn
Pain de viande	1½ lb (675 g)	Retirer du moule métallique. Placer sur un plat. Couvrir de papier ciré.	Cuire 8 mn ; repos de 5 mn ; cuire 5 mn ; repos de 5 mn ;

Aliments	Portions	Instructions de réchauffage	Temps
Côtelette cuites au barbecue	2 lb (900 g)	Quand les bords sont ramollis, transférer du contenant dans un plat. Couvrir avec du papier ciré.	1 mn transert 6 mn
« Sloppy Joe » au bœuf	26 oz (735 g)	Retirer du contenant d'aluminium. Mettre dans un plat de 2 pintes (2 *l*). Couvrir. Remuer deux fois.	9-10 mn

Légumes

Pommes de terre nouvelles ou en croquettes	16 oz (455 g)	Mettre sur une assiette en carton ou tapissée d'une serviette, couvrir.	5-6 mn
Pommes frites ou pommes paille	16 oz (455 g)	Mettre sur une assiette de carton ou tapissée d'une serviette.	5-6 mn
Pommes de terre farcies au four	6 oz (170 g) 2 moitiés	Mettre dans un plat à four peu profond. Couvrir avec du papier ciré.	7 mn
Beignets de rondelles d'oignons	16 oz (450 g) (30-32)	Mettre sur une assiette de carton. Ne pas couvrir.	2 mn pour 8 rondelles

Température du réfrigérateur

Hamburger cuit	1 pâté	Chauffer sans couvrir sur un plat de service. Ne pas trop cuire.	45-50 s
	2 pâtés	Comme ci-dessus.	1¼-1½ mn

Aliments	Portions	Instructions de réchauffage	Temps
Viandes cuites, rosbif, dinde, poulet, etc.	4 oz (115 g)	Chauffer sans couvrir sur un plat de service. S'il y a de la sauce, augmenter le temps d'une minute.	1½-2 mn
	8 oz (227 g)	Comme ci-dessus.	2¼-3½ mn
Macaroni au fromage	2 tasses (450 ml)	Mettre dans une assiette à tarte en verre. Couvrir avec du papier ciré. Remuer à la moitié de la cuisson. Laisser reposer 3 minutes avant de servir.	3-4 mn

* Veuillez noter que dans les recettes qui suivent, les unités cuiller à table et cuiller à thé sont les équivalents canadiens de cuiller à soupe et cuiller à café.

Hors-d'œuvre

Le genre de hors-d'œuvre que vous servirez peut faire beaucoup pour rompre la glace quand vous donnez une réception. Les conversations fusent quand les invités se rassemblent autour de votre Hibachi pour préparer des crevettes B.B.Q., des boulettes de viande ou quelque autre douceur que vous leur avez réservée. Ne soyez pas surprise si votre four à micro-ondes joue aussi un rôle social. Mais il a encore beaucoup d'autres avantages pour l'hôte ou l'hôtesse.

Beaucoup de hors-d'œuvre se préparent très tôt et se gardent au réfrigérateur jusqu'à l'arrivée des invités. S'ils sont enveloppés, il n'y a plus qu'à les mettre au four quelques secondes pour les réchauffer, ce qui vous permet de passer beaucoup plus de temps avec vos invités. Il y a de ces petits canapés qu'on fait réchauffer au fur et à mesure pendant qu'on en mange une première fournée. Et si l'équipe de hockey ou de football vous arrive après le jeu, vous n'êtes jamais pris au dépourvu.

Noix Héloïse

Voici un hors-d'œuvre savoureux et peu commun qui fera l'objet de toutes les conversations.

1 lb (450 g) de noix de Grenoble
1 zeste d'orange
1 c. à thé de cannelle

½ c. à thé de cardamone
en poudre
¼ c. à thé de noix de muscade

Ouvrir les noix sans les sortir de leurs coques. Les déposer sur une assiette à tarte. Mélanger le reste des ingrédients. En saupoudrer les noix, chauffer sans couvrir pendant 5 minutes. Remuer, cuire encore 3 minutes. Servir chaud avec des pique-noix. Bel effet sur une serviette rouge ou verte.

Noix aux épices sucrées

Cet amuse-gueule se conserve de 6 à 8 semaines dans une boîte hermétique, en métal ou en plastique, rangée dans un endroit frais. Il est excellent avec du sherry ou du punch.

¾ tasse (180 g) de sucre brun
¾ c. à thé de sel
1 c. à thé de cannelle
½ c. à thé de clou de girofle
ou de coriandre
¼ c. à thé de noix de muscade
ou de cardamone
2½ c. à table d'eau
¼ c. à thé de quatre-épices

1 tasse (110 g) de moitiés de
noix de Grenoble
1 tasse (110 g) de moitiés
de pacanes
1 tasse (110 g) de noix
du Brésil
OU
3 tasses de noix similaires

Mélanger le sucre brun, le sel, les épices et l'eau dans un plat de verre d'une pinte (1 *l*). Cuire à découvert 2 minutes en remuant une fois. Ajouter au sirop ½ tasse (50 g) de noix, remuer avec une fourchette pour les enrober. Les égoutter avec la fourchette pour enlever l'excès de sirop et les placer en une seule couche sur un plat ovale. Cuire à découvert 4 minutes ou jusqu'à ce que les noix commencent à durcir légèrement. Les déposer sur du papier ciré pour les faire refroidir. Terminer de préparer le reste des noix de la même manière. Également délicieux avec de la crème glacée.

Pretzels chauds

Se conservent bien dans une jarre de verre ou un contenant de plastique à la température de la pièce.

¼ tasse (57 g) de margarine
4 tasses (225 g) de petits
pretzels
1 c. à thé d'estragon

2 c. à thé de persil sec
¼ c. à thé de poudre d'ail
¼ c. à thé de sel de
céleri et de sel

Faire fondre la margarine dans un bol de 2 pintes (2 *l*) à découvert pendant 1 minute. Ajouter le reste des ingrédients, remuer pour bien beurrer les pretzels. Chauffer 3 minutes en remuant trois fois.

Noix grillées

Tout le monde aime ces amuse-gueule croquants. Utiliser n'importe quelle espèce de noix ou un mélange. Étaler les noix, salées ou non, sur une assiette de verre. Faire griller 1¼ ou 1½ tasse (environ une demi-livre ou 125 g) à la fois à découvert 1½ minute, en remuant une fois. Servir chaud.

Sardines au chutney

Préparer de petits canapés de pain grillé. Conserver dans une boîte de plastique en couches séparées par du papier ciré. À l'aide du four à micro-ondes, ils sont chauds en quelques secondes.

12 sardines fumées	*2 c. à table de beurre fondu*
de Norvège	*4 c. à table de fromage râpé*
4 c. à thé de chutney	
12 morceaux de pain grillé	

Saupoudrer généreusement le pain de chutney. Déposer une sardine sur chaque canapé. Verser un petit peu de beurre fondu sur la sardine et saupoudrer de fromage râpé. Disposer en cercle sur une assiette de carton ou une serviette et mettre au four à découvert pendant 1 minute.

Saucisses aigres-douces

Les saucisses à cocktail peuvent être remplacées par 1 lb (450 g) de bœuf, de porc ou d'agneau haché façonné en forme de saucisses. Il n'y a aucun assaisonnement à ajouter.

1 lb (450 g) de saucisses	*1 boîte de 10 oz (285 ml)*
à cocktail	*de soupe aux tomates*
1 petit oignon haché fin	*Jus et zeste d'un citron*
½ c. à thé de sel	*¼ tasse (45 g) de sucre brun*
¼ c. à thé de poivre	*1 tasse (225 ml) de morceaux*
1 c. à thé de paprika	*d'ananas égouttés (facultatif)*
½ c. à thé de coriandre	
(facultatif)	

Mélanger l'oignon, le sel, le poivre, le paprika, la coriandre, la soupe aux tomates, les jus et zeste de citron et le sucre brun dans un plat de verre de 8 × 8 × 2 po (20 × 20 × 5 cm). Cuire à découvert 7 à 8 minutes en remuant deux fois. Mettre les saucisses (ou les boulettes de viande) dans la sauce et remuer jusqu'à ce qu'elles soient bien enrobées. Cuire encore 7 minutes en tournant le plat une fois en cours de cuisson. Ajouter les ananas égouttés, chauffer 1 minute et servir chaud avec des cure-dents.

Saucisses à cocktail froides

Peuvent se préparer à l'avance. Ne pas réfrigérer, servir à la température de la pièce.

½ tasse (115 ml) de sauce
  Chili
1 c. à table de raifort
  préparé
1 c. à thé de sauce
  Worcestershire

2 oignons verts hachés
  finement
¼ tasse (60 ml) de sherry ou
  de madère sec
1 à 2 lb (450 à 900 g) de
  saucisses à cocktail

Mélanger tous les ingrédients, excepté les saucisses, dans un moule à gâteau en verre de 8 pouces (20 cm de diamètre). Chauffer à découvert 2 minutes, remuer et mettre de côté. Faire brunir les saucisses par petits paquets dans un plat à brunir sans couvrir pendant 2 à 3 minutes, en tournant une ou deux fois. Au fur et à mesure qu'elles sont cuites, les ajouter rapidement à la sauce refroidie. Quand toutes les saucisses sont cuites, couvrir le récipient et laisser reposer de 3 à 6 heures avant de les servir avec des cure-dents.

Huîtres fumées au cari

1 boîte d'huîtres fumées
   non égouttées
¼ c. à thé de poudre de cari

1 c. à table de brandy
1 c. à table de beurre
Toasts melba

Verser les huîtres dans un petit plat de verre et les couper en deux. Ajouter le cari et le brandy et mélanger. Parsemer de beurre sur le dessus et mettre au four 2 minutes juste avant de servir avec les toasts melba ou du pain sec tranché mince.

Canapés chauds au crabe ou aux crevettes

Ce hors-d'œuvre qui a beaucoup d'effet cuit en 1½ à 2 minutes et est très pratique parce qu'un second plat cuit pendant qu'on sert le premier. Toujours facile à improviser pourvu que l'on conserve des tranches fines de pain grillé coupées en carrés de 2 pouces (5 cm).

6 onces (170 g) de chair de
   crabe congelée ou de crevettes
   prêtes à manger
1 tasse (225 ml) de
   mayonnaise

1 c. à thé de jus de citron
½ c. à thé de poudre de cari
1 blanc d'œuf battu ferme
   Cubes de pain de 2 pouces
   (5 cm) ou toasts melba rond

Décongeler la chair de crabe ou les crevettes dans leur boîte, pendant 6 minutes, en remuant une fois. Retirer de la boîte, écraser la chair de crabe avec une fourchette et enlever toute parcelle de carapace. Couper les crevettes en petits morceaux.
Verser la mayonnaise sur les crustacés. Mélanger le jus de citron et la poudre de cari et ajouter au mélange. Y incorporer le blanc d'œuf battu. Déposer une cuillerée à thé de mélange sur chaque petit pain ou toast melba, en placer 12 sur un plat de service et cuire 1½ à 2 minutes ou jusqu'à ce qu'ils soient chauds et gonflés. Répéter jusqu'à la fin et servir chaud.

Crevettes dorées au four

Se prépare avec des crevettes fraîches ou congelées, crues et non décortiquées.

1 lb (450 g) de crevettes
crues non décortiquées
1 c. à table de sauce au soja

2 c. à thé de sauce Worcestershire
1 c. à table de sherry sec
1 c. à table de sucre brun

Laver les crevettes dans l'eau froide et les étaler sur un papier absorbant. Mélanger le reste des ingrédients dans un bol. Disposer les crevettes sur une assiette à tarte de 9 pouces (22,5 cm). Verser la sauce dessus en remuant pour mélanger. Laisser reposer 30 minutes à 1 heure.
Cuire de 10 à 15 minutes en remuant deux fois. Quand les crevettes sont roses, refroidir et décortiquer. Servir avec la sauce et des cure-dents.

Saucisses à cocktail épicées

Cuire dans le plat de service. Servir très chaud avec serviettes de papier et cure-dents.

1 à 2 lb (450 à 900 g)
de saucisses à cocktail
1 tasse (225 ml) de sauce Chili

1 gousse d'ail finement hachée
Zeste de ½ citron
¼ tasse (60 ml) de sherry sec

Placer les saucisses dans une assiette à brunir chaude, non couverte et brunir 2 à 3 minutes en tournant une fois.
Mettre avec le reste des ingrédients dans un plat de verre de 8 × 8 po (20 × 20 cm) en remuant le mélange. Couvrir et chauffer 5 minutes en remuant une ou deux fois. Laisser reposer quelques heures à la température de la pièce pour faire mariner. Au moment de servir, réchauffer 2 minutes à découvert.
Note : Si vous n'avez pas d'assiette à brunir, préparer ce plat sur la cuisinière.

Huîtres au bacon

Utiliser des huîtres fraîches ou en boîte. Ces dernières sont plus faciles à préparer.

5 tranches de bacon
1 boîte d'huîtres de 8 oz
  (225 ml) égouttées
¼ tasse (60 ml) de crème

½ tasse (28 g) de chapelure
¼ c. à thé de paprika,
  de sel et de poudre de cari

Cuire les tranches de bacon coupées en deux (une moitié pour chaque huître). Disposer en deux couches en les séparant bien par des serviettes de papier, et recouvrir d'une troisième serviette. Cuire 3 minutes ou jusqu'à ce que ce soit partiellement cuit. Égoutter les huîtres, tremper chacune dans la crème, la rouler dans la chapelure mélangée avec les assaisonnements.
Enrouler chaque huître avec le bacon et faire tenir avec un cure-dent. Rouler encore dans le mélange de chapelure, disposer sur une assiette de carton sur une double épaisseur de papier absorbant et recouvrir d'une troisième feuille. Cuire 2 minutes. Servir chaud.

Pruneaux au bacon

12 pruneaux moyens dénoyautés
2 tasses (450 ml) de thé chaud
2 oignons verts hachés
  finement

¼ tasse (15 g) de persil haché
12 tranches de bacon

Mettre les pruneaux dans un plat de 1½ pinte (1,5 l). Y verser le thé chaud. Couvrir et cuire 5 minutes. Laisser reposer et refroidir. Retirer les pruneaux du thé et les égoutter sur du papier. Si on utilise des pruneaux non dénoyautés, ôter les noyaux quand les fruits sont assez refroidis pour qu'on puisse les tenir. Mélanger les oignons verts hachés et le persil et en remplir la cavité de chaque pruneau. Cuire le bacon en deux fois, 4 minutes chaque fois. Envelopper chaque pruneau d'une tranche de bacon, maintenir avec un cure-dent. Disposer sur un plat en deux couches séparées par du papier absorbant, et recouvrir d'une troisième feuille. Cuire 2 minutes pour que le bacon soit croustillant. Servir chaud.

Boulettes de viande
à la sauce aux prunes

Il est toujours pratique d'avoir dans son congélateur des boulettes de viande pour les invités inattendus. Séparez les boulettes par du papier ciré pour ne décongeler que la quantité voulue.

1 à 2 lb (450 à 900 g)
* de porc haché*
¼ tasse (60 ml) d'eau
¼ tasse (60 ml) de sauce
* au soja*

1 gousse d'ail hachée
⅓ tasse (75 ml) de sauce
* aux prunes orientale*
Jus et zeste d'un citron

Former les boulettes avec le porc. Dans un plat de 1½ pinte (1,5 *l*) bien mélanger le jus et le zeste de citron, l'eau, la sauce au soja, l'ail et la sauce aux prunes. Cuire à découvert 3 minutes, ajouter les boulettes, remuer pour bien les enrober de sauce. Chauffer de nouveau 3 minutes sans couvrir et servir chaud avec des cure-dents.

Rumaki aux foies de poulet

Voici un hors d'œuvre connu dans le monde entier.

1 lb (450 g) de foies de poulet
1 petite boîte d'oignons
   blancs, égouttés
3 tranches de bacon coupées en 4
1 petite boîte de marrons d'eau
   égouttés et coupés en deux

2 c. à thé de sucre brun
1 c. à thé de gingembre moulu
1 c. à table de sauce au soja

Couper les foies de poulet en deux. Tapisser un plat de verre de 8 × 12 po (20 × 30 cm) d'une double épaisseur de papier absorbant. Utiliser des brochettes de bois (vendues en paquets de 12). Sur chacune, enfiler un oignon, du bacon, des marrons d'eau, des foies de poulet et finir par un oignon.

Mélanger le sucre brun, le gingembre et la sauce au soja. Badigeonner chaque brochette avec ce mélange. Les placer toutes dans le plat et couvrir de papier ciré. Cuire de 7 à 9 minutes ou jusqu'à ce que le bacon et les foies soient brunis. Pour 4 à 6 personnes.

Foies de poulet hachés

C'est là un hors-d'œuvre parfait qui peut devenir le plat principal pour un repas léger, servi dans un nid de laitue avec du pain de seigle.

2 c. à table de beurre
2 c. à table de graisse
   de poulet ou de graisse ou
3 c. à table de beurre
2 oignons moyens hachés

¼ c. à thé d'estragon ou de thym
½ lb (225 g) de foies de poulet
2 œufs durs
½ tasse (10 g) de persil haché
   Sel, poivre

Mettre les 2 cuillerées à table de beurre et la graisse ou les 3 cuillerées à table de beurre dans une assiette à tarte en verre. Faire fondre à découvert 2 minutes. Ajouter les oignons et cuire 3 minutes en remuant une fois.

Ajouter l'estragon ou le thym et les foies de poulet nettoyés. Cuire recouvert d'un papier ciré pendant 5 minutes. Verser dans un bol. Ajouter les œufs durs. Hacher le tout avec un couteau bien aiguisé, puis mélanger à la fourchette jusqu'à ce que tous les ingrédients soient bien mêlés. Ajouter le persil et assaisonner au goût. Mélanger. Couvrir et réfrigérer. Donne 4 portions.

Toasts chauds au fromage

Peuvent se préparer à l'avance, la garniture étant assez sèche pour ne pas détremper les toasts.

12 tranches de bacon
1 tasse (110 g) de fromage
   cheddar râpé
2 c. à thé de graines
   de sésame ou

1 c. à thé de graines de carvi
30 toasts melba

Cuire le bacon sur une assiette entre des couches de papier absorbant, environ 8 à 10 minutes. Refroidir et émietter dans un bol. Ajouter le fromage râpé, les graines de sésame ou de carvi et bien mélanger le tout. Garnir chaque toast melba de 1 cuillerée à thé du mélange. Cuire une assiettée à la fois (environ 10) à découvert de 20 à 25 secondes ou jusqu'à ce que le fromage fonde.

Saucisses aigres-douces

Cette recette constitue l'une des meilleures façons de servir les saucisses à cocktail.

1 lb (450 g) de saucisses
  à cocktail
½ tasse (125 ml) de moutarde
  préparée
  (de Dijon ou l'équivalent)

½ tasse (125 ml) de gelée aux
  raisins rouge ou noire

Mettre les saucisses dans un plat à four de 8 × 8 × 2 po (20 × 20 × 5 cm). Cuire à découvert 4 minutes en remuant deux fois. Mélanger la moutarde et la gelée, verser sur les saucisses chaudes. Bien remuer, chauffer à découvert 2 minutes. Servir chaud avec des cure-dents.

Bouchées au cari

Ces bouchées rapides à préparer se conservent des semaines, à la température de la pièce, dans une jarre de verre ou un contenant de plastique.

2 tasses (200 g) de blé filamenté
  (taille miniature)
¼ tasse (57 g) de beurre
½ c. à thé de poudre d'ail

½ c. à thé de poudre de cari
¼ c. à thé de marjolaine
3 c. à table de fromage
  Parmesan râpé

Mettre les céréales dans un plat de verre de 8 × 8 × 2 po (20 × 20 × 5 cm). Mélanger le beurre, l'ail, le cari et la marjolaine et faire chauffer pour fondre pendant 30 secondes. Bien remuer. Verser le mélange sur les céréales, brasser et chauffer 5 minutes en remuant deux fois. Retirer du four. Saupoudrer de fromage râpé. Remuer jusqu'à ce que les céréales soient bien enrobées de fromage. Refroidir et servir.

Croustilles au fromage

Vite faites quand des visiteurs arrivent à l'improviste. La mayonnaise se fond dans le biscuit, faisant une sorte de pâtisserie.

*1 tasse (110 g) de cheddar
râpé
½ tasse (115 ml) de mayonnaise
¼ c. à thé de sauce
Worcestershire*

*1 c. à thé de moutarde
préparée
24 biscuits soda
Graines de sésame*

Mélanger le fromage, la mayonnaise, la sauce Worcestershire et la moutarde et étendre le tout sur les biscuits jusqu'aux bords. Parsemer de graines de sésame. Disposer sur une assiette, faire cuire à découvert de 30 à 35 secondes. Servir tiède.

Les trempettes

Trempette aux palourdes et au cari

Pour gagner du temps, mélanger les ingrédients dans l'ordre et réfrigérer. Réchauffer au moment de servir.

*1 paquet de 8 oz (225 g)
de fromage à la crème
1½ c. à thé de poudre de cari
1 boîte de 8 oz (225 ml)
de palourdes*

*2 oignons verts hachés
½ c. à thé de sel d'ail
½ c. à thé de sel
3 c. à table de lait ou
de crème*

Mettre le fromage à la crème dans un bol à mélanger d'une pinte (1,14 *l*) ou dans un plat de service, le saupoudrer de cari ; chauffer, recouvert de papier ciré, pendant 30 secondes. Écraser le fromage et le reste des ingrédients. Pour servir, cuire à découvert 2 minutes en remuant deux fois. Parsemer de persil haché fin et servir avec des toasts melba ou des biscuits soda. Quantité : environ 2¼ tasses (500 ml).

Trempette aux œufs et au bacon

Les œufs et le bacon, toujours à portée de la main, font une trempette délicieuse pour les croustilles ou pour étendre sur du pain de seigle.

4 tranches de bacon	2 oignons verts hachés
4 œufs durs	finement
½ c. à thé de moutarde sèche	3 c. à thé de mayonnaise
ou de poudre de cari	Sel et poivre
1 c. à thé d'oignon râpé ou	

Cuire le bacon comme dans la recette précédente. Quand il est refroidi, l'émietter grossièrement. Faire cuire les œufs comme à l'ordinaire ou les faire pocher dans le four à micro-ondes (v.p.*114*). Écraser les œufs et les ajouter à tous les ingrédients, y compris le bacon émietté. Servir. Quantité : environ ⅔ de tasse (150 ml).

Trempette pour légumes crus

Placer le bol de trempette au milieu d'un grand plat rempli de légumes crus : céleri, navet, carottes, panais, choux-fleur, etc.

3 tranches de bacon	1 c. à table de jus de
1 paquet de 8 oz (227 g)	citron frais
de fromage à la crème	1½ c. à table de lait
1 petit oignon râpé	1 gousse d'ail
2 c. à table de sauce	Paprika
à salade de votre choix	

Faire cuire le bacon dans une assiette à tarte de verre recouverte d'une serviette de papier pendant 3½-4 minutes, soit jusqu'à ce qu'il soit croquant. Retirer le bacon de la graisse avec une écumoire et mettre de côté. Ajouter le reste des ingrédients à la graisse. Chauffer à découvert 45 secondes. Écraser et mélanger soigneusement. Émietter le bacon et l'ajouter au mélange. Couvrir et réfrigérer. Quantité : 1 tasse (227 ml).

Trempette pour boulettes de viande

Préparer à l'avance des boulettes de viande miniatures. Les tenir à la température de la pièce. La trempette chaude suffit à les réchauffer.

1 jus de citron et son zeste
¼ tasse (55 ml) d'eau de saké
ou de sherry bien sec

¼ tasse (55 ml) de sauce au soja
1 gousse d'ail hachée finement
⅓ tasse (75 ml) de
marmelade d'orange amère

Mélanger dans un bol le jus de citron et le zeste, l'eau, le saké ou le sherry et la sauce au soja. Ajouter l'ail et la marmelade, remuer. Chauffer à découvert 2 minutes ou jusqu'à ce que le mélange soit chaud. Servir chaud entouré des boulettes de viande et avec des cure-dents. Quantité : 1 tasse (227 ml) de sauce.

Trempette au cheddar et aux haricots rouges

Utiliser différentes sortes de haricots pour obtenir différentes saveurs. Bon avec tous les genres de croustilles.

2 boîtes de 16 oz (450 ml)
chacune de haricots
rouges (kidney beans)
¼ tasse (55 ml) d'huile
d'arachide

1 tasse (55 ml) de fromage cheddar
fort râpé
¼ c. à thé de sel
½ oignon râpé
1 c. à thé de cumin
1 c. à thé de paprika

Égoutter les haricots et réserver le liquide. Les mélanger avec l'huile et un tiers de tasse (75 ml) de jus des haricots dans un bol de verre. Chauffer à découvert pendant 4 minutes en rèmuant deux fois. Retirer du four. Écraser les haricots avec une grosse fourchette, puis mélanger jusqu'à ce que le tout soit lisse. Verser dans le reste des ingrédients, chauffer à découvert 3 minutes, en remuant soigneusement. Servir avec des croustilles. Quantité : 2 tasses (450 ml).

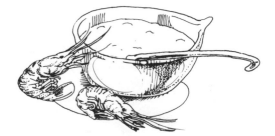

Boissons

Vous pouvez vous demander s'il y a un avantage à préparer des boissons dans le four à micro-ondes, puisqu'il est si rapide de faire bouillir de grandes quantités d'eau pour le thé ou le café sur la cuisinière ou dans la bouilloire électrique. Mais il existe beaucoup d'avantages en termes de variété, car la préparation et le réchauffage demandent si peu de temps que vous pouvez satisfaire tous les caprices de votre famille ou de vos amis. Non seulement chaque membre de la famille peut choisir sa boisson mais aussi la préparer. L'hospitalité est rendue facile, que vous serviez une boisson et un repas après le tout dernier film présenté à la télé ou pour des invités imprévus. Thé, café, cidre chaud, chocolat chaud ou fantaisie et beaucoup d'autres boissons peuvent être servis en quelques secondes. Vous pouvez réchauffer une boisson dans un pichet, une chope, une jarre résistante, une élégante carafe à cognac ou dans les tasses à café ou à thé ordinaires. Au lieu de laisser la cafétière « sur le poêle » pendant des heures, utilisez ce dont vous avez besoin et placez le reste au réfrigérateur. Réchauffez juste la quantité voulue dans le four à micro-ondes.

Café ou thé instantané

Le temps de cuisson dépend de la température initiale de l'eau, ainsi que de la grandeur ou du nombre de tasses. Il est important de remuer après avoir ajouté le café ou le thé pour distribuer la chaleur.

Très important : chauffez l'eau d'abord, ajoutez ensuite le thé ou le café ; autrement, vous obtiendrez un goût amer de thé ou de café bouilli.

Remplissez la tasse ou la chope d'eau froide du robinet. Chauffez sans couvrir jusqu'à ce que de la vapeur apparaisse. Ajoutez la quantité de sachets de thé ou de café désirée. Remuez et servez, ou chauffez 30 secondes.

Chope ou tasse	Temps de chauffage de l'eau
1	2 à 2½ minutes
2	3 à 3½ minutes
3	4 à 4½ minutes
4	5½ à 6 minutes
5	7 à 8 minutes

Décongélation du jus de fruit concentré

Retirer le dessus d'une boîte de 6 oz (175 ml) de jus concentré et s'assurer qu'il n'y a pas de papier métallique autour du bord. Mettre la boîte dans le four, chauffer 15 secondes. Vider le concentré dans un verre ou une cruche et chauffer encore 15 secondes ou jusqu'à ce que le tout soit fondu. Ajouter l'eau suivant les directives et servir. Une boîte de 12 oz (355 ml) doit être chauffée 30 secondes au lieu de 15.

Tomato Mary

C'est une version chaude du célèbre Bloody Mary. La recette est suffisante pour 10 petites chopes. On peut la diviser en deux.

1 boîte de 46 oz (1,36 l)
  de jus de tomate
2 boîtes de 10 oz (295 ml)
  chacune de bouillon de bœuf

1 citron coupé en rondelles
Vodka

Remplir aux deux tiers les chopes de jus de tomate, ajouter le bouillon de bœuf en laissant un espace de 1½ po (3,7 cm). Chauffer en suivant les indications du tableau ci-dessus. Ajouter la rondelle de citron et 2 cuillerées à table ou plus de vodka.

Sirop de citronnade

Voici une recette de base de sirop au citron à partir de laquelle il est facile de servir des limonades en quelques secondes.

1 c. à table de zeste de citron
1½ tasse (360 g) de sucre

½ tasse (115 ml) d'eau
1½ tasse (360 ml) de jus
  de citron frais

Mettre le zeste, le sucre et l'eau dans un plat de 2 pintes (2,25 l). Cuire à découvert 6 minutes en remuant deux fois. Ajouter le jus de citron et remuer quelques secondes. Refroidir. Verser dans une jarre de verre, garder au réfrigérateur. Quantité : 2⅔ tasses (600 ml) de sirop.

Verre de limonade : Verser ¼ à ⅓ de tasse (55 à 75 ml) de sirop de base dans un grand verre, ajouter ¾ de tasse (170 ml) d'eau froide, des cubes de glace et remuer vivement.

Pichet de limonade : Mélanger toute la recette de base et environ 5 tasses (1,13 l) d'eau froide dans un grand pichet ; ajouter des cubes de glace et remuer. Quantité : sept à huit verres.

Rhum au beurre chaud

Voici un autre remontant pour l'hiver. Il se prépare aussi dans des chopes individuelles, ce qui permet de respecter le goût de chacun, surtout pour le rhum.

1 c. à table de sucre brun
  Eau ou cidre

2 c. à table de rhum
1 c. à thé de beurre

Mettre le sucre brun dans chaque chope, puis la remplir aux trois quarts d'eau ou de cidre. Chauffer en suivant les indications du tableau (p. 68), ajouter le rhum et le beurre. Bien remuer et servir.

« Thomas and Jeremy »

C'est la version du sud des États-Unis du « Tom and Jerry », avec café fort, rhum et whisky Bourbon que l'on peut remplacer par du whisky irlandais ou du rye canadien. Servir après le dîner dans des demi-tasses.

3 jaunes d'œufs
1 c. à table de sucre
½ c. à thé de clou de
  girofle et de cannelle
3 blancs d'œufs

¼ tasse (55 ml) de rhum léger
2 tasses (450 ml) de Bourbon
  ou autre alcool de votre choix
2 tasses (450 ml) de café
  fort et chaud

Battre les jaunes d'œufs jusqu'à ce qu'ils soient épais et pâles. Y ajouter le sucre et les épices. Battre fermement les blancs d'œufs. Les incorporer aux jaunes. Ajouter le rhum et verser le tout dans un contenant de verre. Réfrigérer toute la nuit. Se conserve 6 à 8 jours au réfrigérateur.

Pour servir, mettre une cuillerée à table de ce mélange dans une demi-tasse de 4 oz (118 ml). Pour chaque tasse, ajouter une mesure (1½ oz ou 45 ml) de Bourbon et la même quantité de café chaud. Remuer et servir. Quantité : 10 à 12 demi-tasses.

Note : Pour réchauffer le café au four à micro-ondes, voir le tableau de la p. 68.

« *Tom and Jerry* »

Conserver cette recette de base de « Tom and Jerry », couverte, au réfrigérateur. Ensuite, il ne faudra que quelques minutes pour la servir, grâce au four à micro-ondes. Se conserve de 3 à 5 semaines.

2 blancs d'œufs
1 tasse (225 g) de sucre
*   à fruit*
2 jaunes d'œufs

½ c. à thé de vanille
Un soupçon de noix de muscade
Rhum
Brandy

Battre les blancs d'œufs avec ½ tasse (115 g) de sucre jusqu'à ce qu'ils soient fermes. Battre les jaunes d'œufs avec le reste du sucre jusqu'à ce qu'ils deviennent épais et crémeux, soit pendant environ 5 minutes. Les deux opérations se font au malaxeur électrique ou au batteur. Mélanger la vanille et la noix de muscade avec les jaunes. Incorporer le tout aux blancs d'œufs et réfrigérer jusqu'au moment de servir.

Pour faire un Tom and Jerry, remplir une tasse aux trois quarts d'eau et chauffer en suivant les indications au tableau de la p.*68*. Ajouter une généreuse cuillerée à table de la crème de base et 1 ou 2 cuillerées à table de rhum et de brandy. Bien remuer. Si nécessaire, chauffer 30 secondes. Saupoudrer d'un soupçon de noix de muscade, au goût.

Cidre chaud

Pour préparer des boissons individuelles. Idéal après le ski.

½ bâton de cannelle
1 ou 2 grains de quatre-épices
2 clous de girofle entiers
2 c. à table de sucre brun

1 tranche de citron non pelé
1 tranche d'orange non pelée
*   Cidre ou jus de pomme*

Mettre dans une tasse tous les ingrédients, excepté le cidre. Remplir de cidre aux trois quarts. Chauffer au goût en suivant les indications du tableau de la p. *68*, remuer, retirer les épices si l'on préfère.

« Old Fashioned » (recette de base)

Voici une autre recette de base qu'il est pratique d'avoir au réfrigérateur.

2 oranges non pelées
2 tasses (480 g) de sucre

2 tasses (450 ml) d'eau
1 bouteille de 8 oz. (225 ml)
  de cerises au marasquin

Trancher finement les oranges (sans se servir des bouts) et couper chaque tranche en deux. Mettre le sucre et l'eau dans un récipient de 2 pintes (2,25 *l*) chauffer 6 minutes à découvert et remuer deux fois. Ajouter les demi-tranches d'orange. Cuire à découvert 4 minutes. Ajouter les cerises au marasquin bien égouttées. Remuer pour mélanger. Verser dans un pichet de verre et réfrigérer.

Pour faire un « Old-Fashioned » : Remplir les verres à Old-Fashioned de glace pilée. Ajouter 2 cuillerées à thé de la recette de base. Garnir d'une tranche d'orange et d'une cerise sur un pic. Remplir du whisky de votre choix.

Cacao chaud

Remplir des tasses ou des chopes de lait, chauffer sans faire bouillir. Verser le cacao et mélanger selon les directives du paquet. Remuer et servir.

Temps requis pour chauffer le lait :

1 tasse (225 ml) 1 minute 15 secondes
2 tasses (450 ml) 2 minutes 25 secondes
3 tasses (680 ml) 3 minutes 35 secondes
4 tasses (1 *l*) 5 minutes
Remuer avant de servir pour repartir la chaleur.

Thé à la menthe

Servir chaud ou froid et varier les menthes pour en changer complètement la saveur. En Algérie, on sert le thé à la menthe chaud après le repas avec un pétale de rose flottant à la surface.

*1 poignée de feuilles fraîches de menthe
ou
4 c. à table de menthe séchée*

*2 tasses (450 ml) d'eau
1 citron non pelé finement tranché
Un bol de miel*

Nettoyer et couper la menthe fraîche et la mettre avec l'eau dans une casserole de verre de 2 pintes (2,25 *l*). Couvrir et laisser reposer 20 minutes. Mettre au four et chauffer à découvert 15 minutes. Laisser reposer 30 minutes. Passer les feuilles de menthe et servir chaud ou à la température de la pièce.

Servir dans de petites tasses avec une assiettée de tranches de citron et un bol de miel en laissant chaque convive sucrer son thé.

Pour servir froid, verser une tasse (225 ml) d'eau dans le mélange. Ajouter les tranches de citron et sucrer avec du miel. Brasser et servir avec de la glace.

Limonade anglaise

Souvenir d'un séjour à Londres, pendant ma jeunesse !

*2 tasses (450 ml) de jus de citron
Zeste de 2 citrons*

*1 tasse (225 g) de sucre
« Ginger Ale »*

Mettre le jus, le zeste et le sucre dans un bol d'une pinte. Chauffer à découvert 4 minutes en remuant deux fois. Réfrigérer quand le sucre est dissous. Pour servir, verser un quart de tasse (55 ml) de sirop de limonade dans un grand verre, remplir de « Ginger Ale ». On peut mettre de la glace, mais cela va à l'encontre de la coutume anglaise.

Thé aux fruits

Tout aussi bon chaud ou froid.

4 tasses (1 l) d'eau	*1 orange tranchée non pelée*
5 sachets de thé	*1 poignée de menthe fraîche*
1 citron tranché non pelé	*Sucre au citron au goût*

Verser l'eau dans une casserole de 2 pintes (2,25 *l*) et la faire chauffer sans couvrir de 6 à 8 minutes ou jusqu'à ébullition. Ajouter les sachets de thé, le citron, l'orange et la menthe. Couvrir et cuire 2 minutes. Laisser reposer 10 minutes. Passer et sucrer. Servir avec un bol de sucre au citron.

Sucre au citron : une demi-tasse (115 g) de sucre mélangée avec le zeste d'un citron. Pour servir froid : verser le mélange sur des cubes de glace et sucrer.

Tisane d'orge à l'anglaise

Se conserve un mois au réfrigérateur. Très rafraîchissant l'été.

3 c. à table d'orge perlée	*2½ tasses (665 ml) d'eau*
ou entière	*bouillante.*
3 c. à thé de sucre	*Zeste d'un demi-citron*

Mettre l'orge dans une casserole de 2 pintes (2,25 *l*) et la recouvrir d'eau froide. Cuire à découvert 15 minutes. Passer à travers un fin tamis. Jeter le liquide et mettre l'orge dans une jarre de verre. Ajouter le sucre, le zeste de citron et l'eau bouillante. Couvrir, chauffer, puis réfrigérer. Pour servir, filtrer et verser dans de petits verres ou dans un pichet. Ajouter une demi-tranche de citron à chaque verre ou un citron entier tranché au pichet. Sucrer. Ne pas servir avec de la glace.

Sirop de cacao

Une et demie à deux cuillerées à table de ce sirop ajoutées à trois quarts ou à une tasse (170 ou 225 ml) de lait, chauffés ensemble selon le temps indiqué au tableau ci-haut, donnent une tasse (225 ml) d'un chocolat bien spécial.

1¼ tasse (125 g) de cacao pur
1 tasse (225 g) de sucre
½ c. à thé de sel
Soupçon de cannelle

1½ tasse (360 ml) d'eau
*   bouillante*
½ tasse (115 ml) de miel
2 c. à thé de vanille

Mélanger ensemble, dans une casserole de 2 pintes (2,25 ℓ) le cacao, le sucre, le sel et la cannelle. Ajouter l'eau bouillante et bien mélanger. Cuire à découvert 3 minutes. Ajouter le miel et la vanille. Cuire 1 minute. Battre soigneusement. Refroidir. Verser dans une jarre de verre. Couvrir et réfrigérer. Quantité : 2¼ tasses (665 ml) de sirop de cacao.

Le chocolat à travers le Monde

Les recettes de chocolat sont très nombreuses. Toutes sont faciles à préparer grâce au four à micro-ondes.

Chocolat à la suisse

Fouetter au moment de servir pour obtenir une boisson mousseuse.

2 carrés de 1 oz (28 g) chacun
*   de chocolat non sucré*
1 tasse (225 ml) d'eau

¼ tasse (60 ml) de miel
1 pincée de sel
3 tasses (690 ml) de lait

Mettre le chocolat et l'eau dans une casserole de 2 pintes (2,25 ℓ). Chauffer à découvert 5 minutes. Bien remuer, ajouter le miel, le sel et le lait. Cuire sans couvrir de 3 à 5 minutes ou jusqu'à ce que ce soit assez chaud et remuer deux fois durant la cuisson.

Chocolat français

Voici un autre mélange qui se conserve 5 à 6 semaines au réfrigérateur et donne un chocolat délicieux.

1 tasse (225 g) de sucre
¾ tasse (75 g) de cacao
Une pincée de sel

1 tasse (225 ml) d'eau
bouillante
1 tasse (225 ml) de crème
fouettée

Mélanger ensemble dans un plat de 2 pintes (2,25 *l*) le sucre, le cacao et le sel. Ajouter l'eau bouillante. Mélanger. Cuire à découvert 5 minutes. Refroidir et réfrigérer 1 heure. Battre la crème et l'incorporer au chocolat chaud. Verser dans un contenant de verre. Couvrir. Réfrigérer. Pour servir, mettre 3 ou 4 cuillerées à table du mélange dans une tasse de lait chaud, brasser et servir.
Note : Pour chauffer le lait, se référer au tableau de la recette de cacao chaud, p.72.

Chocolat mexicain

C'est un chocolat épicé et savoureux.

2 carrés de 1 oz (28 g) chacun de
chocolat semi-sucré
¼ tasse (60 ml) d'eau
2 c. à table de sucre

¼ c. à thé de cannelle en poudre
⅛ c. à thé de noix de muscade
1 pincée de sel
4 tasses (1 l) de lait

Mélanger le chocolat, l'eau, le sucre, la cannelle, la noix de muscade et le sel dans une casserole de 2 pintes (2,25 *l*). Cuire 4 minutes à découvert en remuant une fois. Verser dans le lait. Cuire à découvert de 6 à 7 minutes. Fouetter et servir. Pour obtenir un chocolat léger et mousseux, ajouter 4 grosses guimauves au chocolat au moment de servir et fouetter jusqu'à ce qu'elles soient presque fondues. Chauffer 2 minutes et servir.

Chocolat espagnol

Très crémeux et très riche. Servir avec des brioches chaudes.

2 tasses (450 ml) de lait	6 carrés de 1 oz (28 g) chacun
2 tasses (450 ml) de crème légère	de chocolat semi-sucré
¼ c. à thé de noix de muscade	3 c. à table de sucre
1 c. à table de beurre	½ c. à thé de sel

Mélanger le lait, la crème, la muscade, le chocolat, le sucre et le sel dans une casserole de 2 pintes (2,25 l). Cuire à découvert 8 minutes. Fouetter jusqu'à ce que le mélange soit mousseux. Chauffer 2 minutes de plus. Servir. Il est nécessaire de fouetter pour obtenir une texture lisse et mousseuse.

Chocolat d'Acapulco

Le sirop de cacao et la saveur du café instantané donnent un mélange très particulier. Servir avec des petits beignets glacés au sucre.

4 tasses (1 l) de lait	2 c. à thé de café instantané
¼ tasse (55 ml) de sirop de cacao (voir recette p.75)	Une pincée de macis

Verser le lait dans une casserole de 2 pintes (2 l). Ajouter le sirop, le café instantané et le macis. Remuer pour bien mélanger. Chauffer à découvert 10 minutes ou jusqu'à ce que le lait soit bien chaud mais non bouillant. Fouetter une minute et verser dans de petites tasses.

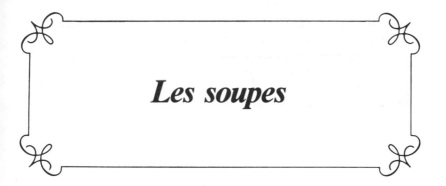

Les soupes

L'ancienne méthode qui voulait qu'on laisse mijoter les soupes sur le coin du poêle est maintenant chose du passé avec le four à micro-ondes. La cuisson micro-ondes assure une intégration rapide de la saveur des ingrédients qui donne le même résultat. Les légumes paraîtront même encore plus frais de cette façon.

Les soupes instantanées, en boîtes ou en sachets, peuvent se préparer en un clin d'œil dans des bols individuels selon le goût de chacun.

Quel que soit le cas, portions individuelles ou recette pour toute une famille, le processus est rapide et facile. Un bol de soupe se réchauffe en 1 minute et il n'est plus nécessaire de remettre les mêmes soupes au feu plusieurs fois.

J'ai divisé ce chapitre en trois parties : les bouillons de base, les soupes improvisées et les soupes achetées en boîtes ou en sachets. La rapidité avec laquelle vous préparez une soupe à partir d'éléments frais vous fera réfléchir sur l'achat de soupes en boîte ... En fait, une cuisinière qui a un tant soit peu d'imagination et d'instinct peut tirer profit des ingrédients dont elle dispose pour ne jamais refaire la même soupe durant toute l'année. Il suffit de changer un peu ceci ou cela et le tour est joué.

Les soupières sont de nouveau à la mode. Utilisez-les pour toute la famille, pour des réceptions à l'intérieur ou même dans le jardin ou le patio. Vous pourrez même faire sensation en servant une soupe, une salade et du bon pain frais ! Essayez !

Bouillon de poulet

On peut faire, dans le four à micro-ondes, du bouillon de poulet avec le gésier, les bouts d'ailes, le dos et le cou — toutes parties que nous jetons d'habitude. Il suffit de 5 minutes de préparation et 20 minutes de cuisson pour obtenir 4 tasses (1 l) de bon bouillon. On peut aussi utiliser la carcasse d'un poulet rôti ou d'une dinde.

Morceaux ou carcasse de poulet   ½ *c. à thé de sel*
4 tasses (1 l) d'eau chaude   ½ *c. à thé de poivre*
1 branche de céleri   *1 ou 2 cubes de bouillon de*
1 petit oignon non épluché   *poulet ou*
   coupé en 4   *1 c. à table de bouillon de*
½ c. à thé de thym   *poulet concentré*

Mettre tous les ingrédients dans une casserole de 2 pintes (2,25 l). Cuire à découvert 20 minutes. Laisser reposer 1 heure. Passer. Vérifier l'assaisonnement. Refroidir, puis réfrigérer.

Bouillon de bœuf

Comme pour le bouillon de poulet, on utilise les os d'un rôti, une demi-livre (227 g) de viande ou d'os de bœuf, ou 1 livre (450 g) de jarret pour donner du goût.

Os ou viande de bœuf	*2 feuilles de laurier*
4 tasses (1 l) d'eau chaude	*¼ c. à thé de thym*
1 carotte non pelée tranchée	*1 cube de bouillon de bœuf*
2 oignons non épluchés	*(facultatif)*
coupés en 4	
Quelques feuilles de céleri	
Sel et poivre	

Mettre tous les ingrédients dans une casserole de 2 pintes (2,25 *l*). Cuire à découvert 20 minutes. Laisser reposer 1 heure. Passer. Vérifier l'assaisonnement. Refroidir et réfrigérer.

Bouillon de céleri

Se prépare avec du consommé de poulet ou de bœuf.

5 branches de céleri	*2 c. à table de crème à 35%*
avec les feuilles	*1 c. à table de cerfeuil ou de*
4 tasses (1 l) de bouillon de	*persil frais haché*
poulet ou de boeuf	

Laver et couper le céleri en gros morceaux. Le mettre dans une casserole de 2 pintes (2,25 *l*). Cuire à découvert 10 minutes. Passer. Réchauffer 2 minutes si c'est nécessaire. Ajouter la crème et le cerfeuil ou le persil. Remuer et servir.

Bouillon de tomate

Se prépare avec du consommé de bœuf.

2 tomates moyennes	1 c. à thé de basilic séché
4 tasses (1 l) de bouillon de bœuf	½ tasse (30 g) de croûtons
3 c. à table d'aneth frais	au beurre (facultatif)
	Sel et poivre

Peler les tomates, retirer les graines et couper en petits morceaux. Mettre dans une casserole de 2 pintes (2,25 l). Ajouter le bouillon de bœuf. Couvrir et cuire 10 minutes. Ajouter l'aneth ou le basilic, saler et poivrer et servir brûlant. Garniture de croûtons : 1 tasse (56 g) de cubes de pain sans croûte cuits 2 minutes dans une assiette de verre couverte avec 1 cuillerée à table de beurre. Mélanger, cuire encore 1 minute. Déposer 1 cuillerée à table de croûtons dans chaque tasse de bouillon.

Soupe printanière aux légumes

Les légumes émincés sont réchauffés dans du bouillon de poulet mais ne doivent pas cuire.

4 radis	1 petite branche de céleri
½ concombre	½ carotte
½ zucchini (courgette)	4 tasses (1 l) de bouillon
	de poulet

Nettoyer les radis, peler le concombre, laver le zucchini et le céleri, gratter la carotte. Trancher chaque légume en fines rondelles. Réchauffer le bouillon de poulet pendant 15 minutes dans une casserole en verre de 2 pintes (2 l). Quand il est brûlant, ajouter les légumes. Ne pas réfrigérer. Réchauffer 3 à 4 minutes. Servir dans des bols avec du persil haché fin et de la menthe fraîche, au goût.

Consommé Faubonne

C'est une version nord-américaine d'une recette française classique, préparée de préférence avec du bouillon de bœuf, bien qu'on puisse utiliser du bouillon de poulet.

4 tasses (1 l) de bouillon de bœuf   *1   betterave moyenne crue*
2   c. à table de riz ou de tapioca à   1   soupçon d'aneth
    cuisson rapide.

Verser le bouillon de bœuf dans une casserole de verre de 2 pintes (2 l) ainsi que le riz ou le tapioca à cuisson rapide. Peler la betterave crue et la râper puis l'ajouter au bouillon. Couvrir et cuire pendant environ 20 minutes. Ajouter l'aneth et assaisonner. Servir chaud.

Consommé au cari

On peut employer indifféremment du bouillon de poulet ou de bœuf.

2   tranches de bacon   *1   c. à table de farine*
1   oignon haché fin   *4   tasses (1 l) de bouillon chaud,*
1   c. à table de beurre   *de poulet ou de bœuf*
1   c. à thé de poudre de cari *1   c. à table de riz instantané*

Mettre le bacon dans un plat de 2 pintes (2 l). Couvrir et cuire 4 minutes en remuant une fois. Retirer les morceaux de bacon avec une écumoire et égoutter sur du papier absorbant. Laisser 2 cuillerées à table de gras de bacon dans le plat, ajouter l'oignon et le beurre. Remuer pour bien mélanger, couvrir et cuire 3 ou 4 minutes. Ajouter la poudre de cari et la farine. Remuer. Verser le bouillon et le riz. Couvrir et cuire de 10 à 12 minutes. Rajouter les morceaux de bacon et servir.

Soupe de Majorque

Soupe espagnole aux légumes, colorée et savoureuse.

4 c. à table d'huile d'olive
3 gousses d'ail hachées fin
2 gros oignons coupés en cubes
1 poireau finement haché
2 piments rouges hachés
3 tomates pelées et coupées
1 tasse (100 g) de chou haché

½ c. à thé de thym
1 feuille de laurier
2 clous de girofle
5 tasses (1,15 l) d'eau
   bouillante
1 piment vert haché

Chauffer l'huile d'olive ou à salade à découvert 3 minutes dans une casserole de 3 pintes (3 l) en verre. Ajouter l'ail, les oignons et le poireau. Bien remuer pour les enrober d'huile. Cuire à découvert 5 minutes en brassant. Ajouter le reste des ingrédients. Remuer, couvrir et cuire 10 minutes. Saler et poivrer, puis servir.

Consommé Diplomate

Ce délicieux consommé précède le rôti au cours d'un grand dîner et a beaucoup d'effet.

4 tasses (1 l) de bouillon de poulet
2 œufs
2 c. à table de farine
1 tasse (225 ml) de crème légère
   ou de lait

¼ c. à thé de basilic
¼ tasse de persil haché
3 c. à table de sherry sec

Chauffer le bouillon de poulet à découvert pendant 15 minutes dans un bol de 2 pintes (2 l). Fouetter les œufs, ajouter la farine, la crème ou le lait, le basilic et le persil. Incorporer au bouillon chaud. Fouetter de nouveau. Cuire à découvert 3 à 4 minutes, en remuant toutes les minutes. Ajouter le sherry. Vérifier l'assaisonnement et servir.

Soupe à l'oignon et au concentré de bœuf

Après avoir essayé une foule de recettes de soupes à l'oignon au four à micro-ondes, je trouve que celle-ci est la meilleure. Pour faire gratiner cette soupe, il suffit de la passer au gril de la cuisinière. Je suggère de faire des toasts au fromage dans le four de la cuisinière, de les ajouter à chaque bol de soupe et de servir avec un bol de fromage râpé.

2 c. à table de gras ou de bacon
ou de graisse de porc
2 c. à table de beurre
4 gros oignons pelés, hachés fin

3 c. à table de concentré
de bœuf
4 tasses (1 l) d'eau chaude
¼ c. à thé de thym
Sel et poivre.

Mettre le gras de bacon, le beurre et les oignons dans une casserole de 2 pintes (2 l). Cuire à découvert 15 minutes en remuant deux fois. Ajouter le concentré de bœuf, brasser jusqu'à ce que les oignons soient bien enrobés. Ajouter l'eau chaude et le thym. Couvrir et cuire 15 minutes. Laisser reposer 15 à 20 minutes. Saler et poivrer puis servir.

Soupe aux huîtres

Le four à micro-ondes fait une soupe aux huîtres exceptionnelle.

3 tasses (680 ml) de lait
2 branches de céleri
1 petit oignon
1 feuille de laurier
1 c. à table de paprika

¼ tasse (55 ml) de crème ou
de vin blanc
1 tasse à 1½ tasse (200 à 300 g)
d'huîtres fraîches non
égouttées

Mettre dans un bol de verre de 3 pintes (3 l) le lait, le céleri, l'oignon, la feuille de laurier, la crème ou le vin blanc. Chauffer à découvert 6 à 8 minutes sans laisser bouillir le lait. Quand celui-ci commence à frémir, ajouter les huîtres. Cuire 1 minute. Laisser reposer 5 à 10 minutes. Saupoudrer chaque assiettée de paprika et servir.

Soupe « santé » aux légumes

Il s'agit d'une recette complémentaire commencée sur la cuisinière et terminée au four à micro-ondes.

½ lb (22 g) de foie de bœuf
  ou d'agneau
2 c. à table de beurre
4 petites carottes coupées en cubes
½ tasse (115 g) de céleri haché
1 gros oignon haché fin
1 c. à table de sucre

2 tasses (450 ml) d'eau
  chaude
1 tasse d'épinards frais ou
  congelés, hachés
1 boîte de tomates de
  20 oz (590 ml)
  Sel et poivre

Hacher le foie très finement avec un couteau ou le passer au hachoir. Faire chauffer une poêle *Corning* sur la cuisinière et y saisir le foie à feu vif en remuant. Ajouter le beurre et brasser. Verser dans un grand bol le reste des ingrédients. Bien mélanger. Mettre le plat au four. Couvrir et cuire 25 minutes puis servir. Peut se congeler et se réchauffer.
Note : Si vous n'avez pas de poêle *Corning*, faites cuire le foie dans un bol de 2 pintes (2,25 l) pendant une minute et demie au four à micro-ondes. Ajouter le beurre et continuer selon les directives ci-dessus.

Soupe à la citrouille

Délicate soupe appréciée dans la cuisine française bourgeoise.

3 c. à table de beurre ou
  de margarine
4 tasses (1 l) de cubes
  de citrouille
¼ c. à thé de noix
  de muscade
1 tasse (225 ml) d'eau chaude

1 tasse (225 ml) de lait
½ tasse (115 ml) de crème
  épaisse
½ tasse (30 g) de croûtons
  dorés
  Sel et poivre

Faire fondre le beurre ou la margarine dans un bol de 3 pintes (3 *l*). Ajouter la citrouille en cubes et la noix de muscade. Couvrir et cuire 10 minutes en remuant une ou deux fois. Ajouter l'eau et le lait. Couvrir de nouveau et cuire encore 8 minutes. Passer au tamis ou fouetter au mélangeur électrique 40 secondes. Remettre dans la casserole, ajouter la crème. Chauffer 1 minute et servir avec les croûtons au beurre et du persil haché ou de la ciboulette.

Soupe au céleri

J'aime cette soupe faite avec du bouillon de poulet bien que des cubes de concentré et de l'eau ou du bouillon de bœuf puissent faire l'affaire. Pour varier, on peut remplacer le bouillon par 4 tasses (1 *l*) de tomates en boîte additionnées de 1 cuillerée à thé de sucre.

2 tasses (450 ml) de céleri en cubes	*½ c. à thé de poivre*
2 pommes de terre moyennes pelées et râpées	*1 c. à thé de sel*
	¼ tasse (15 g) de persil haché
4 tasse (1 l) de bouillon de poulet	*3 c. à table de beurre*
	1 tasse (225 ml) de lait (facultatif)

Placer tous les ingrédients sauf le lait dans un bol de 3 pintes (3 *l*). Couvrir et cuire 20 minutes. Laisser reposer 20 minutes. Ajouter le lait, vérifier l'assaisonnement (sel et poivre). Réchauffer 1 minute et servir.

Crème de tomates fraîches

Très simple mais délectable.

8 tomates bien mûres
2 tasses (450 ml) d'eau
  bouillante
1 c. à table de sucre

1 c. à thé de sel
¼ livre (115 g) de beurre
  doux
¼ à ½ tasse (55 à 115 ml)
  de crème à 35%

Couper les tomates en gros morceaux et les mettre dans un bol de verre de 3 pintes (3 *l*) avec l'eau bouillante, le sucre et le sel. Cuire à découvert 15 minutes. Tamiser pour enlever les peaux et les graines et presser avec un pilon pour perdre le moins possible de pulpe. Remettre dans le bol. Ajouter le sucre en remuant bien. Couvrir et chauffer 1 minute. Ajouter la crème graduellement en remuant sans arrêt avec un fouet pour obtenir la consistance voulue. Chauffer encore 1 minute et servir parsemé de persil haché ou de ciboulette. On peut servir à la température de la pièce mais non réfrigéré car le beurre se solidifierait.

« Chowder » de la Nouvelle-Angleterre

Ici, on peut utiliser des palourdes fraîches ou en boîte, pourvu que l'on ajoute à la boîte de palourdes du jus en bouteille.

4 c. à table de beurre
2 oignons moyens
1½ tasse (350 g) de palourdes
  fraîches, pochées avec
  leur jus
  OU
1 boîte de 6 oz (170 ml) de
  palourdes égouttées et
1 bouteille de 8 oz (225 ml)
  de jus de palourdes

1 c. à thé de sel
4 tasses (1 l) d'eau
  bouillante
1 grosse pomme de terre pelée
  et râpée
2 tasses (450 ml) de crème
  Paprika

Mettre le beurre et les oignons dans un bol de verre de 3 pintes (3 *l*). Cuire à découvert 5 minutes. Bien remuer, ajouter les palourdes fraîches sans leur coquille et les palourdes en boîte et le jus. Incorporer le reste des ingrédients, sauf le paprika. Couvrir et cuire 12 minutes. Saler et poivrer. Saupoudrer chaque assiettée de parika et servir.

Vichyssoise

Il suffit, avec un four à micro-ondes, d'un mélangeur électrique et de 25 minutes pour pouvoir servir la vichyssoise, chaude ou refroidie au réfrigérateur.

2 poireaux moyens	*2 tasses (450 g) de flocons de*
1 oignon moyen haché	*p. de terre instantanées*
2 c. à table de beurre	*1 tasse (225 ml) de crème*
4 tasses (1 l) de bouillon	*Sel et poivre*
de poulet	

Mettre les poireaux nettoyés et hachés, l'oignon et le beurre dans une casserole de verre de 2 pintes (2 *l*). Cuire à découvert 4 minutes en remuant une fois. Ajouter le bouillon de poulet ou des cubes de bouillon de poulet et 4 tasses (1 *l*) d'eau chaude. Cuire sans couvrir pendant 15 minutes en remuant une fois. Incorporer les pommes de terre instantanées. Fouetter ou passer au mélangeur électrique, ajouter la crème. Chauffer une minute, saler et poivrer. Servir chaud ou réfrigéré.

Soupes en boîte

. Les soupes en boîte ou en sachet sont si faciles à préparer qu'une tasse de soupe est prête en un instant.

Vous pouvez faire chauffer la soupe en boîte directement dans votre assiette, ce qui élimine la vaisselle. Pour la soupe aux légumes ou aux nouilles, partagez en portions égales d'abord le liquide, puis les ingrédients solides.

Pour préparer les soupes en boîte ou condensées

Les directives valent pour des boîtes ordinaires de 10 onces (300 ml). Répartir le contenu dans trois ou quatre bols à soupe. Ajouter une quantité égale d'eau ou de lait à chacun. Couvrir d'une soucoupe ou de papier ciré. Cuire 3 à 4 minutes, ou jusqu'à ce que le mélange soit bouillant, en remuant une fois durant la cuisson. Remuer encore, laisser reposer 1 minute. Pour 4 à 6 personnes, utiliser 2 boîtes de soupe. Cuire 6 à 7 minutes.

Pour préparer les mélanges secs

Les soupes en mélanges déshydratés prennent un certain temps à se réhydrater après le premier bouillon ; il est donc préférable de ne pas les préparer en bols individuels. Verser une enveloppe de mélange dans un plat de 4 tasses (1 l) ou dans une casserole, en utilisant la quantité d'eau ou de lait indiquée sur le paquet. Couvrir et cuire 6 à 8 minutes ou jusqu'au premier bouillon, en remuant deux fois. Laisser reposer 5 à 10 minutes.

Pour préparer des mélanges de soupes en boîte

Ces mélanges donnent des soupes extrêmement savoureuses. Les directives sont les mêmes qu'au paragraphe précédent, la seule différence étant qu'on verse tous les ingrédients dans un bol de 2 pintes (2 l) pour qu'ils s'incorporent davantage les uns aux autres. Après les avoir fouettés, couvrir et chauffer 6 à 7 minutes, en remuant une ou deux fois. Servir. Ces recettes valent pour des boîtes de 10 onces (300 ml).

Crème verte

1 boîte de crème de petits pois
½ boîte de lait
½ boîte de crème

1 boîte de crème de champignons

Crème mongole

1 boîte de crème de tomate
1 boîte de crème de petits pois

½ boîte de lait
½ boîte de crème

Soupe fermière

1 boîte de soupe aux légumes
1 boîte de crème de tomates

½ boîte de lait
½ boîte de crème

Consommé aux tomates

1 boîte de consommé

1 boîte de jus de tomate

Crème Du Barry

1 boîte de crème de céleri
1 boîte de crème de poulet

½ boîte de lait
½ boîte de crème

Consommé italien

1 boîte de consommé
1 boîte de jus de tomate
3 citrons non épluchés
   coupés en lamelles

1 tranche d'oignon
½ c. à thé de sucre

Crème Saint-Germain (vite faite)

1 boîte de consommé
1 boîte de crème de petits pois

½ boîte de lait
½ boîte de crème

Bisque de homard facile

1 boîte de crème de champignons ¼ tasse (55 ml) de
1 boîte de homard de   sherry sec
   4 oz (115 ml)   1 boîte de crème

Crème de poulet à la parisienne

1 boîte de crème de poulet   1 boîte de crème
1 boîte de crème de champignons

Crème de homard rosée

1 boîte de crème de champignons 1 c. à table de sherry
1 boîte de soupe aux tomates   2 boîtes de crème
1 boîte de 8 oz (225 ml)   Une pincée de cari
   de homard

Crème de la Louisiane

1 boîte de crème de champignons 1 boîte de lait
1 boîte de maïs en crème

Crème de tomate au cari

1 boîte de soupe aux   ½ c. à thé de cari
   tomates à l'ancienne   1 boîte de lait

Crème de tomate Voisin

1 boîte de crème de tomate   ½ boîte de lait
1 boîte de crème de céleri   ½ boîte de crème

Sauces pour plats de poisson, de viande et de légumes

Si les sauces ne vous ont jamais beaucoup attiré à cause du temps que demande leur préparation, vous changerez bientôt d'avis avec un four à micro-ondes. En effet, celui-ci a complètement éliminé les difficultés et les précautions extrêmes, ainsi que tous les inconvénients inhérents à la façon ordinaire de cuisiner, tels que les grumeaux, un plat brûlé ou l'obligation de devoir tourner longtemps une sauce.

Vous feriez bien de garder certaines sauces toutes prêtes au réfrigérateur pour pouvoir les réchauffer au moment voulu. Vous apprendrez très vite à adapter vos sauces préférées à la cuisson micro-ondes. Préparer une hollandaise ou même une béarnaise devient très simple. Apprenez à tourner une sauce et ne craignez pas d'ouvrir le four pour en vérifier la cuisson parce que le temps varie selon les ingrédients employés et que, dans la cuisine micro-ondes, quelques secondes ou quelques minutes de plus ou de moins font toute la différence entre la réussite et l'échec. Vous trouverez, dans ce livre, des recettes accompagnées de leurs sauces, ce qui vous montrera comment adapter vos propres recettes.

Les sauces sont importantes en cuisine puisqu'elles permettent de garnir, d'étirer ou de lier un plat.

Sauce blanche de base

Sauce légère

1 c. à table de beurre	*1 tasse (225 ml) de lait*
ou d'un autre corps gras	*ou d'un autre liquide*
1 c. à table de farine	

Sauce moyenne

2 c. à table de beurre	*1 tasse (225 ml) de lait*
ou d'un autre corps gras	*ou d'un autre liquide*
2 c. à table de farine	

Sauce épaisse

3 c. à table de beurre	*1 tasse (225 ml) de lait*
ou d'un autre corps gras	*ou d'un autre liquide*
4 c. à table de farine	

Choisir les quantités de gras, de farine et de liquide en fonction du genre de sauce. Selon le plat auquel on l'ajoutera, on peut utiliser de la margarine, du bacon ou du gras de bœuf, ou divers liquides, y compris du vin, du jus de tomate, du bouillon, l'eau de cuisson des légumes, etc.

Mettre le beurre dans un bol de 1 pinte (1 *l*) ou dans une tasse à mesurer. Chauffer à découvert 1 minute, ajouter la farine et bien mélanger le tout. Verser le lait et fouetter. Cuire sans couvrir pendant 1 minute et bien remuer de nouveau. Cuire 2 minutes à 2 minutes et demie jusqu'à l'obtention d'une sauce crémeuse en remuant encore deux fois en cours de cuisson. Saler et poivrer. Quantité : une tasse (225 ml).

Base d'un roux

Un roux est une sauce blanche où le gras et la farine, cuits ensemble, ont pris une couleur dorée ou brun pâle, ce qui change non seulement la couleur de la sauce mais aussi son goût. Un roux brun est excellent avec les viandes, tandis que la sauce blanche accompagne mieux les légumes.

Comment faire un roux

Faire fondre le gras et mélanger la farine dans un bol d'une pinte (1,15 *l*) en chauffant à découvert 1 minute. Brasser soigneusement. Cuire encore à découvert et en remuant deux fois pendant 4 à 5 minutes ou jusqu'à ce que le mélange soit de la couleur désirée. Ajouter le liquide et terminer comme pour la sauce blanche de base.

Mélange à sauce blanche

Très utile à avoir dans le réfrigérateur. Il suffit d'ajouter de l'eau au moment de l'utiliser et, en deux minutes, on a une très bonne sauce blanche contenant un peu moins de calories.

2 tasses (450 ml) de lait   1 tasse ou ½ lb (225 g) de
*   écrémé en poudre   beurre ou de margarine*
1 tasse (110 g) de farine

Mélanger soigneusement dans un bol le lait en poudre et la farine. Ajouter le beurre, le travailler avec deux couteaux comme pour une pâte à tarte et mélanger le tout jusqu'à l'obtention d'une texture grossière. Mettre ce mélange dans un récipient de verre, couvrir et réfrigérer.

Pour faire une tasse de sauce blanche :

Légère : Mesurer ½ tasse (115 ml) du mélange préparé, ajouter 1 tasse (225 ml) d'eau (ou 1 tasse (225 ml) de lait, ou encore ½ tasse (115 ml) de lait et ½ tasse (115 ml) de crème si on préfère une sauce plus riche). Mettre dans un bol d'une pinte (1,15 *l*) ou une mesure de 4 tasses (1 *l*). Cuire à découvert 1 minute. Remuer, cuire encore 1 minute ou jusqu'à ce que la sauce soit crémeuse et gonflée. Remuer et assaisonner.

Moyenne : Mesurer ¾ de tasse (170 ml) du mélange. Mélanger avec 1 tasse (225 ml) d'eau ou encore de lait ou de lait et crème. Cuire comme la sauce légère.

Épaisse : Mesurer 1 tasse (225 ml) du mélange. Mélanger avec 1 tasse (225 ml) d'eau ou encore de lait ou de lait et crème. Cuire comme la sauce légère.

Béchamel ou sauce veloutée

La béchamel est une sauce blanche riche, faite de bouillon de poulet (liquide ou en cubes) et de crème légère. Le bouillon de poulet peut être remplacé partiellement par du vin blanc pour accompagner le poisson.

2 c. à table de beurre	1 c. à table d'oignon râpé
2 c. à table de farine	1 tasse (225 ml) de
1 c. à thé de sel	bouillon de poulet
⅛ c. à thé de thym	1 tasse (225 ml) de crème
	légère

Faire fondre le beurre dans un bol de verre d'une pinte (1 *l*) pendant environ 30 secondes. Ajouter la farine, le sel, le thym et l'oignon. Mélanger pour faire une pâte lisse. Ajouter le bouillon de poulet et la crème, fouetter le tout ou mélanger avec le batteur manuel. Cuire à découvert 2 minutes, bien remuer. Cuire environ 3 minutes de plus, en brassant deux fois, jusqu'à ce que la sauce soit légère et crémeuse. C'est alors une béchamel légère. En doublant farine et beurre et en conservant la même quantité de liquide, on obtient une béchamel épaisse. Quantité : 2 tasses (450 ml).

Sauce brune du Chef

Se prépare ordinairement en faisant mijoter longuement du bouillon de bœuf concentré. On obtient le même résultat avec du bouillon en boîte, ce qui ne prend que quelques minutes dans le four à micro-ondes.

½ c. à thé de sucre
1 petit oignon haché
3 c. à table de beurre
2 c. à table de farine
1 boîte de bouillon de
  bœuf de 10 oz (295 ml)
⅛ c. à thé de thym

1 feuille de laurier
¼ tasse (55 ml) de lait
½ tasse (115 ml) de lait
  écrémé en poudre
¼ tasse (55 ml) d'eau
2 c. à thé de concentré
  de tomate

Mettre le sucre et l'oignon dans un bol de 1 pinte (1 *l*). Cuire à découvert 5 minutes ou jusqu'à ce que le sucre soit partiellement bruni. Ajouter le beurre. Cuire à découvert 1 minute. Bien mélanger. Ajouter la farine, mélanger, ajouter le bouillon de bœuf, le thym, le laurier et le lait. Brasser soigneusement et cuire sans couvrir pendant encore 1 minute. Ajouter le lait en poudre, l'eau et le concentré de tomate. Bien mélanger de nouveau. Cuire à découvert 2 à 3 minutes de plus, ou jusqu'à ce que la sauce soit crémeuse. Remuer deux fois durant cette cuisson.

Sauce madère : Ajouter 3 cuillerées à table de madère sec à la sauce cuite. Se conserve 3 semaines, couverte, au réfrigérateur et peut se congeler. Quantité : 2 tasses (450 ml).

Sauce Mornay

C'est là une sauce française au fromage classique.

2 jaunes d'œufs
½ tasse (115 ml) de crème
1 tasse (225 ml) de sauce
  blanche moyenne (p.94)

½ tasse de fromage
râpé au choix

Battre ensemble les jaunes d'oeufs et la crème. Cuire la sauce blanche suivant la recette de base. Ajouter, en battant, le mélange oeufs-crème à la sauce chaude. Incorporer le fromage, battre encore. Cuire à découvert 1 minute, remuer et servir.

Sauce Soubise :

Le terme Soubise signifie toujours que le plat est aromatisé à l'oignon.

2 oignons moyens
1 c. à table de beurre

2 tasses (450 ml) de sauce
  blanche moyenne (p.94)
⅛ c. à thé de noix de muscade

Trancher les oignons très finement. Faire fondre le beurre pendant 30 secondes dans un bol d'une pinte (1 l). Ajouter les oignons. Bien remuer. Cuire 8 minutes en remuant deux fois. Incorporer le tout à la sauce blanche chaude sans égoutter. Ajouter la noix de muscade, poivrer et saler.

Sauce aux câpres

Excellente avec le poisson et le veau.

1 tasse (225 ml) de sauce
  blanche moyenne
2 c. à table de câpres

1 oignon vert haché fin
⅛ c. à thé de cari
1 c. à thé de beurre

Faire une sauce blanche (voir p. *94*). Ajouter le reste des ingrédients et remuer jusqu'à ce que le beurre soit fondu. Assaisonner et servir.

Sauce au persil

1 tasse (225 ml) de sauce
   blanche moyenne
2 c. à table de persil haché

1 oignon vert haché fin
1 c. à thé de beurre

Préparer la sauche blanche (voir p. *94*). Ajouter le reste des ingrédients et remuer jusqu'à ce que le beurre soit fondu. Assaisonner et servir.

Sauce provençale

Cette sauce accompagne bien le poisson, la viande, les nouilles ou les petites pommes de terre nouvelles bouillies.

3 c. à table d'huile à salade
   ou *d'olive*
1 oignon moyen
2 gousses d'ail hachées fin

2 tomates non pelées,
   coupées en morceaux
2 c. à table de persil haché
1 à 2 tasses (225 à 450 ml)
   de sauce blanche moyenne
   (voir p. 94)

Mettre dans un bol d'une pinte (1 *l*) l'huile, l'oignon et l'ail. Chauffer à découvert 5 minutes en remuant une fois. Ajouter les tomates et le persil. Chauffer 1 minute. Verser ce mélange dans la sauce blanche chaude. Bien mélanger. Saler et poivrer.

Sauce aux champignons

La sauce au soja peut remplacer le Kitchen Bouquet, mais sa saveur n'est pas aussi délicate. Par contre, une demi-cuillerée à thé de concentré végétal Marmite peut remplacer efficacement le Kitchen Bouquet.

3 c. à thé de beurre
1½ c. à table de farine
1 c. à thé de sauce
  Kitchen Bouquet
¾ tasse (170 ml) de crème
  légère

¼ c. à thé de sel
⅛ c. à thé de basilic
  ou d'estragon
1 boîte de 4 oz (115 ml)
  de champignons non égouttés

Mettre le beurre dans une casserole d'une pinte (1 *l*) et chauffer sans couvrir pendant 1 minute pour le faire fondre. Ajouter la farine et le Kitchen Bouquet en remuant pour en faire une pâte lisse. Ajouter la crème, le sel, le basilic ou l'estragon. Fouetter pour faire mousser. Incorporer les champignons non égouttés et bien mélanger. Cuire à découvert 2 minutes en remuant deux fois. La sauce doit être crémeuse et légère. Assaisonner. Quantité : 1½ tasse (360 ml).
Variante : Ajouter 2 cuillerées à table de madère sec et remplacer la crème par du consommé en boîte non dilué.

Véritable hollandaise

Un délice qui se prépare en 30 secondes et qu'il est impossible de rater !

⅓ à ½ tasse (75 à 115 g)
  de beurre doux
2 jaunes d'œufs

Jus d'un petit citron

Mettre le beurre dans une petite casserole *Corning* ou une mesure de 2 tasses (½ *l*). Chauffer à découvert 1 minute. Ajouter le jus de citron et les jaunes d'œufs. Battre avec un fouet pendant 20 secondes. Cuire à découvert 30 secondes ou jusqu'à ce que la consistance soit crémeuse. Battre encore quelques secondes. Saler (environ ¼ de cuillerée à thé) et servir. Pour réchauffer, mettre au four sans couvrir pendant 20 secondes. Fouetter et servir.

Sauce mousseline

Faire une véritable hollandaise. Quand elle est prête, y ajouter 2 blancs d'œufs battus en neige. Si elle doit être réchauffée, ajouter les blancs d'œufs après.

Hollandaise de Dijon

Se sert chaude ou froide. Dans ce dernier cas, elle est délicieuse avec de minces tranches de rosbif. Remplacer le jus de citron de la véritable hollandaise par 2 cuillerées à table d'eau froide mélangées à 1 cuillerée à table de moutarde de Dijon.

Chantilly hollandaise

Idéale avec du poisson froid, des asperges ou des poitrines de poulet.

*1 recette de véritable
  hollandaise*

*½ tasse (115 ml) de crème
  fouettée*

Faire la sauce. Laisser refroidir 15 minutes. Battre la crème jusqu'à ce qu'elle soit ferme et l'ajouter à la sauce. Saler.

Fausse sauce hollandaise

Moins riche que la véritable hollandaise, cette sauce est aussi très bonne. Elle est parfaite avec de la morue pochée ou tout autre poisson blanc, roulé dans du persil haché ou de la ciboulette.

2 c. à table de beurre
2 c. à table de farine
½ c. à thé de sel
1 tasse (225 ml) de lait

2 jaunes d'œufs légèrement
  battus
1 à 2 c. à table de jus de
  citron frais
2 c. à table de margarine

Faire une sauce blanche avec 2 cuillerées à table de beurre, la farine, le sel et le lait en suivant les directives de la sauce blanche de base (p. 94). Quand elle est chaude, y battre les jaunes d'œufs et ajouter le jus de citron et la margarine. Chauffer 1 minute. Fouetter encore, assaisonner et servir.

Sauce au pain, à l'anglaise

J'ai trouvé que seul le four à micro-ondes rend cette sauce au pain aussi crémeuse, légère et parfaite. Elle est délicieuse avec la perdrix rôtie, le faisan, le poulet de Cornouailles ou la caille.

1 tasse (225 ml) de lait
2 clous de girofle
1 petit oignon
  Soupçon de sauge

1 c. à table de beurre
1 c. à table de crème
  Sel et poivre
1¼ tasse de mie de pain

Mettre le lait dans une casserole de 1½ pinte (1,5 l). Piquer les clous de girofle dans l'oignon et ajouter celui-ci au lait ainsi que la sauge. Cuire à découvert 3 minutes. Ajouter la mie de pain. Bien mélanger. Cuire à découvert 2 minutes. Retirer l'oignon. Ajouter le beurre et la crème, fouetter la sauce quelques secondes. Saler et poivrer. Cuire 30 secondes, battre encore et servir.

Sauce vaucluse

Création d'un grand chef français. La servir avec du poulet ou de la dinde, rôtis ou pochés, du poisson blanc, des choux-fleurs et du céleri à l'étuvée.

2 c. à table de beurre	1 recette de véritable
1½ tasse (360 ml) de crème	hollandaise (p. 100)
légère	Sel, poivre

Faire une sauce blanche selon les directives de base avec le beurre, la farine et la crème. Saler et poivrer. Préparer une hollandaise. Y ajouter la sauce blanche. Les battre ensemble et assaisonner. Les deux sauces peuvent être préparées simultanément et conservées, couvertes, à la température de la pièce. Les mélanger au moment de servir et réchauffer sans couvrir pendant 40 secondes ou jusqu'à ce que ce soit chaud. Remuer et servir.

Sauce béarnaise

Une béarnaise est une hollandaise assaisonnée d'estragon et de vinaigre de vin blanc. C'est la sauce du connaisseur qui la choisit pour accompagner son steak grillé ou pour napper des œufs pochés servis sur un lit d'asperges ou de cœurs d'artichaut.

3 c. à table de vinaigre	4 grains de poivre moulus
de vin blanc ou de cidre	⅓ de tasse (75 g) de beurre
1 oignon vert haché	2 jaunes d'œufs
1 c. à thé d'estragon	

Mettre le vinaigre, l'oignon et l'estragon dans une mesure d'une tasse (¼ l). Chauffer à découvert 3 minutes. Passer au tamis dans un plat moyen *Corning* ou dans un plat de service. Ajouter les grains de poivre moulus et le beurre. Faire fondre 50 secondes. Ajouter les jaunes d'œufs. Battre jusqu'à ce que le tout soit bien mélangé. Cuire à découvert 30 secondes. Battre encore quelques secondes. Assaisonner et servir.

Sauce au cari

Cette sauce accompagne les œufs, la viande, le poulet, le poisson ou le riz.

¼ *tasse (55 g) de beurre*
1 à 2 c. à thé de cari
½ c. à thé de curcuma
1 oignon finement haché
1 pomme râpée non pelée
1 gousse d'ail hachée

3 c. à table de farine
1¼ tasse (280 ml) de bouillon
de poulet
1 tasse (225 ml) de crème
légère ou de lait
1 c. à thé de sel

Mettre le beurre dans un bol d'une pinte (1 *l*). Chauffer à découvert 1 minute. Ajouter le cari et le curcuma, bien mélanger. Cuire à découvert 2 minutes et mélanger de nouveau. Ajouter l'oignon, la pomme et l'ail. Cuire 1 minute. Incorporer la farine et bien remuer. Verser le bouillon de poulet (les cubes de concentré de poulet peuvent le remplacer), la crème et le sel. Bien mélanger. Chauffer 2 ou 3 minutes en remuant deux fois, jusqu'à ce que la sauce soit crémeuse et légère.

Ma sauce tomate préférée

Elle est parfaite quand elle est préparée avec des tomates bien mûres.

3 tranches de bacon
1 gros oignon émincé
1 c. à table de farine
4 grosses tomates
⅛ c. à thé de noix de
muscade

½ c. à thé de thym
½ c. à thé de sel
½ tasse (115 ml) de concentré
de tomate
1 c. à thé de sucre

Mettre le bacon dans un bol d'une pinte (1 *l*) et couvrir d'une double épaisseur de papier. Cuire 4 à 5 minutes. Retirer de la graisse, égoutter et laisser refroidir. Ajouter l'oignon au gras, remuer et cuire à découvert 3 à 4 minutes. Délayer la farine, puis incorporer tous les autres ingrédients. Bien mélanger. Couvrir et cuire 10 minutes en remuant trois fois. Vérifier l'assaisonnement. Émietter le bacon et l'y ajouter. Si on veut retirer les graines de tomate, passer la sauce au tamis avant d'ajouter le bacon. Réfrigérer. Pour servir, réchauffer 2 à 3 minutes.

Sauce à la crème sûre

Crémeuse, savoureuse et facile à préparer, cette sauce accompagne parfaitement les légumes, les fruits de mer, le veau et la volaille.

1 tasse (225 ml) de crème sûre vendue dans le commerce	⅛ c. à thé de poivre
	1 c. à table jus de citron
½ c. à thé de sel	Zeste de 1 citron
½ c. à thé de cari	

Mélanger tous les ingrédients dans une mesure de 2 tasses (½ l). Cuire sans couvrir pendant 2 minutes en remuant deux fois. Quantité : 1 tasse (225 ml).

Sauce aux raisins

Sauce douce servie traditionnellement avec du jambon ou de la langue.

½ tasse (90 g) de sucre brun	Zeste d'un demi-citron
1 c. à table de fécule de maïs	1½ tasse (360 ml) d'eau
1 c. à thé de moutarde sèche	⅓ tasse (35 g) de raisins
2 c. à table de vinaigre de cidre	sans pépins
2 c. à table de jus de citron	1 c. à table de beurre

Bien mélanger les ingrédients dans une mesure de 4 tasses (1 l). Cuire à découvert 4 à 5 minutes ou jusqu'à ce que le mélange soit crémeux et léger, en remuant trois fois en cours de cuisson. Quantité : 1½ tasse (360 ml).

Sauce barbecue

Cette sauce se garde dix jours au réfrigérateur ou deux mois au congélateur. Elle est facile à décongeler au four à micro-ondes.

3 c. à table d'huile à salade
ou d'huile d'olive
1 enveloppe de soupe à l'oignon
½ tasse (110 ml) de céleri en cubes
¾ tasse (170 ml) de sauce Chili
ou de ketchup
¼ tasse (55 ml) de jus de tomate,
de vin rouge ou d'eau

¼ c. à thé de graines de céleri
¼ de tasse (55 ml) de vinaigre
de cidre
¼ tasse (45 g) de sucre brun
1 c. à table de moutarde
de Dijon
Zestes d'une orange et
d'un citron

Mettre l'huile et le mélange de soupe à l'oignon dans un bol de 1½ pinte (1,5 l). Bien mélanger et cuire à découvert 2 minutes. Ajouter le reste des ingrédients et bien remuer. Cuire 3 minutes sans couvrir ou jusqu'aux premiers bouillons. Bien mélanger. Refroidir avant de réfrigérer ou de congeler.
Note : Pour une sauce plus relevée, ajouter quelques gouttes de Tabasco ou un soupçon de piment rouge.

Sauce à salade « à l'ancienne »

Se conserve de 3 à 4 mois réfrigérée et accompagne toutes les salades.

3 c. à table de beurre
2 c. à table de farine
1½ c. à thé de sel
1 c. à thé de moutarde sèche
1 c. à table de sucre
Pincée de macis

1¼ tasse (280 ml) de lait
2 jaunes d'œufs
⅓ tasse (75 ml) de vinaigre
de cidre
1 épaisse tranche d'oignon

Faire fondre le beurre pendant 40 secondes dans un bol de 1 pinte (1 l). Y ajouter la farine, le sel, la moutarde, le sucre et le macis. Verser 1 tasse (225 ml) de lait. Bien mélanger et cuire à découvert 2 minutes en remuant une fois. Cuire encore 1 minute et remuer de nouveau.

Battre les jaunes d'œufs avec le restant de lait, ajouter à la sauce et fouetter 1 seconde. Ajouter le vinaigre de cidre, mélanger, mettre la tranche d'oignon, brasser et cuire à découvert 2 minutes en remuant deux fois. Retirer l'oignon, remuer et assaisonner. Quantité : 1½ tasse (360 ml).

Mélange pour arroser les viandes

On arrose ou on badigeonne les viandes ou les volailles de ce mélange pour les aromatiser et les faire dorer quand elles sont cuites au four à micro-ondes.

1 c. à table d'huile à salade	*1 c. à thé de Kitchen Bouquet*
ou *de margarine* ou *de*	¼ *c. à thé de thym, d'estragon,*
beurre doux et fondu	*de basilic, de marjolaine,*
1 c. à thé de paprika	*de cumin* ou *de cari*

Mélanger tous les ingrédients et en badigeonner les viandes avant de les cuire.

Sauces pour viandes rôties

On prépare ces sauces quand le plat sort du four. Les différentes variantes permettent d'aromatiser les viandes au goût. On dépose le rôti dans un plat et on ajoute la sauce au jus de cuisson dans ce même plat.

Sauce pour le boeuf

2 c. à table de madère ou
de whisky ou de thé froid
OU
1 c. à thé de concentré
de tomate et

3 c. à thé d'eau
OU
4 c. à table de consommé
en boîte non dilué

Bien mélanger et cuire sans couvrir pendant 8 à 10 minutes. Remuer une minute et servir à part.

Sauce pour le porc

Zeste et jus d'une demi-orange
OU
¼ de tasse (55 ml) de jus d'atocas
mélangé avec 1 c. à thé de
fécule de maïs

OU
3 c. à table de vermouth sec
OU
3 c. à table d'eau et
2 c. à thé de café instantané

Bien mélanger et cuire sans couvrir de 8 à 10 minutes en brassant pendant la cuisson. Remuer une minute et servir à part.

Sauce pour le veau

3 c. à table de vin blanc ou
de sherry sec
OU
1 c. à table de sauce au soja
(marque japonaise de préférence)
OU
2 c. à table de sauce Teriaki
(en bouteille)

OU
2 c. à thé de sauce
Worcestershire
OU
2 c. à table de crème sûre
OU
1 tasse d'oignons frits

Cuire sans couvrir 8 à 10 minutes. Remuer une minute. Servir à part.

Sauce pour l'agneau

2 *à 3 c. à table de madère*
  OU
1 *c. à table de sauce à la menthe*
  (pas de gelée)
  OU
1 *c. à table de chutney*

  OU
2 *c. à thé de café instantané* et
3 *c. à tableau d'eau*
  OU
  Jus et zeste d'un demi-citron
½ *c. à thé de gingembre frais*
  râpé

Cuire à découvert 8 à 10 minutes. Remuer une minute. Servir à part.

Oeufs et fromages

Les œufs

La cuisson des œufs au four à micro-ondes demande une touche délicate, mais vous serez surprise de voir combien ces plats se préparent facilement, même si on tient compte du fait que les œufs cuisent plus rapidement que les autres aliments sur une cuisinière ordinaire.

N'essayez pas de faire bouillir un œuf dans le four à micro-ondes car la cuisson en est si rapide qu'une pression se formerait dans la coquille et ferait exploser l'œuf. Toutefois, tous les autres modes de cuissons peuvent être envisagés : pochés, brouillés, en cocotte et même au plat.

Le temps exact pour faire cuire les œufs aux micro-ondes peut varier de une demie à une minute selon leur taille et la température, ainsi que selon le nombre d'œufs cuits en même temps. Il ne faut pas oublier que les œufs, comme les autres aliments, continuent de cuire après leur sortie du four à micro-ondes et que, pour cette raison, il faut les retirer du four avant la fin de la cuisson.

Vous remarquerez également que le beurre cuit avec les œufs aura une meilleure saveur et qu'il en faudra moins. Quand vous faites cuire des œufs dans une poêle, la chaleur décompose les différents gras, ce qui n'arrive pas dans le four à micro-ondes à cause de la rapidité de la cuisson. Il faudra faire très attention en cuisant les omelettes et, si vous avez un four à basse intensité, c'est le moment de l'utiliser ; doublez le temps de cuisson.

Oeufs au plat

Comme le jaune d'œuf contient plus de gras, les micro-ondes le cuisent avant le blanc. C'est pourquoi il faut couvrir les œufs au plat d'un papier ciré. On peut les sortir du four avant que le blanc ne soit cuit complètement. La vapeur ainsi enfermée terminera la cuisson durant la minute de repos.

Faire fondre ¼ à ½ c. à thé de beurre pendant 25 secondes dans un plat à crème renversée en verre de 10 onces (280 ml) ou une assiette à tarte. Casser un œuf dans le plat et faire délicatement deux à trois incisions dans le jaune avec la pointe d'un couteau, ce qui ne crèvera pas l'œuf. Couvrir de papier ciré et cuire 30 secondes. Il se peut qu'on entende un grésillement dans le four comme lorsqu'un œuf frit sur la cuisinière, mais si l'œuf a été incisé il n'éclatera pas. Laisser reposer sans découvrir pendant 1 minute avant de servir. Vous aurez un œuf au jaune souple et au blanc bien cuit.

2 œufs : cuire 1 minute 5 secondes, laisser reposer 1 minute.

3 œufs : cuire 1 minute 35 secondes, laisser reposer 1 minute.

4 œufs : cuire 2 minutes, laisser reposer 1 minute.

Quand on cuit plusieurs œufs en même temps, il est préférable de les casser dans des petits plats individuels.

Oeufs brouillés

On peut cuire les œufs brouillés séparément dans des plats à crème renversée, mais je préfère utiliser une assiette à tarte pour en cuire de deux à quatre à la fois. Ils demandent beaucoup d'attention : il faut les retourner fréquemment et les sortir du four avant qu'ils soient complètement cuits. Préparés un par un, on ne les remue qu'une seule fois. Avec un peu de pratique, vous obtiendrez des œufs brouillés crémeux, souples, gonflés.

4 œufs	½ c. à thé de sel
¼ tasse (55 ml) de crème légère	2 c. à table de beurre
	ou de lait

Mélanger les œufs, la crème et le sel. Battre avec une fourchette juste assez pour les briser et les mélanger. Faire fondre le beurre dans l'assiette à tarte pendant 30 secondes et y verser le mélange. Cuire 30 secondes couvert de papier ciré, et bien remuer. Cuire encore 1 minute en remuant deux fois. Retirer du four avant que la cuisson soit terminée.

1 œuf : Le casser dans un plat à crème renversée de 6 onces (170 ml) ajouter une cuillerée à thé de beurre et une cuillerée à table de crème *ou* de lait. Cuire 30 secondes, remuer, cuire 15 secondes.

2 œufs : Les casser dans un plat de 10 onces (280 ml), ajouter 2 cuillerées à thé de beurre et 2 cuillerées à table de crème *ou* de lait. Cuire 45 secondes, remuer, cuire 30 secondes.

3 œufs : Les casser dans une assiette à tarte, ajouter 1 cuillerée à table de beurre et 3 cuillerées à table de crème. Cuire 1 minute, remuer, cuire encore 40 ou 50 secondes.

Note : Si on désire ajouter de la tomate, un reste de viande, de jambon, etc., il faut d'abord réchauffer ces ingrédients, puis les ajouter aux œufs la première fois qu'on les remue. Les fromages râpés, de type « cottage » ou autre doivent être incorporés au début de la cuisson qu'on prolongera alors de quelques secondes.

Oeufs pochés

Le vinaigre aide à fixer le blanc de l'œuf.

Dans un plat à crème renversée de 10 oz (280 ml), faire chauffer ½ tasse (115 ml) d'eau avec ¼ de cuillerée à thé de vinaigre blanc ou de cidre pendant 1 minute. Casser un œuf dans ce plat, le piquer trois fois dans le jaune. Le recouvrir d'un papier ciré et cuire 20 à 25 secondes. Laisser reposer sans découvrir pendant 1 minute avant de servir. Retirer l'œuf de l'eau avec une écumoire. Pour 2 œufs, faire cuire pendant 1 minute et pour 3 œufs, compter 30 secondes de plus.

Omelettes

La façon de battre les œufs, la cuisson et le temps de repos sont très importants si l'on veut réussir une omelette aux micro-ondes. Une fois qu'on a bien compris comment procéder, on la réussira en un tour de main.

3 œufs
3 c. à table de lait
   ou *de crème*

½ c. à thé de sel
1 c. à table de beurre

Battre les œufs dans un bol avec le lait, le sel et le poivre. Faire fondre le beurre dans une assiette à tarte en verre de 9 pouces (22,5 cm) pendant 40 secondes. Y verser les œufs. Cuire, recouvert de papier ciré, durant 1½ minute. Remuer avec une fourchette pour ramener le bord vers le centre. Recouvrir et cuire encore 1 minute. Si, à ce moment-là, le centre est encore trop mou, remuer avec la fourchette et cuire, toujours à couvert, 20 à 30 secondes de plus. Laisser reposer sans découvrir pendant 1 minute. Décoller le tour avec une spatule de caoutchouc et plier l'omelette en deux ou en trois. Si elle semble trop « baveuse », la remettre au four sur le plat de service environ 30 secondes.

2 œufs :	Incorporer 2 cuillerées à thé de lait *ou* de crème et 2 cuillerées à thé de beurre, saler et poivrer. Cuire 45 secondes, remuer en ramenant le bord vers le centre, cuire 1 minute, laisser reposer 1 minute.
4 œufs :	Incorporer 4 cuillerées à thé de lait *ou* de crème et 1 cuillerée à table de beurre, saler et poivrer. Cuire 1 minute 40 secondes, remuer, cuire encore 1 minute 20 secondes, laisser reposer 2 minutes.

Omelette au bacon

Compter 3 à 4 tranches de bacon pour une omelette de 3 ou 4 œufs. Cuire le bacon entre deux feuilles de papier absorbant dans une assiette de carton pendant 3 à 4 minutes. Laisser reposer. L'émietter sur l'omelette cuite selon la recette de base avant de plier celle-ci.

Omelette aux champignons

2 c. à table de beurre	*½ c. à thé de basilic*
1 boîte de 4½ oz (125 ml)	*ou d'estragon*
de champignons	*Mélange pour omelette*
égouttés et tranchés	*de 3 ou 4 œufs*

Faire fondre le beurre 1 minute dans une assiette à tarte de 9 pouces (22 cm). Ajouter les champignons, remuer pour les enrober partiellement de beurre. Ajouter le basilic ou l'estragon. Couvrir et cuire 3 minutes en remuant une fois. Préparer les œufs suivant la recette de base, les verser sur les champignons et cuire comme indiqué. Servir avec du chutney.

Omelette espagnole

1 c. à table d'huile
  d'olive ou à salade
½ poivron vert haché fin
2 oignons verts ou
  un petit oignon hachés
¼ tasse (55 ml) de céleri
  en dés

Une pincée de thym
2 tomates fraîches
  en morceaux
1 c. à thé de sucre
½ c. à thé de sel
  Mélange pour omelette
  de 3 ou 4 œufs

Chauffer l'huile sans couvrir pendant 3 minutes dans une assiette en verre de 9 pouces (22 cm). Ajouter le poivron vert, l'oignon et le céleri. Bien remuer. Couvrir et cuire 5 minutes en remuant deux fois. Ajouter les tomates, le sucre, le sel et le thym. Bien mélanger de nouveau. Recouvrir et cuire 2 minutes. Laisser reposer 5 minutes. Préparer l'omelette pendant ce temps et la cuire selon la recette de base. La verser sur la garniture à la tomate. Ne pas plier. Servir avec un bol de fromage râpé.

Oeufs en cocotte

C'est un plat français bien connu. On le sert pour le déjeuner avec une salade ou un bol de cresson.

2 œufs
1 c. à table de crème
1 c. à thé de beurre

Persil ou ciboulette
Sel et poivre

Casser les œufs dans un plat à crème renversée de 10 onces (280 ml) ou dans des ramequins.

Percer soigneusement chaque œuf trois fois avec la pointe d'un petit couteau. Verser 1 cuillerée à table de crème sur chaque œuf et ajouter ½ cuillerée à thé de beurre. Couvrir et cuire 45 secondes. Parsemer de ciboulette et de persil haché, saler et poivrer. Laisser reposer sans découvrir pendant 1 minute.

Variante : Saupoudrer les œufs cuits de 1 cuillerée à table de fromage râpé. Laisser reposer 1 minute et parsemer de persil haché.

Omelette au fromage

Mélange pour omelette de 3 à 4 œufs

½ tasse de fromage « cheddar » fort ou moyen, râpé ou
5 à 6 tranches de fromage suisse

Faire l'omelette comme dans la recette de base. La parsemer de fromage râpé ou la recouvrir des tranches de fromage suisse. Chauffer 30 secondes. Laisser reposer comme dans la recette de base.

Omelette aux fines herbes

Parsemer les herbes de votre choix sur l'omelette cuite avant de la laisser reposer. Pour une omelette de 3 ou 4 œufs, choisir parmi les herbes suivantes :

1 c. à thé de basilic frais ou
½ c. à thé de basilic séché

1 c. à thé d'estragon frais ou
¼ c. à thé d'estragon séché

2 c. à table de persil frais

4 c. à table de ciboulette fraîche

1 c. à thé de menthe fraîche avec
½ c. à thé de basilic frais ou *de persil*

1 c. à table de cerfeuil haché avec de la ciboulette hachée et du persil

Oeufs en cocotte à la Bercy

4 saucisses à cocktail	½ c. à thé de cari
Une pincée de marjolaine	1 c. à table de sherry sec
2 œufs au four	Ciboulette hachée
½ tasse (115 ml) de sauce Chili	ou persil

Garnir un plat d'une triple épaisseur de serviettes de papier. Y déposer les saucisses et les recouvrir d'une autre serviette. Chauffer 1 à 2 minutes en retournant une fois. Saupoudrer de marjolaine et garder au chaud. Cuire les œufs suivant la recette précédente. Tandis qu'ils reposent, mettre la sauce Chili, la poudre de cari et le sherry dans un bol. Couvrir et chauffer 40 secondes. Mettre les saucisses sur les œufs et recouvrir de 1 cuillerée de sauce. Servir le restant dans une saucière.

Variantes : — Mettre une fine tranche de fromage dans le plat et casser les œufs dessus en omettant les saucisses.
— Remplacer les saucisses par une tomate au beurre (voir le chapitre sur les légumes).

— Remplacer les saucisses par du bacon cuit et coupé en morceaux de 2 pouces (2,5 cm).

Casserole au bacon doré et aux œufs

Voici un bon plat pour le « brunch » ou le déjeuner, qui se prépare en 20 minutes et qui peut être fait à l'avance. On le réchauffe, recouvert de papier ciré, environ 5 minutes avant de servir.

6 œufs durs	1 c. à thé de cari ou
6 tranches de bacon	de curcuma
2 c. à table de margarine	1½ tasse (115 ml) de lait
2 c. à table de farine	⅛ c. à thé de moutarde sèche
½ c. à thé de sel	2 à 4 oignons verts hachés fin

Faire cuire les œufs durs comme à l'ordinaire (on peut en garder de prêts dans le réfrigérateur). Cuire le bacon entre deux serviettes en papier dans une assiette à tarte pendant 6 minutes ou jusqu'à ce qu'il soit croussillant. Retirer le bacon et les serviettes du plat.

Faire fondre la margarine 30 secondes dans le même plat. Y mélanger la farine, le sel et la poudre de cari ou de curcuma. Ajouter le lait et remuer pour bien mélanger. Cuire à découvert 4 minutes en remuant une fois au bout de 2 minutes. Ajouter la moutarde sèche.

Écailler les œufs et les mélanger à la sauce. Émietter le bacon et en parsemer le plat. Cuire à découvert 2 minutes. Parsemer d'oignons verts hachés et cuire encore à découvert pendant 1 minute.

Quantité : 4 portions.

Le fromage

Le fromage cuit si vite dans le four à micro-ondes que quelques secondes peuvent faire une grande différence. Il faut donc le surveiller de près. Si le fromage est trop cuit, il devient caoutchouteux.

On peut varier les sortes de fromage comme on l'entend. La fondue suisse se prépare même plus facilement que de la manière traditionnelle car elle n'a pas besoin d'être remuée ni de cuire lentement. On fait chauffer tous les ingrédients en même temps jusqu'à ce qu'ils soient assez chauds pour fondre le fromage. Si la fondue refroidit à table, on la remet au four quelques secondes.

Il est quelquefois possible d'utiliser la vaisselle à fondue en terre vernissée dans le four à micro-ondes, voir p. *29*; il suffit de la recouvrir de papier ciré.

On peut employer du fromage fondu pour recouvrir plusieurs plats. Il suffit de les garnir d'une généreuse couche de fromage avant de les faire chauffer à découvert de 40 secondes à 1 minute.

Casserole au pain et au fromage

La servir au déjeuner avec une salade de chou ou des carottes chaudes. Les restes pourront être tranchés et brunis dans le beurre sur la cuisinière, à chaleur moyenne.

4 tranches de pain	2 œufs
1 c. à thé de beurre	1 tasse (225 ml) de lait
1 c. à thé de moutarde préparée	¼ c. à thé de sel
	¼ c. à thé de poivre
½ livre (225 g) de fromage râpé au choix	½ c. à thé de sauge, ou de marjolaine ou de paprika

Mélanger le beurre et la moutarde et en tartiner chaque tranche de pain. Mettre un petit plat à crème glacée renversée au centre d'un plat allant au four de 8 × 8po (20 × 20 cm). Couper le pain en doigts et disposer ceux-ci autour du petit plat. Saupoudrer le pain de fromage. Battre le reste des ingrédients ensemble et verser par-dessus. Parsemer généreusement de paprika.

Cuire à découvert 10 minutes en remuant quatre fois. Laisser reposer 8 à 9 minutes et servir. Quantité : 4 portions.

Pain italien au fromage et au riz

Servir chaud ou à la température de la pièce.

1 tasse (225 g) de riz à petits grains non cuit	1 c. à thé de sel
3 œufs	½ tasse (115 ml) de sauce Chili
6 c. à table d'huile à salade	¼ tasse (25 g) de noix hachées
1 c. à thé de basilic	
¼ tasse (15 g) de persil haché	1 c. à table de madère sec (facultatif)
1 tasse de fromage Cheddar fort	

Cuire le riz selon la recette de riz ordinaire (p. *256*). Battre les œufs avec le batteur électrique, ajouter l'huile à salade et le basilic. Battre encore. Ajouter le persil, le fromage râpé, le sel et le riz. Bien mélanger.

Mettre dans un plat pour pain de viande en verre de 8½ × 4½ po (21 × 11 cm) et presser pour égaliser le dessus. Mélanger le reste des ingrédients et les verser sur les œufs. Cuire à découvert 10 minutes, en retournant le plat deux fois. Laisser reposer de 5 à 8 minutes avant de servir. Pour 6 personnes.

Fondue américaine

La servir chaude sur des toasts. Se réchauffe bien au four à micro-ondes.

1 boîte de 10 oz (295 ml) *de soupe aux tomates*	*2 œufs (blancs et* *jaunes séparés)*
1 livre ou 4 tasses (450 g) *de fromage* *Cheddar râpé*	*½ c. à thé de paprika* *1 c. à thé de sucre brun* *Ciboulette ou persil haché*

Verser la soupe aux tomates dans un plat de 2 pintes (2 *l*). Y mélanger le fromage râpé. Couvrir et cuire 2 minutes. Remuer et cuire encore 1½ minute. Battre les jaunes d'œufs avec le paprika et le sucre brun. Verser dans le premier mélange. Cuire une minute en remuant une fois. Battre fermement les blancs d'œufs en neige, les incorporer au mélange. Servir sur des toasts, parsemer de ciboulette ou de persil haché.

Casserole au fromage et au bacon

C'est là un plat à la consistance légère et crémeuse.

4 tranches de bacon	2 tasses (220 g) de
3 œufs	fromage suisse râpé
1 tasse (225 ml) de lait	½ tasse (115 ml) d'oignons
	frits ou
	4 oignons verts coupés

Cuire le bacon suivant les directives de la p.*163*.Laisser refroidir et émietter. Battre ensemble les œufs et le lait. Ajouter le fromage, les oignons frits ou verts et le bacon. Verser dans une assiette à tarte de 8 po (20 cm). Cuire à découvert 8 minutes en remuant une fois. Laisser reposer 6 à 10 minutes ou jusqu'à ce que le centre soit « pris ». Quantité : 4 à 5 portions.

Fondue galloise

Pour la version anglaise, servir cette fondue sur des tranches de poulet cuit et couvrir de tranches de jambon roulées autour d'une asperge.

2 œufs	1 c. à thé de
1 tasse (225 ml) de	moutarde sèche
bière blonde	1 c. à thé de sauce
2 tasses (220 g) de Cheddar	Worcestershire
doux coupé en cubes	Une pincée de poivre
2 c. à table de margarine	de Cayenne

Battre les œufs avec le batteur électrique dans un bol d'une pinte (1 l) ou une casserole. Y ajouter le reste des ingrédients. Cuire à découvert 4 à 5 minutes ou jusqu'à ce que le fromage soit fondu et crémeux, en remuant quatre ou cinq fois. Battre 1 minute avec le batteur électrique ou au fouet. Servir sur du pain grillé ou comme pour la version anglaise.

Quiche Lorraine

Même sans croûte, vous retrouverez le goût de la quiche. Elle est également délicieuse sur des muffins ou servie non démoulée, sur des tranches de tomate, après avoir été chauffée une minute dans le four à micro-ondes.

1 croûte à tarte de 8 po (20 cm)
6 petits plats à crème renversée
3 œufs
1 tasse (225 ml) de crème
  légère
½ c. à thé de sel
¼ c. à thé de noix de muscade
½ c. à thé de basilic

2 tasses (220 g) de fromage
  suisse râpé
½ tasse (55 g) de fromage
  parmesan râpé
2 tranches de jambon cuit
  coupé en dés
  (environ ⅔ tasse ou 150 g)

Battre les œufs, la crème, le sel, la noix de muscade et le basilic dans un bol. Y ajouter les fromages râpés et le jambon coupé. Pour servir dans la croûte à tarte, préparer celle-ci et la cuire suivant les directives de la p. *310*
Cuire le mélange à quiche, recouvert de papier ciré, dans une assiette à tarte pendant 1½ minute. Remuer avec une fourchette pour ramener les bords vers le centre. Couvrir et cuire encore 2 minutes. Laisser reposer 10 minutes. Glisser le tout dans la croûte de tarte. Pour 6 personnes.
Pour cuire dans les plats à crème renversée, verser le mélange dans les jattes et les placer en cercle dans le four à micro-ondes en laissant un peu d'espace entre chacune. Cuire à découvert 10 minutes en remuant chaque plat au bout de 4 minutes pour ramener les bords vers le centre. Cuire jusqu'à ce que le couteau inséré au centre en ressorte propre. Couvrir et laisser reposer 4 minutes avant de démouler.

Tarte au bacon et au fromage à l'anglaise

À déguster chaud ou à la température de la pièce avec de la bière et des tomates tranchées. Spécialité des « pubs » anglais.

1 coûte à tarte de 9 po (22,5 cm) (p.310)
4 tranches de bacon
3 œufs légèrement battus
2 tasses (220 g) de fromage Cheddar fort râpé

1 tasse (225 ml) de lait
3 oignons verts hachés
½ c. à thé de sauge
1 c. à table de chutney ou de cornichons hachés à la moutarde

Cuire la croûte de tarte et la laisser refroidir. Cuire le bacon entre des serviettes de papier dans une assiette de verre ou de carton. Battre ensemble les œufs et le lait, ajouter le fromage, les oignons verts et la sauge. Bien mélanger.

Émietter le bacon dans la croûte de tarte, recouvrir de chutney, verser les œufs par-dessus. Cuire à découvert 8 à 9 minutes ou jusqu'à ce que le mélange soit pris. Laisser reposer 20 minutes. Pour 6 personnes.

Viandes et volailles

La plupart des viandes cuisent bien au four à micro-ondes, et c'est aussi facile d'obtenir un morceau saignant que de la manière classique. J'ai donné quelques suggestions avec chaque recette pour aider à préparer chaque coupe de viande, mais certains points s'appliquent à la cuisson de la viande en général.

Tout d'abord, il est faux que la viande ne puisse brunir aux micro-ondes. C'est vrai dans le cas des petites pièces, des portions individuelles comme les steaks et les côtelettes qui doivent être préparés selon une méthode particulière ; mais tout ce qui prend plus de 10 à 12 minutes à cuire brunira.

L'un des avantages qu'il y a à cuire la viande au four à micro-ondes est que celle-ci réduit moins que dans la cuisson ordinaire. En fait, la perte n'est que de 10 à 12% du volume au lieu de 25 à 30% ! Même avec ce peu de réduction, il reste assez de jus pour faire la sauce. Pour préserver les jus de la viande, placez une soucoupe renversée ou un couvercle de casserole sous celle-ci.

On recommande généralement d'utiliser les meilleures coupes de viande dans le four à micro-ondes. Pour celles qui demandent plus de cuisson, il est préférable d'utiliser les méthodes ordinaires. Toutefois, j'inclus dans ce livre quelques recettes pour ces coupes moins tendres et moins chères à l'achat. On les a fait mariner pour les attendrir ou cuire dans plus de liquide pour ralentir la cuisson. À basse intensité, il est possible de les faire mijoter convenablement.

Il est toujours sage de vérifier la cuisson de la viande avec un thermomètre. On doit l'introduire dans la partie la plus épaisse de la viande *après le temps de cuisson* et ne jamais le laisser dans le morceau si on remet celui-ci au four à micro-ondes, à moins qu'il s'agisse d'un thermomètre spécialement conçu pour ce type de four.

Si vous préférez décongeler la viande au four à micro-ondes au lieu de la laisser dans le réfrigérateur toute la nuit, gardez-la au moins une heure à la température de la pièce pour les grosses coupes et une demi-heure pour les petites, après qu'elle a dégelé et avant de la cuire.

Le bœuf

Voici quelques remarques importantes à propos du bœuf à rôtir. La meilleure coupe à acheter est la côte roulée ou le rôti de côtes de 3 à 4 livres (1,35 à 1,80 kg). Ne salez pas la viande avant la cuisson. Il faut aussi tenir compte des facteurs suivants pour calculer le temps de cuisson :

1. Température de la viande avant la cuisson ; celle de la pièce est préférable. Si la viande sort du réfrigérateur, augmentez le temps de cuisson.
2. Forme et grosseur du morceau.
3. Tendreté de la coupe et degré de cuisson désiré.

Utilisez un plat en verre ou en *Corning* d'une grandeur convenable − 10 × 6 po, 12 × 8 po ou 8 × 8 po (25 × 15 cm, 30 × 20 cm ou 20 × 20 cm), par exemple.

Placez une soucoupe renversée ou un couvercle de verre sous le rôti, le gras vers le bas, pour éviter qu'il baigne dans son jus. Retournez le rôti à moitié pendant la cuisson, ainsi que le plat. Posez une feuille de papier ciré sur le rôti. Quand le jus s'accumule dans le plat, retirez-le et mettez-le de côté pour faire la sauce. C'est là un point important parce que le jus absorbe l'énergie et empêche une cuisson parfaite de la viande. Si le rôti se renverse, calez-le avec un petit plat à crème renversée. *Attention* : La viande continue de cuire après sa sortie du four. Enveloppez-la dans du papier d'aluminium et laissez-la reposer de 15 à 20 minutes. Ensuite, vérifiez sa cuisson avec le thermomètre ; si elle n'est pas à point, retirez le papier d'aluminium, recouvrez-la de papier ciré et remettez-la au four encore un peu.

Guide de rôtissage pour le bœuf

Pour les côtes roulées

Saignant : 6 à 7 minutes par livre (900 g).
Température interne au thermomètre : 120° F (48° C). Elle augmente à 140° F (60° C) pendant le repos.
Moyen : 7 à 8 minutes par livre.
Température interne au thermomètre : 140° F (60° C). Elle monte à 160° F (70° C) pendant le repos.
Bien cuit : 8 à 10 minutes par livre.
Température interne au thermomètre : 160° F (70° C). Elle augmente à 170° F (76° C) pendant le repos.

Rôti de côtes

Comme ci-dessus, en réduisant le temps de 1 à 2 minutes par livre.

Note : Ces temps de cuisson valent pour la viande qui est à la température de la pièce avant la cuisson. Si la viande sort du réfrigérateur, ajoutez 1 à 2 minutes par livre.

Décongelez toujours la viande avant de la cuire aux micro-ondes. La meilleure façon consiste à réfrigérer le morceau sans le développer de 12 à 14 heures avant la cuisson.

Quand ce n'est pas possible : placez la viande dans un plat semblable à une rôtissoire. Décongelez-la au four à micro-ondes à raison de 2 minutes par livre. Laissez reposer 20 minutes, décongelez encore en calculant une minute par livre. Retournez plusieurs fois la viande durant ce temps.

Un bon truc : Si vous préférez votre viande saignante et désirez faire plaisir à chacun, tranchez chaque portion saignante ; placez-les sur l'assiette de service chaude, recouvrez celle-ci d'un papier ciré et remettez la viande au four 1 à 3 minutes selon les exigences de chacun. Pour conserver un rôti de 6 à 24 heures après l'avoir cuit, il suffit de le réfrigérer après l'avoir enveloppé dans du plastique et déposé sur une assiette. Pour servir, tranchez et réchauffez comme ci-dessus. Trente secondes suffisent pour réchauffer une tranche que vous voulez saignante.

Rôti de côtes roulé

1 rôti de côtes roulé de 3 à 4 lb   Kitchen Bouquet
  (1,35 à 1,80 kg)   Paprika
1 gousse d'ail ou
2 feuilles de laurier
  (facultatif)

Placer la gousse d'ail, coupée en deux, ou les feuilles de laurier sous la ficelle qui entoure le rôti. Badigeonner le rôti de sauce Kitchen Bouquet. Saupoudrer généreusement de paprika. Mettre le côté gras en dessous sur une soucoupe renversée. Couvrir de papier ciré. Cuire la moitié du temps voulu (voir le tableau de cuisson, p. 127). Retourner le rôti, l'arroser de sa sauce et finir de le cuire, toujours recouvert de papier ciré. Le retirer du four, l'envelopper de papier d'aluminium et le laisser reposer 20 minutes. Vérifier la cuisson au thermomètre. Faire la sauce pendant le temps de repos (voir p. 107).

Rôti de côtes

Suivre les mêmes directives que pour le rôti de côtes roulé, insérer l'ail ou les feuilles de laurier sous le gras. Cuire, le côté gras en dessous et l'os sur le dessus pour la première partie de la cuisson. *Important :* Envelopper l'os d'une bande de papier d'aluminium durant la première partie de cuisson, parce qu'il absorbe l'énergie plus vite que la viande.

Retirer le papier, tourner la viande et finir la cuisson. Envelopper le rôti dans une feuille d'aluminium et le laisser reposer 20 minutes. Vérifier la cuisson au thermomètre et faire la sauce comme ci-dessus.

Note : Pour varier la sauce, diluer une enveloppe de soupe à l'oignon dans trois quarts de tasse (170 ml) d'eau chaude et arroser le rôti deux ou trois fois après l'avoir tourné. Cette sauce n'a pas besoin d'être épaissie.

Casserole au bœuf et aux nouilles

Même les nouilles cuisent en même temps que les autres ingrédients. Un vrai repas « tout-en-un ». N'utilisez pas de macaroni en coudes.

1 lb (450 g) de bœuf haché ou d'un mélange de viandes	2 tasses (450 ml) de jus de tomate ou de V-8
1½ tasse (250 g) de nouilles sèches	1 c. à thé de sucre
1 petit oignon haché fin	1 c. à thé de basilic
1 tasse (225 ml) de céleri en cubes	½ c. à thé de sel
	½ c. à thé de poivre

Mettre le bœuf haché dans un plat de 2 pintes (2 l). Parsemer de nouilles et d'oignon, ajouter le céleri. Mélanger le sucre et le basilic dans le jus de tomate et verser sur la viande. Couvrir de papier ciré. Cuire 10 minutes. Bien remuer et cuire encore 10 minutes. Saler et poivrer. Remuer et laisser reposer 10 minutes en brassant une fois. Servir avec un bol de fromage râpé. Pour 6 personnes.

Pot-au-feu tendre

Il ne faut qu'une heure en tout, au lieu de trois, pour faire cuire un pot-au-feu dans le four à micro-ondes, et la saveur en est tout à fait particulière.

2½ à 3 lb (1,15 à 1,35 kg) de bœuf pour pot-au-feu

4 carottes moyennes en tranches de ¼ po (5 mm)
2 gros oignons tranchés
6 grains de poivre
1 c. à thé de thym

½ tasse (115 ml) d'eau chaude, de consommé ou vin rouge
1 c. à thé de sel
2 c. à table de graisse retirée de la viande
6 petites pommes de terre pelées
2 branches de céleri en morceaux de 1 po (2,5 cm)

Retirer la graisse de la viande, la couper en petits morceaux et la faire fondre dans une poêle sur la cuisinière. Y faire dorer la viande à feu moyen, de chaque côté. Saler le morceau et le placer dans un plat de 10 × 6 po (25 × 15 cm). Déposer les tranches d'oignon sur le dessus. Les entourer des grains de poivre et les saupoudrer de thym. Couvrir la viande de papier ciré. Cuire dans le four à micro-ondes pendant environ 20 minutes. Retourner la viande. L'arroser d'un des liquides au choix. Couvrir et cuire encore 20 minutes.

Retirer la viande, l'envelopper de papier d'aluminium et la mettre de côté. La température après 20 minutes doit être de 170° F (76° C). Ajouter les légumes au jus dans le plat et cuire couvert 15 minutes en remuant les légumes et en retournant les pommes de terre une fois. Vérifier la tendreté de la viande. Pour épaissir la sauce, retirer les légumes avec l'écumoire et les tenir au chaud. Mélanger 1 cuillerée à table de farine avec 2 cuillerées à table d'eau froide et verser dans le plat. Cuire 1 minute en remuant après 30 secondes.

Note : Les meilleures coupes sont la pointe de surlonge, le paleron, les côtes croisées, de 1½ à 3 pouces (3,5 à 7 cm) d'épaisseur.

Sukiyaki

Voici une autre recette où cuisinière et four à micro-ondes se complètent.

On peut la préparer devant les invités ; cela fait sensation.

1 boîte de 8 oz (225 ml) de racines de bambou
1 boîte de 3½ oz (85 ml) de marrons d'eau
1 lb (455 g) de fèves germées fraîches
4 oignons verts
½ lb (225 g) de champignons frais
3 tiges de céleri

1 lb (455 g) de steak (haut de ronde)
1 c. à table d'huile à salade
⅓ tasse (75 ml) de sauce au soja
2 c. à table de sucre blanc
1 c. à table de sucre brun
1 c. à thé de gingembre frais ou moulu
½ tasse (115 ml) de consommé

Égoutter les racines de bambou et les marrons d'eau. Les émincer. Rincer et égoutter les fèves germées. Trancher finement les oignons de biais, de même que les champignons et le céleri, puis le steak.

Chauffer l'huile à salade dans une poêle *Corning* de 10 pouces (25 cm) sur la cuisinière et y ajouter la viande. Remuer rapidement avec une fourchette. Retirer du feu. Placer la viande au centre de la poêle et les légumes autour.

Mélanger la sauce au soja, le sucre brun et le sucre blanc, le gingembre et le consommé. Verser sur la viande et les légumes. Cuire au four à découvert 8 minutes. Couvrir de papier ciré et laisser reposer de 5 à 10 minutes. Vérifier l'assaisonnement. Servir avec du riz bouilli blanc. Pour 4 à 6 personnes.

Steak au piment vert

Cette recette permet de satisfaire cinq personnes avec 1 livre de steak.

1 lb (455 g) de ronde	*1 c. à thé de gingembre frais* ou
3 c. à table d'huile à salade	*½ c. à thé de gingembre*
1 gousse d'ail	*en poudre*
1 gros oignon haché	*1 c. à table de fécule de maïs*
2 gros piments tranchés	*1 tasse (225 ml) de consommé*
½ c. à thé de sel	*1 c. à table de sauce au soja*
¼ c. à thé de poivre	*1 c. à thé de sucre*

Trancher finement le steak de biais. Chauffer l'huile et l'ail dans une poêle *Corning* de 10 pouces (25 cm) sans couvrir pendant 1 minute. Retirer l'ail. Ajouter la viande, remuer pour l'enduire d'huile. Cuire à découvert 3 minutes en remuant au bout de 2 minutes. Ajouter l'oignon, les piments verts, le sel, le poivre et le gingembre. Remuer pour mélanger. Cuire, recouvert de papier ciré, pendant 5 minutes. Bien remuer. Cuire encore 1 minute sans découvrir. Mélanger la fécule, le consommé et la sauce au soja, ajouter le sucre. Verser sur la viande. Cuire à découvert 3 à 4 minutes, en remuant après 2 minutes. La sauce est prête quand elle est crémeuse et transparente. Servir avec du riz bouilli. Pour 4 à 5 personnes.

Timbale de bœuf avec sauce aux champignons

Un nom élégant pour un plat simple. Une timbale est un petit moule de viande, ou d'autres ingrédients, recouvert d'une sauce de son choix. Faute de timbales en céramique, utiliser des plats à crème renversée.

1 lb (455 g) de bœuf haché maigre	*2 oignons verts hachés fin*
½ tasse (115 ml) de crème légère	*½ c. à thé de sel*
1 œuf légèrement battu	*¼ c. à thé de poivre*
½ tasse de gruau à cuisson rapide	*½ c. à thé de thym* ou
2 c. à table de céleri en cubes	*d'estragon*

Mettre tous les ingrédients dans un bol. Mélanger légèrement mais soigneusement. Répartir également dans six moules beurrés de 6 onces (170 ml) chacun. Disposer les moules en cercle au centre du four. Couvrir de papier ciré. Cuire 10 minutes. Retirer du four. Laisser reposer 5 minutes et faire la sauce pendant ce temps. Renverser les moules sur un plat chaud. Verser dessus une cuillerée de la sauce à timbale aux champignons. Pour 6 personnes.

Sauce aux champignons pour timbales

La couleur de cette sauce « à tout faire », de même que sa saveur, varient suivant que vous utilisez du madère ou de la sauce au soja. Les deux sont aussi bons, ce n'est qu'une simple question de goût.

3 c. à table de beurre ou de de margarine	¾ tasse de crème légère ou de lait
1½ tasse (165 g) de farine	1 boîte de 4 oz (115 ml)
1 c. à thé de sauce au soja ou	de champignons égouttés
1 c. à table de madère sec	et hachés
¼ c. à thé de sel	¼ c. à thé d'estragon ou de cari

Mettre le beurre dans un bol de 1 pinte (1 l). Chauffer 1 minute. Ajouter la farine, la sauce au soja ou le madère au beurre fondu pour obtenir une pâte lisse. Y verser la crème ou le lait et remuer. Ajouter le sel, les champignons, l'estragon ou le cari. Cuire à découvert 2 minutes. Bien remuer. Cuire encore 2 minutes. Bien remuer de nouveau. À ce moment-là, la sauce doit être épaisse et crémeuse. Si elle refroidit avant de servir, remuer et réchauffer 1 minute à découvert. Quantité : 1½ tasse (340 ml).

Steak mariné

Le mélange à mariner parfume et attendrit la viande. Cette méthode est utilisée pour les coupes de steak moins tendres, telles que la ronde ou les steaks minute. Une fois terminé, le plat ressemble au steak suisse.

1 oignon moyen tranché
2 c. à table de ketchup
¼ tasse (55 ml) de jus de citron et le zeste de ½ citron
¼ tasse (55 ml) de sauce au soja
½ c. à thé de thym
1 feuille de laurier

2 livres (900 g) de steak de ronde coupé en 6 steaks ou 6 steaks «minute» de grosseur moyenne
½ tasse (115 ml) d'eau, de consommé ou de vin
1 c. à thé de fécule de maïs

Mélanger oignon, ketchup, jus, zeste de citron, sauce au soja, thym et laurier dans un plat en pyrex de 12 × 8 po (30 × 20 cm). Y incorporer la viande en la retournant pour bien l'imprégner du mélange. Couvrir et laisser mariner au réfrigérateur 1 heure ou pendant toute la nuit. Mettre au four à micro-ondes et cuire à découvert 20 minutes. Ajouter un liquide de votre choix, couvrir de papier ciré et cuire 15 minutes en remuant une fois. Retirer la viande et la garder sur un plat chaud. Mélanger la fécule avec une cuillerée à table d'eau froide. Ajouter au jus. Remettre au four 2 minutes. Bien remuer et verser sur les steaks. Quantité : 6 portions.

Ragoût au bœuf et aux légumes

Comme liquide, on utilise du vin rouge, du consommé ou de l'eau ; chacun donne une couleur et une saveur différentes. Les légumes aussi peuvent varier. Ce ragoût est un exemple de recette mixte où l'on utilise à la fois le four à micro-ondes et la cuisinière.

¾ lb (340 g) de bœuf à ragoût
1 c. à table de farine
½ c. à thé de sel
1 c. à thé de paprika
½ c. à thé de thym
1 c. à table de gras de bacon
1 boîte de 8 oz (225 ml) de sauce tomate
1 gousse d'ail hachée fin
2 feuilles de laurier
1 tasse (225 ml) d'eau, de consommé, ou de vin

2 c. à thé de vinaigre de cidre ou de jus de citron frais
1 tasse (225 g) de pommes de terre en cubes
¾ tasse (180 g) de carottes en rondelles
1 tige de céleri coupée en dés
6 petits oignons
1 tasse (225 g) de petits pois congelés (facultatif)

Couper le bœuf en morceaux de 2 pouces (5 cm). Mélanger farine, sel, paprika, et thym. Rouler la viande dans ce mélange. Chauffer le gras de bacon ou de bœuf dans une grande poêle ou un plat *Corning* de 10 po (25 cm) sur la cuisinière, ajouter la viande et faire brunir à feu vif. Mettre dans un bol de 3 pintes (3 *l*). Ajouter la sauce tomate, l'ail, le laurier, le liquide choisi, le vinaigre et le jus de citron. Couvrir de papier ciré, cuire 25 minutes ou jusqu'à ce que le bœuf soit tendre.

Disposer les légumes autour du plat. Couvrir et cuire 10 minutes. Parsemer le dessus de petits pois. Cuire encore 4 minutes. Remuer et servir. Pour 4 ou 5 personnes.

Steak T-Bone ou Châteaubriant

Certaines viandes sont plus appétissantes quand elles sont dorées directement sous le gril puis terminées ou réchauffées aux micro-ondes. Le steak entre définitivement dans cette catégorie.

Voici différentes méthodes, toutes satisfaisantes :

1. Saisir le steak à feu vif dans le beurre chaud juste assez pour lui donner de la couleur. Cuire dans un plat à brunir pendant 1 minute de chaque côté (saignant) dans le four à micro-ondes.
2. Saisir le steak comme ci-dessus d'un côté seulement, badigeonner l'autre côté de Kitchen Bouquet et saler. Pendant ce temps, chauffer un plat à brunir (voir p. 32), y placer le steak, côté doré en dessous. Cuire 2 minutes et servir.
3. Cuire un steak de votre choix selon votre méthode habituelle. Laisser refroidir et envelopper. Étiqueter et congeler. Pour servir, dégeler pendant 2 heures, puis développer. Chauffer le plat à brunir. Cuire 1 à 3 minutes ou au goût.

Note : Pour un steak épais, ajouter 2 minutes par pouce (2,5 cm) de viande. Se rappeler qu'il vaut mieux ne pas le faire trop cuire parce que la cuisson continue vers le centre hors du four. Pour un steak à point, il suffit de le remettre au four pour quelques secondes ou minutes, même si on l'a déjà sorti du four depuis 5 minutes.

Le steak haché

Le steak haché est une viande économique, tendre, qui cuit bien et vite dans le four à micro-ondes. Il est utile d'en avoir constamment dans le réfrigérateur ou le congélateur.

Il n'est pas nécessaire de faire brunir les hamburgers à l'avance parce qu'on obtient le même résultat avec le Kitchen Bouquet, la sauce au soja ou la sauce à badigeonner (p.*108*). Un plat à brunir est idéal pour cette sorte de viande, bien qu'un plat de verre fasse l'affaire.

Pour chaque livre de bœuf, d'agneau, de mélange veau, bœuf et porc, ou de mélange veau et bœuf, utiliser :

1 c. à thé de sel	*1 c. à table de flocons*
½ c. à thé de poivre	*de pommes de terre*
2 c. à table d'eau froide	*à cuisson instantanée*

Mélanger les ingrédients. Diviser en quatre pâtés de ¼ livre (115 g) ou en faire six petits. Éviter de trop les travailler. Enduire chaque pâté de Kitchen Bouquet, de sauce au soja ou de sauce à badigeonner et les disposer dans un plat allant au four, comme une assiette de verre ou en Corning, et les recouvrir de papier ciré. Pour les pâtés de ¼ de livre (115 g), observer le temps de cuisson indiqué ci-après si on veut que la viande soit saignante ou à point. Pour un hamburger bien cuit, ajouter 1 minute.

1 pâté : 3 minutes
2 pâtés : 4 minutes 30 secondes
3 pâtés : 5 à 6 minutes
4 pâtés : 6 à 8 minutes
5 pâtés : 8 à 10 minutes
6 pâtés : 10 à 12 minutes

Pour cuire des pâtés congelés, les faire cuire comme ci-dessus, sans les dégeler au préalable, et après les avoir recouverts de papier ciré.

1 pâté : 4 minutes pour dégeler ; retourner, cuire 2 à 3 minutes

2 pâtés : 4 minutes pour dégeler ; retourner, cuire 5 minutes

3 pâtés : 8 minutes pour dégeler ; retourner, cuire 8 à 10 minutes

4 pâtés : 8 minutes pour dégeler ; retourner, cuire 12 minutes.

Note : Ne pas trop cuire les hamburgers car la cuisson continue après qu'ils sont sortis du four.

Pour des saveurs différentes, ajouter l'un des ingrédients suivants :

1 c. à table de sauce A-1 (douce, aux fruits)
1 c. à table de sauce Worcestershire (piquante)
1 c. à table d'oignons grillés séchés

4   oignons verts frais, en utilisant le blanc et le vert (agréable)
½   c. à thé de poudre d'ail ou une gousse écrasée (intéressant)
1   c. à table de ketchup ou de sauce Chili
2   c. à thé de moutarde de Dijon (gourmet)
1   c. à thé de poudre de cari (épicé)
1   c. à thé de cumin et zeste d'un citron (égyptien)
2   c. à table de jus de citron au lieu de l'eau, ¼ c. à thé de thym
    (grec)
1   c. à thé de thym, ⅛ c. à thé de feuilles de laurier écrasées(français)
1   c. à thé d'origan, 2 c. à table de vin rouge au lieu de l'eau (ita-
    lien)
1   c. à thé de basilic, 1 gousse d'ail, 1 c. à thé de coriandre(rou-
    main)

Une autre variante consiste à ajouter à chaque pâté l'un des ingrédients suivants, pendant la dernière minute de cuisson.

1   tranche de fromage
1   c. à table de cheddar ou de parmesan râpé
2   c. à thé de crème sûre, saupoudrée de paprika
1   c. à thé de soupe à l'oignon en sachet
2   c. à table de crème de champignons ou de soupe de céleri
1   carré de beurre aromatisé d'herbes fraîches au choix.

Ayez toujours des pâtés dans votre congélateur afin de pouvoir préparer rapidement un repas.

Ils peuvent être assaisonnés, nature ou avec l'une des variantes ci-dessus, façonnés et badigeonnés de Kitchen Bouquet ou de sauce. Mettez-les dans un contenant, en les séparant par des feuilles de papier ciré pour les empêcher de coller les uns aux autres.

Cette façon de procéder est si pratique que je ne saurais trop insister. Indiquez le type d'assaisonnement ou de saveur sur une étiquette pour que chaque membre de la famille puisse faire son choix.

Pain de viande hachée

Ajouter à la formule de base d'une livre (455 g) de bœuf haché, un œuf battu légèrement et toute variante ou garniture de son choix. Mettre le mélange dans un plat à pain de 8½ × 4½ po (20 × 10 cm). Recouvrir de papier ciré et cuire de 10 à 12 minutes. Laisser reposer 10 minutes avant de trancher. On peut recouvrir le pain de viande d'un mélange composé de 2 cuillerées à table de sucre brun, ½ cuillerée à thé de moutarde sèche et 2 cuillerées à table de ketchup ou de concentré de tomate. Étendre soigneusement avant de cuire.

Pain de viande en anneau

Il suffit de placer une jatte renversée au centre d'un plat rond de 8 pouces (20 cm) et de façonner le pain de viande autour.

Note : On peut congeler un pain de viande avant de le faire cuire, mais il faut l'utiliser dans le mois qui suit.
Décongeler 10 minutes. Cuire de 10 à 15 minutes. Laisser reposer 10 minutes avant de servir.

Pain de viande à la mode

Choisir un des mélanges de condiments prévus pour les hamburgers. (Ne pas mettre de garniture sur le dessus.) Presser le mélange légèrement mais également dans une assiette à tarte de verre de 9 pouces (22,5 cm). Verser ½ tasse (115 ml) de sauce tomate sur le dessus. Couvrir de papier de plastique transparent qu'on aura perforé avec la pointe d'un couteau. Cuire 6 minutes, retirer le plastique, cuire encore 6 minutes. Retirer du four, laisser reposer 6 minutes. Couper en portions et servir, accompagné de pommes de terre chaude.

Casserole italienne

Les légumes, la viande et les nouilles font un plat savoureux et coloré.

8 oz (225 g) de nouilles cuites
2 c. à table de margarine
   ou d'huile à salade
1 gros oignon haché
1 gousse d'ail hachée
1 lb (455 g) de bœuf haché
1 boîte de 10 oz (295 ml) de soupe
   aux tomates

1 tasse (225 ml) de maïs
   en crème
1 c. à thé de cari en poudre
1 c. à thé de sel
¼ c. à thé de poivre
½ tasse (55 g) de fromage râpé
   au choix

Cuire les nouilles selon les directives (p.259).
Mettre la margarine ou l'huile dans un plat de verre de 1 pinte (1 l) et faire fondre une minute. Ajouter l'oignon, l'ail et cuire à découvert, pendant 2 minutes en remuant une fois. Incorporer la viande et cuire à découvert encore 4 minutes, en remuant deux fois. Ajouter la soupe aux tomates, le maïs et le cari ; saler et poivrer. Alterner, dans une casserole de 2 pintes (2 l), des couches de viande, de nouilles et de fromage en terminant par le fromage. Couvrir de papier ciré, cuire 6 minutes. Pour 4 personnes. Pour une autre recette de casserole au bœuf haché, voir : *Casserole au riz et au bœuf,* p.259.

Casserole aux saucisses et aux haricots

Voici, prête en cinq minutes, une recette aux saucisses et aux haricots en conserve.

1 boîte ou pot de « fèves
   au lard » de 16 ou 20 onces
   (450 ou 565 ml)
1 petit oignon coupé en cubes
3 c. à table de ketchup

1 c. à thé de moutarde préparée
2 c. à table de sucre brun
6 à 8 saucisses de Francfort
   Fromage râpé (facultatif)

Mettre tous les ingrédients, sauf les saucisses, dans un plat de verre de 1½ pinte (1½ l). Bien mélanger. Couper les saucisses en deux et les mettre au milieu des haricots ou sur le dessus. Saupoudrer, si l'on veut, de 1 ou 2 cuillerées à table de cheddar fort râpé. Cuire sans couvrir pendant 5 minutes ou jusqu'à ce que le plat soit chaud. Pour 4 à 6 personnes.

Casserole au Chili vite faite

Ce plat, qui se prépare habituellement en 2 heures, est prêt en 25 minutes !

3 tranches de bacon	⅓ tasse (75 g) de piment vert
1 lb (455 g) de bœuf haché ou	ou de céleri
de porc	1 boîte de 16 oz (455 ml) de
2 tasses (450 ml) d'eau	haricots rouges
1 sachet de soupe à l'oignon	égouttés
¼ à ½ c. à thé de poudre de Chili	1 boîte de 8½ oz (240 ml)
1 tasse (225 gr) de pommes de terre	de maïs entier égoutté
crues coupées en dés	

Mettre le bacon coupé en morceaux dans un plat de verre de 8 × 8 po (20 × 20 cm). Cuire à découvert 3 minutes en remuant une fois. Retirer les morceaux de bacon et les mettre de côté. Cuire le bœuf ou le porc dans le gras du bacon pendant 4 minutes en remuant une fois.
Mélanger l'eau, la soupe à l'oignon et la poudre de Chili. Verser sur la viande et ajouter les pommes de terre. Recouvrir de papier ciré et cuire 10 minutes en remuant deux fois. Ajouter le reste des ingrédients et le bacon. Couvrir. Cuire 10 minutes en remuant une fois. Pour 4 ou 5 personnes.

L'agneau

Quand vous achetez de l'agneau, choisissez une viande ferme, au grain fin, dont la couleur va du rose pâle au rose foncé. La graisse doit être crème. Si elle est plus foncée, avec une graisse jaunâtre, c'est du mouton, viande qui cuit mal dans le four à micro-ondes ; par contre, l'agneau est savoureux et brunit plus facilement que le bœuf ou le veau.

Assaisonnements pour l'agneau

Vous pouvez varier les assaisonnements suggérés dans les recettes. J'ai donné ceux que je trouve les mieux adaptés à l'agneau. Avant la cuisson, saupoudrez l'agneau de basilic, d'origan, de romarin, de thym, de menthe, de persil, de gingembre moulu ou de cari. Les quantités varient de ½ à 1 cuillerée à thé. La méthode française consiste à inciser plusieurs fois la viande et à y glisser des morceaux d'ail roulés dans l'assaisonnement. Juste au sortir du four, arroser les rôtis, le steak ou les côtelettes de jus de citron frais, de brandy, de madère sec ou de crème de menthe — soit quelques gouttes pour des côtelettes ou un rôti.

Cuisson d'un rôti d'agneau

Il est plus facile de faire cuire un rôti désossé qu'un rôti avec son os. L'épaule ou le gigot doivent être roulés. Le petit gigot avec un petit os peut être cuit tel quel, mais l'os découvert doit être enveloppé de papier d'aluminium durant la première partie de la cuisson.

L'agneau demande 8 à 9 minutes de cuisson par livre (455 g). Comme pour les autres viandes, le degré de cuisson se vérifie avec un thermomètre. Au sortir du four, la température doit être de 150 à 160° F (65,6 à 71,1° C), c'est-à-dire entre saignant et à point. Après avoir enveloppé le rôti dans du papier, on le laisse reposer 20 à 30 minutes. La température s'élevera à 160° F (71° C) et même jusqu'à 175° F (79° C) durant ce repos.

Gigot d'agneau mariné

Pendant que le gigot repose, vous avez amplement le temps de cuire les légumes et de terminer tous vos préparatifs. La viande sera encore très chaude au moment de servir.

1 gigot d'agneau ou un demi-gigot de 2 à 3 livres (900 g à 1,35 kg)	3 oignons moyens tranchés
1 gousse d'ail (facultatif)	2 c. à thé de sel
½ tasse (115 ml) d'huile à salade	1 c. à thé de basilic
2 tasses (450 ml) de vin rouge	Quelques feuilles de céleri

Insérer les morceaux d'ail dans la viande. Mettre le gigot dans un plat de verre et mélanger le reste des ingrédients. Verser sur l'agneau. Couvrir et réfrigérer dans cette marinade de 12 à 48 heures, en retournant la viande de temps en temps dans le liquide.

Au moment de le faire cuire, retirer le gigot de la marinade. Le placer sur une soucoupe renversée ou sur un couvercle dans un plat à four de 12 × 8 po (30 × 20 cm), le gras en dessous. S'il y a un os, l'envelopper de papier d'aluminium. Cuire à découvert 8 à 9 minutes par livre, en retournant la viande quatre fois en cours de cuisson et en l'arrosant de quelques cuillerées de marinade. L'envelopper de papier d'aluminium au sortir du four, insérer le thermomètre à viande et laisser reposer de 10 à 20 minutes jusqu'à ce que le thermomètre indique le degré de cuisson désiré.

Pour faire la sauce, ajouter encore quelques cuillerées de marinade au jus du plat. Laisser reposer jusqu'au moment de servir, réchauffer la sauce à découvert 2 minutes.

Agneau bouilli finlandais

L'agneau cuit selon cette recette se sert froid ou chaud, accompagné de riz au beurre, parfumé à l'aneth.

1 épaule d'agneau désossée
et roulée de 2½ à 3 lb
(1,15 à 1,35 kg)
Eau bouillante
2 c. à thé de sel
4 grains de poivre

1 feuille de laurier
2 tranches de citron
½ c. à thé de gingembre
moulu
4 à 5 branches d'aneth
Sauce aux câpres
(voir page 98)

Mettre la viande dans un plat assez profond, la recouvrir complètement d'eau bouillante et laisser reposer 5 minutes. Égoutter. Mettre la viande dans un plat de 2 pintes (2,25 *l*) et l'eau bouillante pour la recouvrir à peine. Ajouter le sel, les grains de poivre, la feuille de laurier, le citron, le gingembre et l'aneth. Couvrir le plat de papier plastique ou ciré et le percer pour laisser la vapeur s'échapper.

Cuire 10 minutes par livre en tournant le plat trois fois et en retournant la viande une fois. Retirer la viande de l'eau et la mettre sur un plat de service. Laisser reposer 15 minutes. Le thermomètre doit enregistrer 170°F (76°C). Préparer la sauce et la servir à part.

Rôti d'épaule à l'anglaise

Pour cuire une épaule d'agneau au four à micro-ondes, il faut la rouler. Voici un rôti délicieux cuit dans le même plat que les légumes et la sauce.

2 c. à thé de zeste de citron
1 c. à thé de basilic
¼ c. à thé d'ail en poudre
⅛ c. à thé de poivre
1 c. à table de beurre
1 oignon finement tranché
1 rôti de 3 à 4 lb (1,35 à 1,80 kg)

1 c. à table de Kitchen
Bouquet
4 à 6 carottes pelées
et tranchées
2 c. à table de madère sec
1 c. à thé de fécule de maïs
2 oignons verts hachés fin

Bien mélanger le zeste de citron, le basilic, l'ail et le poivre. En frotter la viande. Mettre le beurre dans un plat à four de 12 × 8 po (20× 30 cm) et le faire fondre au four à micro-ondes une minute. Y ajouter l'oignon, cuire 2 minutes. Rouler le rôti d'agneau dans ce mélange. S'il est attaché avec une ficelle, couvrir celle-ci de papier d'aluminium pour la première partie de la cuisson. Mettre le rôti sur une soucoupe renversée. Cuire de 8 à 9 minutes par livre, en retournant deux fois. Retirer le rôti et la soucoupe. Envelopper le rôti dans une feuille de papier d'aluminium, insérer le thermomètre et laisser reposer jusqu'à ce qu'il enregistre 160° F ou 175° F (71,1 ou 79° C), si vous l'aimez bien cuit. Ajouter les carottes, le madère et la fécule à la sauce du plat, mélanger et couvrir de papier ciré. Cuire de 7 à 8 minutes en remuant deux fois. Verser sur la viande au moment de servir et garnir d'oignons verts hachés.

Rôti d'agneau glacé

La glace rehausse la saveur du rôti d'agneau et lui donne une belle couleur brune.

¼ *tasse (60 ml) de sherry sec ou*
  de madère
1 c. à table de paprika
1 c. à table de   Kitchen
  Bouquet

2 c. à table d'huile à salade
2 gousses d'ail haché
1 zeste de citron
1 rôti d'agneau de
  4 lb (1,80 kg)

Mélanger les six premiers ingrédients dans une mesure de 1 tasse (¼ l) cuire à découvert une minute. Placer le rôti sur une soucoupe renversée dans un plat à four de 12 × 8 po (20 × 30 cm). L'enduire du mélange et cuire à découvert 8 minutes. Retourner le rôti, le badigeonner avec le mélange à glacer, cuire 24 minutes en badigeonnant quatre fois. Envelopper le rôti dans du papier d'aluminium, insérer le thermomètre à viande, laisser reposer jusqu'à la température désirée. Au moment de servir, réchauffer la sauce dans son plat pendant 2 minutes.

Petits pâtés d'agneau à l'orientale

Ce plat se sert avec du riz et des petits pois. Les petits pois congelés sont cuits avant les pâtés, puis on les ajoute à la sauce et on les fait réchauffer 1 minute.

1 lb (455 g) d'agneau haché	½ c. à thé de thym
½ c. à thé de sel	Kitchen Bouquet
⅛ c. à thé de poivre	½ tasse (115 ml) de sauce
½ c. à thé de cumin	aux prunes à l'orientale
en poudre	2 c. à table de
	jus de citron

Mélanger l'agneau, le sel, le poivre, le cumin et le thym. Former quatre petits pâtés. Disposer dans un plat à four de 8 × 8 po (20 × 20 cm). Enduire chaque pâté de Kitchen Bouquet ou de sauce à badigeonner (p.*108*).Cuire à découvert 4 minutes et égoutter pour récupérer la sauce. Retourner les pâtés. Recouvrir de sauce aux prunes additionnée de jus de citron. Cuire 4 minutes. Laisser reposer 2 minutes. Verser la sauce à la cuiller sur les pâtés, dans le plat de service avant de servir.

Jarrets d'agneau à la française

Les jarrets d'agneau ont une texture et une saveur délicates. Un jarret donne une généreuse portion. C'est aussi un aliment économique.

4 jarrets d'agneau d'environ	2 c. à table de farine
½ lb (225 g) chacun	½ tasse (115 ml) d'eau
1 oignon tranché	½ tasse (115 ml) de vin rouge
1 c. à thé de sel	ou de jus de tomate
1 gousse d'ail émincée	4 carottes moyennes
1 feuille de laurier	tranchées
½ c. à thé de thym	2 branches de céleri coupées

Mettre ensemble les jarrets, l'oignon, le sel, l'ail, la feuille de laurier et le thym dans une casserole de trois pintes (3 *l*). Ajouter graduellement de l'eau à la farine pour en faire une pâte, la verser sur les jarrets et ajouter les autres ingrédients. Cuire, couvert d'une feuille de papier ciré, pendant 18 minutes ou jusqu'à ce que la viande soit tendre ; retourner la viande environ quatre fois pour bien la recouvrir de sauce. Laisser reposer, sans découvrir, de 10 à 20 minutes. Servir avec des nouilles ou des pommes de terre.

Épaule d'agneau glacée

L'agneau se glace de la même façon que le jambon. Si possible, utiliser de la marmelade d'orange amère, mais vous pouvez la remplacer par de la confiture d'abricot en même quantité.

1 épaule d'agneau de 3 à 4 lb (1,35 à 1,80 kg)	*½ tasse de marmelade d'orange*
2 c. à table de farine	*Zestes d'une orange et*
1 c. à thé de sel	*d'un citron*
½ c. à thé de poivre	*3 c. à table de persil haché*

Mettre la viande sur une soucoupe renversée dans un plat à four de 12 × 8 po (20 × 30 cm) (recouvrir la ficelle de papier d'aluminium, si besoin est). Cuire 9 minutes par livre en retournant quatre fois pendant la cuisson. Retirer le papier d'aluminium à mi-cuisson. Pendant ce temps, mélanger la farine, le sel, le poivre et la marmelade, puis les zestes d'orange et de citron et le jus de citron. Après avoir retourné deux fois le rôti, le gras étant sur le dessus, étendre le mélange à la marmelade sur toute la viande. Continuer la cuisson en badigeonnant deux fois. Quand la cuisson est terminée, envelopper le rôti dans du papier d'aluminium, insérer le thermomètre et laisser reposer jusqu'à l'obtention de la température désirée. Pour servir, placer la viande sur un plat chaud. Réchauffer le reste de la glace pendant 30 secondes et la verser sur la viande. Parsemer de persil.

Pain de viande à l'agneau

L'agneau haché fait un excellent pain de viande. On peut le mélanger avec du veau ou du porc haché, selon son gré, en respectant les proportions.

lb (680 g) d'agneau haché
2 œufs bien battus
1 boîte de 8 onces
  (227 ml) de sauce tomate
⅓ tasse (35 g) de raisins secs
½ c. à thé de sel
1 c. à thé de poudre de cari

1 c. à thé de sucre
1 tasse (56 g) de miettes
  de biscuits soda
1 c. à table de
  sauce au soja
¼ c. à thé de sel d'ail
  Kitchen Bouquet

Mélanger tous les ingrédients dans un bol, excepté le Kitchen Bouquet. Presser ce mélange dans un moule à pain de pyrex de 8½ × 4½ pouces (20 × 10 cm). En égaliser le dessus et l'enduire de Kitchen Bouquet. Couvrir d'une feuille de papier ciré et cuire 20 minutes. Insérer le thermomètre au centre du pain de viande. Après 20 minutes de repos, il devrait indiquer entre 140° et 150°F (60 et 65°C). Servir chaud ou froid.

Le veau

Escalopes de veau florentines

Voici une recette qu'on peut préparer à l'avance, parce qu'elle se conserve bien soit au réfrigérateur, soit au congélateur.

¼ *tasse (55 ml) d'huile*
à salade
1 gousse d'ail
1 lb (455 g) d'escalopes
de veau fines (4 portions)
½ c. thé de paprika
2 oignons moyens tranchés
1 boîte de 6 oz (175 ml) de
champignons égouttés

2 c. à table de farine
½ c. à thé de sel
¼ c. à thé de poivre
¼ c. à thé de sarriette
ou de marjolaine
1 boîte de sauce tomate de
8 oz (225 ml)
½ tasse (115 ml) d'eau

Dans une poêle *Corning* de 10 po (25 cm), chauffer l'huile et l'ail ensemble sur la cuisinière jusqu'à ce que l'ail soit bruni. Saupoudrer le veau de paprika sur un côté et déposer ce côté en dessous dans l'huile chaude pour le saisir rapidement à feu vif. Retourner pour saisir l'autre côté. Retirer la poêle du feu, puis le veau de la poêle. Ôter l'ail. Ajouter les oignons et les champignons au gras de la poêle et remuer pour bien les enduire de gras. Mettre la poêle au four à micro-ondes, couvrir et cuire 4 minutes. Ajouter la farine, le sel, le poivre, la sarriette ou la marjolaine en brassant jusqu'à ce que le mélange soit homogène. Cuire à découvert 2 minutes. Remuer. Ajouter la sauce tomate et l'eau. Cuire 4 minutes en remuant une fois après 3 minutes. Ajouter le veau, cuire encore 5 ou 6 minutes. Servir avec des nouilles persillées. Quantité : 4 portions.

Une fois cuits, le veau et les nouilles peuvent être refroidis, puis gardés au réfrigérateur durant 3 ou 4 jours ou congelés pendant 1 mois. Dans ce dernier cas, faire dégeler le veau pendant 4 heures sur le comptoir de la cuisine. Mettre sur un plat de service ou un plat en verre, couvrir de papier ciré et réchauffer 8 minutes ou jusqu'à ce qu'il soit chaud. Dégeler les nouilles au four à micro-ondes pendant 4 minutes. Couvrir de papier ciré. Cuire 2 minutes.

Pain de veau

C'est plutôt un pâté maison qu'un pain de viande. Habituellement, on le sert froid, tranché mince.

1 œuf
½ tasse (115 ml) de lait
½ tasse (30 g) de farce au pain
  vendue dans le commerce
½ c. à thé de poivre
½ c. à thé de thym
¼ c. à thé d'origan

2 c. à table de margarine
¼ tasse (15 g) de persil
  frais haché fin
1 gros oignon haché fin
1 lb (455 g) de veau haché
1 boîte de sauce
  tomate de 8 oz (225 ml)
2 c. à table de sucre brun

Mélanger l'œuf et le lait dans un bol. Ajouter la farce au pain, le poivre, le thym, l'origan et le persil. Bien mélanger, laisser reposer 5 minutes. Pendant ce temps, faire fondre la margarine 1 minute dans un plat à gâteau en verre de 8 pouces (20 cm) de diamètre. Ajouter l'oignon, bien remuer. Couvrir et cuire 5 minutes en remuant une fois. Mélanger la viande et la farce au pain et y ajouter l'oignon en remuant. Façonner la viande en boulettes. Cuire de 8 à 9 minutes à découvert, en tournant le plat deux fois durant la cuisson. Verser la sauce tomate et le sucre bien mélangés sur le dessus de la viande. Cuire à découvert 4 minutes. Refroidir 20 minutes. Recouvrir d'une double feuille de papier ciré et placer un poids sur le dessus pour que la croûte soit bien égale lorsqu'elle sera refroidie. Réfrigérer. Si on préfère servir chaud, laisser reposer 10 minutes, couvert, au sortir du four. Démouler et servir, 4 portions.

Rôti de veau

Le veau est bien cuit quand le thermomètre enregistre 170°F (96°C). Les meilleures coupes sont l'épaule roulée ou la croupe d'environ 3 livres (1,35 kg). Les meilleurs « amis » du veau sont l'ail et l'estragon. La sauce aux champignons et au madère est celle qui lui convient le mieux (p.*100*).

3 lb (1,35 kg) d'épaule ou	*1 c. à table de*
de croupe de veau	*Kitchen Bouquet*
1 gousse d'ail hachée	*2 c. à table de beurre*
1 c. à thé d'estragon	*ou d'huile d'arachide*
½ c. à thé de sel.	

Mélanger ensemble l'ail, l'estragon et le sel. Faire des incisions dans la viande avec la pointe d'un couteau de cuisine et y insérer le mélange. Étendre le Kitchen Bouquet ou de la sauce à badigeonner (p.*108*) sur tout le rôti. Beurrer ou huiler le côté coupé de la viande. Mettre dans un plat à four en verre, le côté osseux en dessous. Couvrir de papier ciré. Cuire de 30 à 35 minutes ou environ 10 minutes par livre. Retirer du four, envelopper de papier d'aluminium. Laisser reposer 20 minutes. Insérer le thermomètre. Il doit enregistrer 170°F (76°C). S'il n'est pas assez chaud, retirer le papier d'aluminium. Recouvrir le plat de papier ciré et le remettre au four encore quelques minutes. Servir avec des pommes de terre brunes (voir p.*239*). Ajouter la sauce du rôti à la sauce aux champignons (p.*100*). Quantité : 4 portions.

Le porc
Côtelettes de porc Monique

Voici une autre façon de servir les côtelettes de porc aigres-douces. Elles sont excellentes avec du riz confetti (p. *257*).

6 minces côtelettes de porc	*2 c. à table de miel*
½ tasse (115 ml) de ketchup	*ou de sucre brun*
	6 fines tranches de citron

Mettre les côtelettes de porc dans un plat à four de 12 × 8 po (30 × 20 cm) ou dans une poêle *Corning*. Mélanger le ketchup et le miel ou le sucre brun, et étendre ce mélange sur les côtelettes. Mettre une tranche de citron sur chaque côtelette.

Couvrir et cuire 12 minutes, retirer du four, laisser reposer sans découvrir pendant 10 minutes. Donne 6 portions.

Longe de porc rôtie

Une longe de porc désossée de 3 à 4 livres (1,35 à 1,80 kg) et rôtie est certainement un plat de gourmet, mais une longe avec l'os a autant d'élégance. Comme les autres viandes, il est préférable d'envelopper l'os dans du papier d'aluminium pour la première partie de la cuisson.

Pour obtenir une croûte dorée et croquante, le rôti doit être placé à 4 pouces de la source de chaleur dans le gril du four de la cuisinière et griller jusqu'à l'obtention d'une couleur brune. Comme je trouve la viande appétissante et cuite à point dans le four à micro-ondes, cette dernière opération devient superflue.

Le porc prend de 10 à 14 minutes par livre. Il doit rester enveloppé 20 minutes dans un papier d'aluminium, une fois sorti du four. À ce moment, on vérifie le degré de cuisson avec thermomètre qui doit marquer entre 175°F et 185°F (80 et 85°C). Insérer le thermomètre à travers la feuille d'aluminium. Le rôti restera chaud 20 minutes dans un endroit tiède.

3 à 4 lbs (1,35 à 1,80 kg) de
   longe de porc
1 gousse d'ail hachée fin

½ c. à thé de
   sarriette ou de sauge
1 c. à thé de gros sel
   Paprika

Écraser ensemble l'ail, la sarriette ou la sauge et le gros sel. Faire des incisions dans le gras du porc avec la pointe d'un couteau et y introduire le mélange d'épices. Saupoudrer généreusement le dessus du rôti de paprika. Le mettre dans un plat à four en verre de 10 × 6 po (26 × 15 cm), le côté gras en dessous, sur une soucoupe renversée. Couvrir de papier ciré, cuire 20 minutes, retourner pour que le côté gras soit sur le dessus, couvrir et cuire encore 20 minutes. Retirer le papier et continuer de cuire le reste du temps, selon la grosseur du rôti.

Retirer le rôti du four et l'envelopper hermétiquement dans du papier d'aluminium. Le placer sur un plat et laisser reposer de 15 à 20 minutes. Vérifier avec le thermomètre. Si la température n'a pas atteint 175°F (80°C), couvrir de papier ciré et remettre au four quelques minutes. Préparer une sauce à l'oignon pendant que le rôti attend.

Sauce à l'oignon

Ajouter 1 oignon moyen haché à la graisse du plat du rôti. Le faire brunir pendant 3 à 5 minutes. Retirer la moitié de la graisse (on la conservera pour faire des pommes de terre brunes, p.*239*). Ajouter 2 cuillerées à table de farine grillée au reste du gras et à l'oignon, bien mélanger, ajouter ⅛ de cuillerée à thé de graines de carvi, ½ cuilleée à thé de cumin, ¼ de cuillerée à thé de Kitchen Bouquet, 1½ tasse (340 ml) d'eau chaude. Remuer jusqu'à ce que la sauce soit bien homogène. Cuire à découvert 4 minutes en remuant une fois. La sauce est prête quand elle est crémeuse et légère. Servir dans une saucière. Donne 6 portions.

« Spareribs » glacés

Les « spareribs » prennent une riche couleur brune durant la cuisson. Servir avec du riz.

2 lb (900 g) de petites côtes de porc coupées en morceaux de 1 pouce (2,5 cm)	3 c. à table de sauce au soja
¼ tasse (45 g) de sucre brun	¼ tasse (55 ml) de sherry sec
1 c. à table de fécule	½ tasse (115 ml) de jus d'orange frais
	1 zeste d'orange

Disposer les petites côtes de porc dans un plat en verre de 12 × 8 po (30 × 20 cm). Cuire, recouvert de papier ciré pendant 10 minutes. Égoutter le jus de viande accumulé et remuer les côtes.

Mélanger le reste des ingrédients. Verser sur les côtes, cuire, recouvert de papier ciré pendant 15 minutes en retournant et en remuant les côtes dans la sauce 2 ou 3 fois. Laisser reposer 15 minutes. Quantité : 4 portions.

Côtelettes de porc « Nouvelle-Angleterre »

Les canneberges et les oranges ajoutent une saveur particulière à ces côtelettes de porc que l'on brunit d'abord sur la cuisinière. On peut aussi désosser la viande pour obtenir des filets.

4 côtelettes de porc
  de 1 pouce (2,5 cm)
½ c. à thé de sel
¼ c. à thé de poivre
1 c. à thé de sucre blanc
2 grosses oranges
2 c. à table de sucre brun

3 tranches de pain en cubes
½ tasse (115 ml) de canneberges
  fraîches coupées
¼ tasse (60 ml) de céleri
  en cubes
3 c. à table d'eau

Dégraisser les côtelettes, couper la graisse en petits dés et la faire fondre dans la poêle à frire. Saler et poivrer les côtelettes et les saupoudrer de sucre blanc. Les faire brunir à feu vif sur la cuisinière. Les mettre dans un plat à four de 12 × 8 po (30 × 20 cm).

Couper 2 tranches égales, d'environ ½ pouce (1,25 cm) d'épaisseur, au milieu des deux oranges. Extraire le jus du reste des oranges et mélanger à l'eau, si nécessaire, pour obtenir ¼ tasse (60 ml) de liquide. Verser dans le sucre brun, puis sur les côtelettes. Cuire la viande recouverte de papier ciré, de 8 à 10 minutes.

Entre-temps, mélanger dans un bol les cubes de pain, les canneberges, le céleri et les 3 cuillerées à table d'eau. Remuer pour faire une pâte qu'on divisera en quatre boulettes, puis les poser sur chaque tranche d'orange et celles-ci sur chaque côtelette cuite. Verser la sauce sur le tout. Couvrir de papier ciré. Cuire encore au four 1 minute 30 secondes. Laisser reposer 2 minutes. Donne 4 portions.

Côtelettes de porc

Pour cette recette, il faut utiliser l'assiette à brunir.

4 côtelettes d'un pouce (2,5 cm) dans la longe
  Kitchen Bouquet ou sauce au soja
  Sel assaisonné ou paprika

Faire chauffer l'assiette à brunir 4 minutes. Badigeonner les côtelettes de chaque côté de Kitchen Bouquet ou de la sauce au soja. Saupoudrer de sel ou de paprika. Mettre dans l'assiette à brunir, couvrir de papier ciré et cuire 4 minutes. Retourner et cuire, toujours couvert encore 4 minutes. Laisser reposer sans découvrir de 3 à 5 minutes et, avec une fourchette, presser les côtelettes au fond du plat pour en extraire le jus. Servir les côtelettes dans des assiettes chauffées et les arroser de la sauce formée du jus de la viande. Pour 2 côtelettes, faire brunir seulement 2 minutes de chaque côté et laisser reposer 3 minutes.

Côtelettes de porc aigres-douces

Servir avec du riz et des poivrons verts marinés.

2 c. à table de fécule de maïs
6 à 8 côtelettes de
  porc tranchées mince
3 c. à table de sauce au soja
¼ tasse (45 g) de sucre brun
½ c. à thé de gingembre
  frais râpé ou
¼ c. à thé de
  gingembre moulu

¼ tasse (55 ml) de
  vinaigre de cidre
½ tasse (115 ml) d'eau
1½ tasse (1 boîte
  de 14 oz ou de 400 ml)
  de morceaux d'ananas
1 oignon moyen tranché

Mettre la fécule dans un bol de 2 pintes (2 l). Y rouler les côtelettes de porc. Ajouter le reste des ingrédients et bien mélanger. Couvrir de papier ciré et cuire de 8 à 11 minutes en remuant deux fois. Laisser reposer 3 minutes et bien remuer. Quantité : 6 portions.

Côtelettes de porc bavaroises

Le porc, la choucroute, les pommes et les prunes s'harmonisent toujours bien.

2 tasses (450 ml) de
  choucroute bien égouttée
1 oignon moyen haché
2 pommes pelées et
  tranchées ou
8 prunes dénoyautées
  ou non
1 c. à table de sucre brun

⅛ c. à thé de
  graines de carvi
6 baies de genièvre
  (facultatif)
4 à 6 côtelettes de porc de
  ½ pouce (1,25 cm)
  d'épaisseur
¼ tasse (55 ml) d'eau

Mélanger, dans un plat à four en verre de 8 × 8 po (20 × 20 cm), la moitié des ingrédients : choucroute, oignon, pommes ou prunes, sucre, carvi et baies de genièvre. Mettre les côtelettes sur le dessus et les couvrir du reste de la choucroute et des autres ingrédients. Mélanger légèrement pour répartir également les ingrédients. Verser l'eau sur le tout.

Recouvrir de papier ciré et cuire de 11 à 14 minutes, ou jusqu'à ce que la viande soit tendre. Assaisonner au goût. Donne 4 portions.

Disposer les côtelettes préparées dans un plat à four de 10 × 6 po (25 × 15 cm) ou dans une poêle *Corning*. Cuire à découvert 5 minutes. Retourner les côtelettes, cuire encore 3 minutes. Laisser reposer 2 minutes avant de servir.

Côtelettes de porc panées

Il est préférable de faire sa propre panure aux herbes. Elle se conserve un mois au réfrigérateur dans un contenant de verre, ou six mois au congélateur. Elle donne des côtelettes juteuses et savoureuses, de même que de bons hamburgers.

2 tasses (110 g) de chapelure	1 c. à thé de sel
1 c. à thé de sauge	½ c. à thé de poivre
ou d'origan	1 c. à thé de sel d'ail
½ c. à thé de thym	1 c. à table d'oignon
1 c. à thé de	déshydraté
coriandre moulu	1 c. à table de paprika
½ c. à thé de	4 côtelettes de porc
poudre de cari	de 1 à 1¼ pouce (2,5 à 3 cm)

Mettre tous les ingrédients dans un bol, les écraser avec un pilon de bois et bien mélanger.

Pour préparer les côtelettes de porc, les tremper dans l'eau froide avant de bien les enrober de panure aux herbes. Pour varier, je les badigeonne quelquefois de sauce aigre-douce ou de sauce barbecue avant de les passer dans la panure.

Tranche de porc rôtie (dans l'épaule)

C'est une viande très tendre qu'on sert nappée d'une sauce au céleri et accompagnée de pommes au four. Celles-ci sont cuites aux micro-ondes avant la viande et on les laisse reposer dans un papier d'aluminium jusqu'à ce que l'escalope soit prête.

1 tranche de porc de 1 lb (455 g)	2 c. à table de margarine
1 boîte de 10 oz (300 ml)	¼ tasse (55 ml) d'eau
de crème de céleri	1 c. à thé de sauce au soja

Retirer l'excès de gras de la viande et la couper en 4 morceaux. Faire fondre la margarine 1 minute dans un plat à four en verre de 10 × 6 po (25 × 15 cm) ou une poêle *Corning* de 10 pouces (25 cm). Rouler la viande dans la margarine, la couvrir avec du papier ciré et cuire 2 minutes ; retourner la viande, donner un tour au plat et cuire encore 2 minutes.

Mélanger le reste des ingrédients et les verser sur le porc. Couvrir de papier ciré. Cuire 5 minutes en remuant et en tournant le plat une fois. Quantité : 4 à 5 portions.

Le jambon

Le jambon est une viande tendre, aux emplois multiples comportant très peu de perte. Quelle que soit la sorte choisie — à moitié cuit ou prêt à manger, en tranches, en cubes, ou encore le jambon fumé plus cher ou le bacon canadien — il cuira parfaitement au four à micro-ondes, sans qu'on doive le faire brunir. Le jambon requiert très peu de cuisson parce qu'il est déjà pré-cuit et parce que sa forte teneur en sucre attire l'énergie des micro-ondes.

Quand on cuit une tranche de jambon de 1 à 2 pouces (2,5 à 5 cm) d'épaisseur, on doit retirer l'os du milieu s'il y en a un car il absorbera trop de chaleur. Le jambon pré-cuit doit enregistrer 130° F (55° C) au sortir du four et entre 140° F et 150° F (60 et 65° C) après qu'on l'a laissé reposer 20 minutes, enveloppé de papier métallique.

Jambon au four

Pour cuire un jambon pré-cuit de 3 à 4 livres (1,35 à 1,80 kg), on le dépose sur une soucoupe, côté gras en dessous, dans un plat à four de 8 × 8 po (20 × 20 cm). Après l'avoir couvert de papier ciré on le fait cuire en calculant 10 minutes par livre. Jambon et plat seront tournés 4 fois. Par exemple, si le jambon pèse 4 livres (1,80 kg), on multiplie 4 × 10 = 40 minutes, et le jambon et le plat doivent être tournés toutes les 10 minutes.

Quand le jambon est cuit, on l'enveloppe de papier d'aluminium avant de le laisser reposer de 20 à 30 minutes. La température après repos doit être de 140 à 150° F (60 à 65° C).

Note : Si une extrémité du jambon est plus petite que l'autre, il faut l'envelopper de papier d'aluminium durant la première partie de la cuisson.

Pour glacer : Cinq minutes avant la fin de la cuisson, il faut retirer la peau du jambon et badigeonner la chair de marmelade d'orange, de gelée de raisin ou d'un mélange composé de ⅓ tasse (60 g) de sucre brun et ⅓ de tasse (75 ml) d'ananas râpé et égoutté.

Jambon à l'anglaise

Servir chaud avec des pommes au four et de la salade de chou. Cuire les pommes de terre pendant que la viande repose.

1 tranche de jambon de 1½ pouce (3,5 cm) (environ 3 livres — 1,35 kg)
⅓ tasse (60 g) de sucre brun
1 tasse (225 ml) de jus de pomme

½ tasse (115 ml) de chutney ou de sauce A-1
½ tasse (115 ml) de sirop de maïs ou d'érable
1 c. à table de jus de citron frais

Mettre le jambon dans un plat à four en verre. Le saupoudrer de sucre brun. Verser ½ tasse (115 ml) de jus de pomme autour du jambon. Couvrir de papier ciré. Cuire 15 minutes, retourner le jambon, cuire encore 10 minutes sans le découvrir. Mettre le jambon sur un plat et laisser reposer pendant la préparation de la glace.

Ajouter le reste des ingrédients au jus du plat. Couvrir et cuire 5 minutes. Retourner le jambon dans le plat, le recouvrir de la glace en le retournant 2 ou 3 fois, toujours dans le plat. Cuire à découvert 5 minutes.

Laisser reposer 10 minutes avant de servir. Pour servir froid, retourner la viande, couvrir le plat de papier d'aluminium et laisser refroidir.

Pain de jambon

Quelquefois, je mélange 1 livre (455 g) de porc maigre haché et 1 livre (455 g) de jambon haché ou encore, je ne me sers que de jambon. Dans ce dernier cas, j'utilise, du jambon « prêt-à-manger » ou encore un reste déjà cuit.

1¾ tasse (100 g) de chapelure
½ tasse (115 ml) de lait
1 oeuf battu légèrement
1 petit oignon émincé
1 c. à table de feuilles de
  céleri hachées
½ c. à thé de cannelle
1 c. à thé de sucre

2 lbs (900 g) de jambon haché ou
  d'un mélange moitié porc,
  moitié jambon
1 c. à thé de sel
¼ c. à thé de poivre
¼ c. à thé de thym
1 boîte de 8 oz (225 ml) de
  sauce tomate

Verser le lait sur la chapelure dans un bol. Laisser reposer 5 minutes. Ajouter l'œuf, l'oignon, les feuilles de céleri et la cannelle. Bien mélanger. Ajouter la viande, le sel, le poivre et le thym. Mélanger soigneusement. Presser tout le mélange dans un plat de verre de 9 × 5 × 3 po (22,5 × 12,5 × 7,5 cm). Mélanger la sauce tomate et le sucre. En verser ½ tasse (115 ml) uniformément sur le dessus.
Couvrir et cuire 18 minutes. Laisser reposer 10 minutes avant de servir. Retirer l'excès de gras. Faire chauffer le reste de sauce tomate à découvert 2 minutes et servir avec le pain de jambon. Quantité : 6 portions.

Jambon au miel

Se sert froid. Très bon avec une salade de pommes de terre et des tranches de tomates.

1 tranche de 1½ à 2 lbs
  (680 à 900 g) de jambon
  pré-cuit
½ tasse (115 ml) de « relish »
  égouttée

1 c. à table de raifort
  égoutté
3 c. à table de miel
  Zeste d'un citron

Mettre le jambon dans un plat à four en verre de 10 × 6 po (20 × 15 cm). Mélanger la « relish », le raifort, le miel et le zeste de citron. Verser le mélanger sur le jambon. Couvrir de papier ciré et cuire 10 minutes. Tourner la viande et le plat, arroser de sauce. Cuire sans découvrir pendant encore 10 minutes. Quantité : 6 portions.

Jambon et pommes de terre au four

Toujours un mets favori. Cuire d'avance et conserver au réfrigérateur. Se réchauffe en quelques minutes.

6 pommes de terre moyennes
¼ tasse (55 g) de margarine
1 gros oignon haché fin
¼ tasse (30 g) de farine

2½ tasses (665 ml) de lait
2 tasses (450 g) de
jambon en cubes
Sel et poivre
3 tranches de fromage

Peler et couper en cubes les pommes de terre dans un bol de verre de 2 pintes (2 *l*). Ajouter ½ cuillerée à thé de sel et ¼ tasse (55 ml) d'eau. Couvrir de papier ciré et cuire de 11 à 14 minutes en remuant une fois en cours de cuisson. Les pommes de terre doivent être tendres mais fermes. Laisser reposer 5 minutes, puis égoutter.

Mettre la margarine dans une casserole de 2 pintes (2 *l*). Faire fondre 30 secondes, ajouter l'oignon et remuer pour bien enrober de gras. Cuire à découvert 2 minutes, remuer, cuire encore 1 minute. Ajouter la farine, mélanger, verser le lait. Remettre au four. Cuire 5 à 6 minutes, en remuant bien après 2 minutes. Quand la sauce est crémeuse, retirer du four. Ajouter les pommes de terre et le jambon. Saler et poivrer. Bien mélanger. Recouvrir des tranches de fromage coupées en triangle. Cuire à découvert 5 minutes. Laisser reposer 5 minutes. Quand le plat a été réfrigéré, le réchauffer à découvert de 10 à 15 minutes ou jusqu'à ce que le fromage soit fondu. Tourner le plat au bout de 5 à 7 minutes. Quantité : 6 à 8 portions.

Jambon glacé à l'orange

Choisir un steak de jambon d'un pouce (2,5 cm) d'épaisseur, précuit et désossé.

½ tasse (90 g) de sucre brun
1 c. à table de fécule de maïs
¼ c. à thé de poudre de cari

1 tasse (225 ml) de jus
   d'orange frais

1 tranche de jambon de 1 pouce
(2,5 cm) pesant de 1¾ à 2 lbs
(795 à 900 g)
8 clous de girofle

Dans un plat à four de 10 × 6 po (25 × 15 cm), mélanger le sucre brun, la fécule et la poudre de cari. Y verser le jus et le zeste d'orange. Ajouter la tranche de jambon et la retourner 2 ou 3 fois pour bien la recouvrir du mélange. Insérer les clous de girofle dans le gras du jambon. Cuire à découvert 10 minutes, en remuant deux fois et en arrosant le jambon avec la sauce. Couvrir et cuire encore 10 minutes. Laisser reposer sans découvrir pendant 5 minutes. Quantité : 4 portions.

Jambon et chou au four

Ce plat se prépare avec des restes ou du jambon pré-cuit. Je trouve que le chou, cuit de cette façon, a une couleur intéressante et une saveur délicieuse.

4 tasses (1 l) de chou haché
1 oignon moyen haché fin
3 c. à table de farine

½ c. à thé de graines de carvi
1 tasse (225 ml) de lait
2½ à 3 tasses (600 à 700 g) de
   jambon cuit coupé en cubes

Mélanger le chou, l'oignon, la farine et les graines de carvi dans un bol de 3 pintes (3 l). Y ajouter les cubes de jambon et le lait. Couvrir de papier ciré et cuire de 10 à 13 minutes ou jusqu'à ce que le chou soit bien cuit, en remuant et en tournant le plat deux fois durant la cuisson. Quantité : 4 portions.

Jambon et patates

S'il reste du jambon, voici un plat en casserole auquel le pamplemousse donne une saveur toute spéciale.

2 pamplemousses
1½ à 2 tasses (350 à 450 g) de jambon cuit
1 boîte de patates
½ tasse (115 ml) de miel

¼ tasse (55 ml) de jus de citron
½ c. à thé de moutarde préparée
¼ c. à thé de quatre-épices

Éplucher les pamplemousses et les défaire en quartiers. Couper le jambon en languettes. Égoutter les patates et les trancher dans le sens de la longueur. Réserver ½ tasse (115 ml) de quartiers de pamplemousse et mélanger le reste avec le jambon et les patates dans un plat à four de 10 × 6 po (20 × 15 cm). Mélanger ¼ tasse (55 ml) de miel, le jus de citron, la moutarde préparée et ⅛ cuillerée à thé de quatre-épices. Verser le mélange sur le jambon. Couvrir et cuire 15 minutes, en tournant le plat et en remuant légèrement toutes les 5 minutes. Laisser reposer.

Pendant ce temps, mélanger le reste de quartiers de pamplemousse et de miel avec ⅛ cuillerée à thé de quatre-épices dans un bol. Cuire à découvert 2 minutes. Remuer soigneusement après 1 minute. Verser sur la casserole. Quantité : 4 à 5 portions.

Le bacon

Quel plaisir de cuire le bacon au four à micro-ondes ! Sa saveur est supérieure et il diminue beaucoup moins, en plus d'être parfaitement dégraissé. La durée de cuisson du bacon dépend de l'épaisseur et de la marque. La légère différence de temps provient de sa teneur en sucre, en sel et en gras. On peut le cuire en plusieurs couches en intercalant des feuilles de papier entre chacune et en s'assurant qu'elles sont d'égale épaisseur. Le papier absorbe la graisse au fur et à mesure que le bacon cuit. On peut aussi utiliser un plat peu profond, comme une assiette à tarte, en déposant un papier au fond pour absorber le gras ou placer directement le bacon dans le fond du plat en ayant soin de verser le gras après la cuisson. On couvrira l'assiette d'une serviette de papier pour éviter d'éclabousser le four.

Comment cuire le bacon facilement
Placer 1 ou 2 couches de serviettes de papier dans un plat peu profond ou sur une assiette de carton (ne pas utiliser de carton plastifié). Déposer les morceaux de bacon sur le papier. On peut remettre une couche de serviettes de papier et une autre couche de bacon et finir par une couche de papier. Pour obtenir du bacon croustillant, on peut suivre ce tableau.

1 tranche :   1 à 1¼ minute
2 tranches : 1¾ à 2½ minutes
3 tranches : 2½ à 3½ minutes
4 tranches : 3 à 5 minutes
6 tranches : 6 à 7 minutes
8 tranches : 8 à 10 minutes
   (en couches)

La durée de cuisson dépend évidemment du goût de chacun. Il suffira de quelques essais pour connaître le temps exact qui, de toute façon, varie selon les marques de bacon.

Beurre de bacon

On peut préparer des amuse-gueules en tartinant des biscuits, des canapés ou encore des muffins anglais grillés avec du beurre de bacon. On peut aussi l'utiliser à la place du beurre pour les œufs au plat ou pour tout autre mets au gré de son imagination.

4 tranches de bacon
½ tasse (110 g) de beurre doux
  ou de margarine

¾ c. à thé de moutarde de
  Dijon

Cuire le bacon entre des serviettes de papier pendant 4 à 5 minutes ou jusqu'à ce qu'il soit croquant. L'émietter et ajouter le reste des ingrédients. Mélanger pour en faire une crème. Couvrir et conserver au réfrigérateur. Quantité : environ ⅔ de tasse (150 ml).

La volaille

La cuisson aux micro-ondes préserve la tendreté du poulet, de la dinde, du canard et du poulet de Cornouailles, et permet de les garder juteux. La volaille est même plus facile à cuire aux micro-ondes que les autres viandes car elle demande moins d'attention et moins de temps.

Le four à micro-ondes peut être utilisé pour cuire partiellement une volaille que l'on désire finir au barbecue, ce qui l'empêche de trop griller à l'extérieur avant qu'elle ne soit cuite à l'intérieur. Cette méthode est surtout efficace pour le poulet coupé en portions. Au contraire, si vous désirez un poulet rôti avec une peau dorée, placez-le quelques minutes sous le gril de la cuisinière, une fois qu'il est cuit.

Un poulet de 4½ à 5 livres (2 à 2,25 kg) prend de 40 à 55 minutes à cuire, plus le temps de repos de 15 minutes. Il est alors bien doré et la viande est tendre et juteuse.

Votre premier poulet cuit aux micro-ondes sera peut-être trop cuit parce que vous ne voudrez pas croire qu'il lui faut si peu de temps ; aussi n'invitez personne ce jour-là. Si cela vous arrive, vous pouvez le « récupérer » en le laissant reposer une nuit au réfrigérateur, bien enveloppé. De cette façon, l'humidité de la volaille se répartit et les endroits plus secs s'imprègnent du jus.

Voici quelques règles d'or à suivre quand on cuit une volaille au four à micro-ondes :

A. Le poulet doit être légèrement farci. Je préfère cuire la farce à part pendant qu'il repose.

B. Il ne faut pas utiliser de broches métalliques pour tenir la farce en place. Placez plutôt un morceau de pain dans l'ouverture de la cavité.

C. La dinde ne doit pas être farcie. Cuisez-la farce à part.

D. Attachez les pattes de la volaille, ensemble ou avec le croupion, avec une ficelle mouillée.

E. Repliez les ailes sous le corps.

F. N'utilisez pas de beurre ou de margarine salée parce que le sel durcit la peau et la fait craqueler. Utilisez une sauce à badigeonner.

G. Recouvrez toujours la volaille d'une feuille de papier ciré pour protéger le four contre les éclaboussures. Cela ne l'empêchera pas de brunir. On doit toujours la retourner au moins une fois pour que la cuisson soit uniforme, mais il est préférable de le faire quatre fois.

H. Pendant la première moitié de la cuisson d'une volaille, il faut toujours envelopper le bout des ailes et des pattes de bandes de papier d'aluminium pour les empêcher de trop cuire. Assurez-vous que les extrémités enveloppées ne touchent pas les parois du four, ce qui pourrait l'endommager.

I. Il est bon de toujours déposer la volaille sur un couvercle, une soucoupe renversée ou tout autre objet pour l'empêcher de baigner dans le gras. En disposant les morceaux de poulet dans un plat, placez toujours les grosses extrémités vers l'extérieur et les petites vers le centre pour uniformiser la cuisson.

J. Dégelée de la façon habituelle — soit pendant 24 heures au réfrigérateur et bien enveloppée —, la volaille rôtit toujours parfaitement au four à micro-ondes. Il faudra prévoir de deux à trois jours pour la décongélation d'une dinde. Si vous préférez vous servir du four pour dégeler une volaille, laissez-la ensuite reposer une demi-heure ou même une heure pour être certain qu'elle est parfaitement dégelée. Les temps de dégel sont mentionnés en pages 38 et 39.

K. Les abattis sont cuits de la façon traditionnelle parce qu'ils ont besoin de cuire longtemps pour être tendres et parce qu'ils peuvent éclater dans le four à micro-ondes.

Sauce à badigeonner pour le poulet

Badigeonner le poulet sur toute sa surface avec la sauce suivante avant la cuisson. Utiliser diverses herbes aromatiques.

1 c. à table d'huile à salade	*1½ c. à thé de paprika*
ou *de beurre non salé* ou	*¼ c. à thé d'estragon,*
de margarine non salée ou	*de thym, de basilic, de*
de graisse de viande fondue	*marjolaine* ou *de cumin*

Faire fondre le gras une minute au four. Ajouter le paprika et les fines herbes, au choix. Badigeonner le poulet de cette sauce.

Je prépare plusieurs sauces en grande quantité et je les garde au réfrigérateur dans un contenant couvert. Au moment de m'en servir, je réchauffe la quantité nécessaire 1 minute avant de badigeonner le poulet.

Poulet coupé et frit aux micro-ondes

Cette recette donne des morceaux de poulet dorés et croustillants.

3 lb (1,35 kg) de	*¼ c. à thé de sel d'ail*
morceaux de poulet	*1 blanc d'œuf*
1 tasse (55 g) de chapelure	*1 c. à table d'eau*
1 c. à thé de paprika	*3 c. à table de beurre*
¼ c. à thé de thym	*fondu* ou *de margarine*
⅛ c. à thé de laurier en poudre	

Couper le poulet en morceaux d'égale grosseur. Mélanger la chapelure, le paprika, le thym, le laurier et l'ail. Battre le blanc d'œuf avec l'eau.

Tremper chaque morceau de poulet dans le blanc d'œuf, puis l'enduire du mélange. Placer dans un plat en verre, les plus grosses extrémités vers l'extérieur, les plus petites au centre. Arroser de beurre ou de margarine. Cuire à découvert 10 minutes, tourner le plat et couvrir de papier ciré. Cuire encore 10 minutes ou jusqu'à ce que la viande soit tendre. Laisser reposer 10 minutes avant de servir. Donne 4 portions.

Poulet parisien

On fait dorer le poulet au gril avant de le cuire au four à micro-ondes. En France, on le sert accompagné de nouilles persillées et de petits pois.

3 lb (1,35 kg) de morceaux de poulet	½ tasse (115 ml) de consommé
2 c. à table de beurre	¼ tasse (55 ml) de sherry sec
2 gros oignons tranchés fin	⅛ c. à thé de thym
	1 feuille de laurier

Mettre les morceaux de poulet dans une poêle *Corning* de 10 po (25 cm) et les dorer au beurre à feu moyen. Saler et poivrer. Les parsemer d'oignon, mélanger le reste des ingrédients et l'ajouter au plat. Cuire à découvert aux micro-ondes pendant 10 minutes. Tourner le plat, cuire encore 10 minutes, retourner encore le plat, couvrir de papier ciré et cuire 5 minutes de plus. Laisser reposer 10 minutes avant de servir. Donne 4 à 5 portions.

Poulet pour le barbecue

Voici un exemple de cuisine combinée. En été, le poulet est cuit partiellement au four à micro-ondes et terminé dehors au barbecue. En hiver, on peut le terminer au gril. On peut même le commencer le matin de bonne heure, le réfrigérer et terminer la cuisson au moment de servir.

2½ à 3 lb (1,15 à 1,35 kg) de poulet coupé en morceaux	Sauce à badigeonner (p.166) ou Sauce barbecue (p.106)

Disposer les morceaux dans un plat à griller de 12 × 8 po (30 × 20 cm), les parties les plus grosses vers l'extérieur du plat. Cuire à découvert 15 minutes. Tremper chaque morceau dans la sauce à badigeonner ou la sauce barbecue. Laisser en attente ou terminer en rôtissant les morceaux au barbecue 15 ou 20 minutes et en les retournant plusieurs fois, ou encore au gril de la cuisinière, à 6 pouces de l'élément de 10 à 15 minutes en retournant une fois.

Poulet rôti vite fait

Cuit rapidement au four à micro-ondes, ce poulet est ensuite passé au gril de la cuisinière, réchauffé pendant la cuisson micro-ondes. On peut aussi utiliser des abattis, des cuisses, etc.

3 à 3½ lb (1,35 à 1,60 kg) de
   poulet coupé en morceaux
   Paprika

½ c. à thé de poudre
   de cari (facultatif)
¼ tasse (55 g) de beurre

Disposer les morceaux de poulet à griller, la peau en dessous, dans un plat de verre de 12 × 18 po (30 × 20 cm). Saupoudrer de paprika et de cari. Cuire à découvert 14 minutes. Retourner le poulet, couvrir de papier ciré et cuire de 6 à 8 minutes ou jusqu'à ce qu'il soit tendre. Faire fondre le beurre 1 minute. En arroser le poulet. Mettre sous le gril de la cuisinière 3 à 4 minutes jusqu'à ce qu'il soit doré. Saler et poivrer.

Une fois les morceaux de poulet retirés, préparer la sauce en ajoutant 1 cuillerée à table de farine au jus ; bien mélanger. Cuire 2 à 3 minutes en remuant. Assaisonner. Donne 4 portions.

Poulet en crème

Servir avec du riz ou des nouilles.

3 lb (1,35 kg) de
   morceaux de poulet
½ tasse (115 ml) de
   céleri en cubes
4 oignons verts hachés

½ c. à thé de basilic
   ou de marjolaine
1 boîte de 10 oz (295 ml) de
   soupe aux champignons
   non diluée

Disposer les morceaux de poulet, la peau en dessous, dans un plat de verre de 12 × 8 po (30 × 20 cm). Parsemer de céleri, d'oignons verts, de basilic ou de marjolaine et arroser de soupe. Couvrir de papier ciré et cuire de 20 à 28 minutes ou jusqu'à ce que la viande soit tendre en tournant deux fois le plat pendant la cuisson. Donne 5 portions.

Poulet rôti

Le poulet nécessite environ 6 à 8 minutes de cuisson par livre*. Il faut ajouter 15 minutes de période de repos après la cuisson.

Poulet de 4½ à 5 lb
(2 à 2,25 kg)
1 c. à thé de sel
1 oignon tranché

1 tranche de citron
Sauce à badigeonner
(recette p.166)

Laver le poulet et l'essuyer avec une serviette de papier. Saler l'intérieur et y mettre l'oignon et le citron. Fermer l'ouverture avec des cure-dents ou avec un morceau de pain. Envelopper dans du papier d'aluminium les extrémités des pattes, le croupion et le bout des ailes. Placer le poulet, la poitrine en dessous, sur une soucoupe, dans un plat en verre. Badigeonner de sauce.

Cuire, couvert de papier ciré, pendant 20 minutes. Retourner le poulet, badigeonner encore de sauce ou de jus accumulé dans le plat. Cuire encore 20 minutes. Retirer le poulet du four, l'envelopper de papier métallique et insérer le thermomètre. Le poulet est cuit quand la température atteint entre 180°F et 190°F (82,2 et 87,8°C). Donne 6 portions.

* Ce temps varie légèrement selon la teneur en gras du poulet. Si le poulet est très gras, réduire la cuisson à 6 minutes par livre.

Ailes de poulet à l'orientale

Voici un mets attrayant qu'on servira sur un lit de riz chaud.

2 lb (900 g) d'ailes de poulet
½ tasse (55 g) de farine
½ tasse (55 g) de parmesan
ou de cheddar râpé
1 c. à thé de sel
1 c. à thé de paprika

Poivre au goût
½ c. à thé d'origan ou
de basilic
¾ tasse (170 ml) de lait
ou de lait de beurre
2 c. à table de beurre

Deux livres (900 g) d'ailes de poulet donnent environ 11 ou 12 ailes. Il faudra les couper en deux et les petites extrémités serviront à faire une soupe. Mélanger farine, fromage, sel, paprika, poivre et origan ou basilic. Plonger les ailes dans le lait ou dans le lait de beurre, puis les rouler dans le mélange.

Faire chauffer le beurre 1 minute dans un plat de verre de 8 × 8 po (20 × 20 cm), non couvert.

Disposer les ailes de poulet dans le plat et cuire à découvert 10 minutes, en tournant deux fois. Laisser reposer 5 minutes. Donne 4 portions.

Poulet rôti aux agrumes

Les jus de citron et d'orange frais, relevés de romarin, donnent une saveur toute provençale à ce poulet.

3 lb (1,35 kg) de
   morceaux de poulet
1 c. à thé de romarin
1 c. à thé de basilic
¼ c. à thé de poivre
5 oignons verts
   hachés fin

½ tasse (115 ml) de
   jus d'orange
½ tasse (115 ml) de
   jus de citron
   Zeste d'un citron
½ c. à thé de
   coriandre (facultatif)
1 c. à thé de paprika

Essuyer le poulet avec des serviettes de papier. Mélanger le romarin, le basilic et le poivre et en frotter les morceaux. Les disposer dans un plat de verre ou une poêle *Corning* de 10 po (25 cm). Parsemer d'oignons verts. Mélanger les jus d'orange et de citron, le zeste de citron, le coriandre et le paprika. Verser sur le poulet et cuire, couvert de papier ciré, pendant 15 minutes. Tourner le plat et cuire à découvert encore 10 minutes. Laisser reposer 5 minutes. Donne 4 portions.

Farce pour le poulet

Préparer et cuire la farce au four à micro-ondes pendant que la volaille attend. Arroser de quelques cuillerées de sauce avant de servir.

¼ *tasse (55g) de beurre*
ou de margarine
1 *oignon moyen haché*
½ *tasse (115 ml) de*
céleri en cubes
¼ *tasse (60 ml) de feuilles*
de céleri hachées

4 *tasses (225g) de cubes*
de pain sans croûte
½ *c. à thé de sel*
½ *c. à thé de sarriette*
¼ *c. à thé de sauge*
¼ *tasse (55 ml) de con-*
sommé, de cidre ou *d'eau*
Sauce à badigeonner (p.166)

Mélanger le beurre, l'oignon, le céleri et les feuilles dans un bol de 2 pintes (2 *l*). Cuire à découvert 3 minutes, en remuant une fois. Ajouter les cinq ingrédients suivants. Mélanger et bien tasser dans un plat de 1 pinte (1 *l*). Badigeonner de sauce. Recouvrir de papier ciré et cuire 5 minutes. Tourner le plat. Cuire encore une minute. Au moment de servir, arroser de quelques cuillerées de sauce du poulet. Quantité : 4 à 5 tasses.

Poulet Teriyaki

Le saké ou le sherry sec allié à la saveur des racines de gingembre donnent à ce poulet une saveur très spéciale. Servir avec du riz bouilli.

2 à 3 *lb (900 g à 1,35 kg) de*
poulet à griller
½ *tasse (115 ml) de*
sauce au soja
¼ *tasse (55 ml) de saké ou*
de sherry sec

1 *gousse d'ail hachée fin*
2 *c. à table de cassonade*
1 *c. à thé de racines*
de gingembre
fraîches et râpées

Laver le poulet et le mettre dans un sac de plastique. Y ajouter le reste des ingrédients (le sac sera placé dans un bol pour faciliter le mélange du liquide et des ingrédients secs). Secouer pour bien enrober les morceaux de poulet. Fermer le sac. Réfrigérer de 2 à 6 heures. Retirer le poulet du sac, conserver la marinade et placer les morceaux dans un plat ovale. Cuire à découvert 14 minutes. Tourner le plat, badigeonner de marinade, cuire à découvert pendant encore 4 à 8 minutes ou plus, selon la grosseur. Laisser reposer 5 minutes. Donne 2 ou 3 portions.

Casserole aux restes de poulet

2 tasses (450 g) de poulet en cubes	3 oignons verts tranchés
2 tasses (450 g) de céleri en cubes	½ c. à thé de sel
½ tasse (55 g) de noix salées au choix	Zeste et jus d'un citron
⅓ tasse (75 g) de poivron vert ou rouge en dés	⅛ c. à thé de muscade
	½ tasse (155 ml) de mayonnaise
	⅓ tasse (35 g) de cheddar doux râpé
	2 à 3 croustilles émiettées
	½ c. à thé de paprika

Mettre dans un grand bol le poulet, le céleri, les noix, le poivron vert ou rouge, les oignons, le sel, le jus et le zeste de citron, la muscade et la mayonnaise. Mélanger jusqu'à ce que le tout soit bien homogène et placer dans un bol de 2 pintes (2 l) en verre. Mélanger les croustilles et le fromage et verser dans la casserole. Saupoudrer de paprika. Cuire à découvert 10 minutes. Donne 6 portions.

La dinde

À cause de sa grosseur, la dinde prend beaucoup de temps à dégeler au four à micro-ondes. De plus, pendant ce temps, il se produit un début de cuisson qui fait perdre sa saveur à la viance. C'est pour cette raison que je recommande de décongeler une dinde de la manière classique, soit au réfrigérateur pendant 2 ou 3 jours, toujours enveloppée ; ensuite, on l'essuie avec du papier avant de la préparer pour la cuire aux micro-ondes.

Le poids idéal pour une dinde qu'on rôtira ainsi est de 10 livres (4,50 kg), mais on arrive à bien cuire des dindes de 13 livres (5,90 kg).

Temps de cuisson

Dinde de 8 à 10 livres (3,60 à 4,50 kg) : 8 minutes par livre (455 g), 20 minutes de repos.
Dinde de 10 à 13 livres (4,50 à 5,90 kg) : 9 minutes par livre, 25 minutes de repos.

Le thermomètre à viande inséré à la fin de la cuisson doit enregistrer 170°F (76,7°C). Remettre au four si c'est nécessaire mais *ne pas laisser le thermomètre* dans la volaille. Quand la viande a atteint 170°F (76,7°C), envelopper la dinde de papier d'aluminium, y insérer le thermomètre et laisser reposer de 20 à 25 minutes ; la température doit alors indiquer entre 180°F et 190°F (82,2 et 87,8°C).

Préparation de la dinde

Laver la dinde et l'essuyer à l'intérieur et à l'extérieur avec des serviettes de papier. Frotter l'intérieur avec 1 cuillerée à thé de gros sel, ajouter ½ cuillerée à thé de poivre écrasé, 1 cuillerée à thé de sauge. Ajouter un oignon coupé en quatre, une grosse branche de céleri avec les feuilles coupée en trois. Fermer l'ouverture avec un morceau de pain, attacher les pattes au croupion avec une ficelle humide. Replier les ailes en dessous. Préparer la sauce à badigeonner comme suit :

Faire fondre ¼ tasse (60 g) de margarine ou de beurre pendant une minute ; y ajouter 2 cuillerées à table de paprika, 1 cuillerée à table de Kitchen Bouquet et 1 cuillerée à table de sherry sec ou de brandy. Tenir au chaud jusqu'au moment de badigeonner la dinde de cette sauce.

A. Placer la dinde dans un plat de verre de 12 × 8 po (30 × 20 cm), poitrine en dessous, sur une soucoupe renversée ou un couvercle de verre.

B. Diviser le temps de cuisson en quatre périodes et tourner trois fois la dinde à intervalles réguliers, dessus, dessous et des deux côtés.

C. Arroser de la sauce du plat ou de sauce à badigeonner chaque fois qu'on retourne la volaille. Tourner aussi le plat. Les extrémités des pattes et des ailes doivent être enveloppées dans du papier pendant la première partie de la cuisson.

D. Couvrir la dinde de papier ciré jusqu'aux 15 dernières minutes.

E. Quand elle est cuite, la placer sur le plat de service, l'envelopper, insérer le thermomètre et laisser reposer le temps voulu.

F. Préparer *la sauce* comme suit avec le jus du plat :

Ajouter au jus 2 cuillerées à table de farine, un petit oignon haché fin, ½ cuillerée à thé de sauge ou de sarriette. Bien mélanger. Cuire à découvert 8 minutes, en remuant une fois. Ajouter une tasse (227 ml) d'eau chaude, une tasse (227 ml) de consommé en boîte non dilué ou de bouillon d'abattis. (On peut hacher les abattis cuits et les ajouter à la sauce.) Bien remuer. Saler et poivrer. Cuire à découvert 5 minutes ou jusqu'à ce que la sauce soit crémeuse, en remuant une fois au bout de 3 minutes. Servir à part.

Dinde cuite à l'avance

On peut cuire une dinde la veille puis l'envelopper et la laisser refroidir avant de la réfrigérer jusqu'au moment de servir.

Pour servir, mettre la dinde dans un plat et la cuire à découvert de 15 à 18 minutes ou jusqu'à ce qu'elle soit réchauffée. Si on préfère la découper quand elle est froide, il suffit de placer les tranches sur une assiette, de les arroser de sauce et de couvrir le tout de papier ciré avant de le mettre au four pour 5 à 10 minutes, selon la quantité. Ces deux façons de procéder peuvent rendre service pour une occasion spéciale, mais le résultat n'est pas aussi bon que quand on sert la dinde dès qu'elle est cuite.

Comment obtenir une peau croustillante

Bien que la dinde demeure assez longtemps dans le four pour prendre une coloration d'un brun doré, elle n'est quand même pas aussi croustillante que certains le voudraient.

Pour corriger ce fait, réduire le temps de cuisson d'une minute par livre (455 g). Quand la cuisson est terminée, mettre la dinde dans le four *préchauffé* à 450°F (232°C) pendant 15 à 20 minutes.

Pour servir la dinde froide

Cuire la dinde et la laisser reposer, enveloppée de papier d'aluminium. Préparer la sauce. Refroidir et réfrigérer la dinde bien couverte, jusqu'au moment de servir.

Farce pour la dinde

Pour obtenir une texture parfaite et une meilleure saveur, je préfère cuire la farce pendant le temps de repos de la dinde, plutôt que selon la manière habituelle.

½ *tasse (115 g) de beurre ou*
de margarine
1 *gros oignon haché*
1 *tasse (225 ml) de céleri haché*
Abattis hachés
1 *boîte de 8 oz (225 ml)*
de champignons
en boîte égouttés

8 *tasses (2 l) de cubes de*
pain sec grillé
1 *c. à thé de sel*
⅛ *c. à thé de quatre-épices*
1 *c. à thé de sarriette*
½ *c. à thé de sauge*
½ *tasse (115 ml) de*
consommé ou d'eau

Mettre dans un grand bol le beurre, l'oignon et le céleri. Cuire à découvert 8 minutes, en remuant une fois. Ajouter les abattis, couvrir et cuire 3 minutes. Ajouter le reste des ingrédients. Mélanger soigneusement. Mettre dans un grand plat de verre. Arroser de jus de cuisson. Couvrir et cuire 10 à 15 minutes. Quantité : 10 tasses (2 ½ l).

Canard à l'orange

La peau du canard brunit mais est peu croustillante. Si on préfère une peau vraiment croustillante, il faut le remettre sous le gril après le temps de repos.

1 canard domestique de 4 à 4½ lbs (1,80 à 2 kg)	2 pommes de taille moyenne non pelées
1 c. à thé de sel	1 gousse d'ail
1 c. à table de cassonade	6 grains de poivre
1 zeste d'orange	1 tranche de pain

Laver le canard à l'intérieur et à l'extérieur avec du vinaigre. Saler la cavité. La remplir avec la cassonade, les pommes coupées en huit, le zeste d'orange, l'ail et les grains de poivre. Fermer la cavité avec une tranche de pain. Attacher les pattes avec une ficelle mouillée.

Envelopper dans du papier d'aluminium les bouts des pattes et des ailes, ainsi que le croupion. Placer le canard, la poitrine en dessous, sur une soucoupe ou un couvercle dans un plat de verre. Cuire à découvert 20 minutes. Égoutter le jus. Retourner la volaille sur le dos. Couvrir de papier ciré et cuire encore 20 minutes. Retirer du four, envelopper de papier d'aluminium et laisser reposer 10 minutes.

Sauce à l'orange

2 c. à table de cassonade	3 c. à table de graisse de canard
1 c. à table de fécule	
Zeste d'une orange	3 c. à table de brandy (facultatif)
⅔ tasse (150 ml) de jus d'orange frais	

Dans une mesure de 2 tasses (½ l). mélanger le sucre brun et la fécule. Y verser le jus d'orange, le zeste et le jus provenant de la cuisson du canard. Bien mélanger et cuire à découvert 4 minutes, en remuant une fois. Quand le mélange est crémeux et transparent, ajouter le brandy. Servir à part. Donne 4 portions.

Canard aux canneberges

Le temps de cuisson dépend de l'âge et de la tendreté du canard. Normalement un canard de 3 à 4 livres (1,35 à 1,80 kg) prend de 7 à 8 minutes par livre (455 g), et dix minutes de repos. Le canard sauvage prend 6 minutes par livre et nécessite aussi un temps de repos de 10 minutes. Quand il est cuit, et après repos, le thermomètre doit indiquer entre 180°F et 195°F (82 à 90°C).

1 canard de 3 à 4 lb (1,35 à 1,80 kg) coupé en quatre
½ c. à thé de poivre frais moulu
½ c. à thé de cumin en poudre
½ tasse de canneberges en sauce ou de gelée de cassis

2 c. à table de vermouth sec ou d'eau
2 c. à table de jus de citron frais
¼ c. à thé de gingembre moulu
1 c. à thé de sel
1 bâton de cannelle de 1 pouce (2,5 cm)

Assaisonner le canard avec le poivre et le cumin. Le mettre dans un plat en verre de 12 × 8 po (30 × 20 cm). Cuire à découvert 5 minutes. Retirer le canard du four, le mettre sur un plat, égoutter la graisse et en réserver 2 cuillerées à table. Verser cette graisse dans un bol sur la sauce aux canneberges, ajouter le vermouth ou l'eau, le jus de citron, le gingembre, le sel, les clous et la cannelle. Bien mélanger. Retourner le canard sur le dos dans le plat et verser la sauce par dessus.

Cuire à découvert 22 minutes, en retournant le canard toutes les 8 minutes. Le couvrir de papier ciré pour les 10 dernières minutes. Vérifier le degré de cuisson avec une fourchette.

Le retirer du four, ôter les clous et la cannelle. Couvrir et laisser reposer 10 minutes. Donne 4 portions.

Poulets de Cornouailles farcis

Ces petits poulets de 1 à 1½ livre (450 à 680 g) sont délicieux, cuits aux micro-ondes. Comme farce, préparer un mélange de riz blanc et de riz sauvage, auquel on aura ajouté 1 cuillerée à thé de poudre de cari mélangée à 1 cuillerée à table de brandy ou de whisky. Mettre un paquet de 6 onces (170 g) de riz mélangé avec les épices ci-dessus dans une casserole de 3 pintes (3 *l*), ajouter 1¾ tasse (400 ml) d'eau chaude et 2 cuillerées à table de beurre. Cuire à découvert 15 minutes. Laisser reposer 10 minutes. Refroidir.

4 petits poulets	*¼ tasse (55 g) de beurre*
Farce au riz	*1 c. à thé de paprika*
4 tranches de pain	*1 c. à table de madère sec*

Saler la cavité des poulets. La remplir de la farce au riz. Placer une tranche de pain pour fermer, attacher les pattes et replier les ailes en dessous. Envelopper le bout des pattes de papier d'aluminium. Faire fondre le beurre 30 secondes et y ajouter le paprika et le madère. Badigeonner les oiseaux de ce mélange.

Les placer dans un plat de verre de 12 × 8 po (30 × 20 cm), la poitrine en dessous, sur des soucoupes renversées. Couvrir de papier ciré et cuire 15 minutes. Retourner les poulets et les déposer dans le plat de façon que les côtés qui étaient tournés vers l'extérieur se trouvent à l'intérieur. Badigeonner avec le reste de sauce ou de gras.

Couvrir de papier ciré et cuire encore 15 minutes ou jusqu'à ce que les poulets soient tendres. Retirer du four, envelopper de papier d'aluminium et laisser reposer 15 minutes. Le thermomètre doit enregistrer 185°F (85°C). Pour faire la sauce, ajouter ½ tasse (115 ml) de consommé (ou de bouillon d'abattis avec des morceaux d'abattis) au gras du plat. Chauffer 3 minutes. Verser sur les poulets. Donne 4 portions.

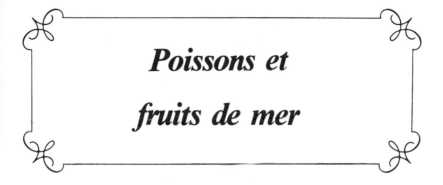

Poissons et fruits de mer

Votre famille n'aime peut-être pas beaucoup le poisson, mais la situation pourrait changer si vous apprenez à le cuire au four à micro-ondes. Cuits de la bonne manière, le poisson et les fruits de mer ont une chair tendre et délicate qui se défait facilement. Une cuisson trop longue durcit leur chair.

Ma façon préférée de dégeler le poisson consiste à déballer un paquet de 1 livre (455 g) et à poser le bloc sur une assiette garnie d'une feuille de papier absorbant. Je le couvre d'une autre feuille de papier. Au cycle normal de cuisson, la décongélation prend 2 minutes et à « dégel », il faut compter 4 minutes. Dans les deux cas, je retourne le poisson deux fois. J'achève ensuite de séparer les morceaux à l'eau courante froide. Le poisson peut aussi être dégelé dans son emballage.

La cuisson extrêmement rapide du poisson en fait un plat de dernière minute et il faut tenir compte de ce fait en établissant l'ordre de préparation du menu. Avant de le passer au four, il faut mettre la table et finir de préparer le reste du repas. Si d'autres mets doivent cuire au four, tenez-les prêts à être enfournés dès que le poisson est cuit.

Couvrez toujours poisson et fruits de mer pour les dégeler et les cuire, ainsi que durant la période de repos. Faites-les cuire dans un plat à four peu profond, tel un moule à tarte en verre ou un plat rond de 8 ou 10 po (20 ou 25 cm) de diamètre. Dans le plat, disposez le poisson de sorte que les parties les plus minces se chevauchent, ou roulez les filets fins comme ceux de la sole ; la cuisson sera ainsi plus uniforme.

Je ne conseille pas de cuire un poisson entier, même de 2 ou 3 livres (900 g à 1,35 kg), car sa forme rend difficile une cuisson uniforme et la chair peut se défaire très facilement quand on le retourne pour qu'il dore des deux côtés. Autre inconvénient : l'humidité qui se dégage d'un poisson entier empêche la peau de dorer et de devenir croustillante.

C'est avec les darnes et les filets que la réussite est à la fois la plus totale et la plus rapide. On obtient un excellent résultat quand ils sont surgelés car ils ne deviennent pas spongieux comme cela arrive parfois quand on les cuit de façon traditionnelle. Il est très facile de trop cuire le poisson ; il faut donc le vérifier en cours de cuisson. J'ai constaté que les filets frais demandent une minute de moins que les filets surgelés. Le temps de cuisson est aussi fonction de l'épaisseur. Quand on a maîtrisé la période d'apprentissage, on ne veut plus cuire son poisson autrement qu'au four à micro-ondes !

Quant aux fruits de mer comme le homard, le crabe, les crevettes et les pétoncles, le résultat est aussi bon, qu'ils soient frais ou surgelés. On peut employer des fruits de mer surgelés dans les recettes qui en demandent des frais, et vice-versa. Procédez comme pour le poisson en dégelant partiellement les fruits de mer au four à micro-ondes et en terminant à l'eau froide. Le même temps de cuisson s'applique aux crustacés avec ou sans carapace.

N'oubliez pas de placer les extrémités les plus épaisses du poisson et des fruits de mer vers l'extérieur du plat pour obtenir une cuisson uniforme.

Le poisson

Flétan à la russe

On peut cuisiner de la même façon de l'aiglefin découpé en tranches de 1½ po (3,5 cm) d'épaisseur. Servir avec du sarrasin beurré (« Kasha ») préparé selon les directives inscrites sur l'emballage.

4 petites darnes de flétan	4 à 6 fines tranches de
½ c. à thé de sel	citron non pelé
½ c. à thé de paprika	1 c. à table de beurre
½ c. à thé de sucre	2 c. à table de sauce Chili
1 oignon moyen émincé	

Ranger les darnes dans un plat en verre de 8 × 8 po (20 × 20 cm). Saupoudrer d'un mélange de sel, de paprika et de sucre. Défaire les tranches d'oignon en anneaux et en parsemer le poisson. Poser ensuite les rondelles de citron. Faire fondre le beurre, additionné de la sauce Chili, dans un petit plat pendant 40 secondes. Verser sur le poisson. Couvrir de papier ciré. Cuire 6 à 7 minutes en tournant le plat deux fois. Laisser reposer 4 minutes sans découvrir. Pour 4 personnes.

Filets de sole à l'italienne

Servir comme à Florence, accompagnés d'épinards chauds au beurre et d'une salade de tomates saupoudrée de basilic frais.

1 lb (455 g) de filets de sole	½ c. à thé de sel
⅔ tasse (150 ml) de crème sûre vendue dans le commerce	1 c. à thé d'aneth frais (facultatif)
2 ou 3 oignons verts hachés fin	⅓ tasse (35 g) de parmesan râpé

Faire dégeler juste assez pour séparer les filets et les ranger dans un plat en verre de 8 × 8 po (20 × 20 cm). Mélanger les autres ingrédients, sauf le fromage, et en recouvrir également chaque portion de poisson. Saupoudrer de fromage. Couvrir d'un papier ciré. Cuire de 6 à 8 minutes selon l'épaisseur du poisson. Laisser reposer 5 minutes. Saler et poivrer. Pour 3 ou 4 personnes.

Filets de morue au citron

J'utilise des filets frais ou surgelés et, pour varier, tantôt du jus de citron ordinaire ou du jus de lime.

1 lb (450 g) de filets de morue	*½ c. à thé de sel*
¼ tasse (55 ml) de jus de	*Un soupçon de thym*
citron frais ou *de lime*	*½ c. à thé de*
2 oignons verts hachés	*gingembre frais râpé*
	1 c. à table de beurre

Dégeler les filets selon les directives données au début de ce chapitre. Séparer les filets et les ranger dans un plat en verre de 8 × 8 po (20 × 20 cm).

Mélanger le jus de citron avec les oignons verts, le sel, le thym, le gingembre et en arroser le poisson, puis le parsemer de noisettes de beurre.

Couvrir de papier ciré, faire cuire 3 minutes en tournant le plat une fois. Cuire encore 2 ou 3 minutes pour que le poisson se défasse facilement. Laisser reposer 3 minutes. Saupoudrer de paprika et servir. Pour 3 ou 4 personnes.

Filets préparés selon la méthode Cornell

Il s'agit d'une méthode mise au point à l'Université Cornell pour obtenir au four les mêmes résultats que dans une poêle à frire. On réussit très bien au four à micro-ondes, mais les filets sont un peu moins dorés.

1 lb (455 g) de filets surgelés	*1 c. à thé de paprika*
(n'importe quel poisson)	*¼ c. à thé de thym*
1 c. à thé de sel	*2 c. à table de graisse*
½ tasse (115 ml) de lait	*de bacon*
1 tasse (55 g) de chapelure	*2 c. à table de beurre fondu*

Déballer le poisson et le mettre dans le lait salé avec la cuillerée à thé de sel. Couvrir de papier ciré et laisser dégeler sur le comptoir jusqu'à ce qu'on puisse séparer les morceaux. Quand c'est possible, retourner le poisson 3 ou 4 fois pendant son dégel. Couper en portions. Mélanger la chapelure, le thym et le paprika et en enrober le poisson. Mettre du gras de bacon dans un plat de verre de 8 × 8 po (20 × 20 cm) et faire fondre 30 secondes. Ranger les filets côte à côte dans ce plat. Faire fondre le beurre 40 secondes dans un autre petit plat ou dans une mesure de 1 tasse (¼ l) et en arroser à la cuiller les morceaux de poisson.

Couvrir de papier ciré et cuire de 4 à 5 minutes, en tournant le plat une fois. Laisser reposer 3 minutes et servir tel quel, ou accompagné de sauce tartare. Pour 3 ou 4 personnes.

Aiglefin à la grecque

La recette qui suit peut aussi se préparer avec de la morue, du flétan ou de la perche, à l'état surgelé. Accompagner de riz ou de nouilles persillées.

1 boîte de 16 oz (455 ml) de tomates égouttées	ou d'un autre poisson au choix
½ tasse (30 g) de biscuits soda émiettés	3 oignons verts hachés fin
1 c. à thé de sucre	¼ tasse (15 g) de persil haché
¼ c. à thé de basilic	¼ tasse (55 ml) d'huile végétale
1 lb (455 g) d'aiglefin surgelé	2 c. à table de farine
	1 c. à table de paprika

Garnir un plat en verre de 8 × 8 po (20 × 20 cm) avec les tomates et la chapelure. Saupoudrer du sucre, du basilic et du sel. Mélanger à la fourchette. Poser le bloc de poisson presque dégelé sur les tomates. Mélanger le reste des ingrédients de façon homogène et verser sur le poisson.

Couvrir de papier ciré. Cuire de 8 à 10 minutes jusqu'à ce que le poisson soit bien cuit au centre, en tournant le plat deux fois en cours de cuisson. Laisser reposer 5 minutes. Pour 4 ou 5 personnes.

Morue pochée

Contrairement à la croyance populaire, la morue fraîche est délicieuse et elle l'est davantage pochée au four à micro-ondes. La morue surgelée peut aussi être utilisée quand on n'en trouve pas de fraîche. On la sert avec du beurre fondu et persillé.

2 lb (900 g) de darnes de morue fraîche	1 c. à thé de sel
	4 grains de poivre
1¼ tasse (280 ml) d'eau ou de lait	2 c. à table de beurre
1 oignon moyen émincé	2 c. à table de farine
1 feuille de laurier	1 c. à table de jus de citron
3 rondelles de citron avec la pelure	¼ tasse (15 g) de persil frais ou
	2 c. à table d'aneth frais

Disposer le poisson en une seule couche dans un plat de verre de 12 × 8 po (30 × 20 cm). L'arroser du liquide. Ajouter les tranches d'oignon et de citron, la feuille de laurier, le sel et les grains de poivre. Faire chauffer sans couvrir pendant 3 minutes. Tourner le plat, couvrir de papier ciré et cuire de 4 à 5 minutes (le poisson devrait se défaire aisément). Laisser reposer sans découvrir pendant 3 minutes, puis transférer, à l'aide d'une spatule perforée, dans un plat chaud. Recueillir le liquide du plat de cuisson et le mettre de côté.

Déposer le beurre dans une tasse, faire fondre 40 secondes, ajouter la farine et brasser pour bien mélanger. Ajouter le liquide de cuisson en remuant constamment. Ajouter le jus de citron, puis le persil ou l'aneth. Faire chauffer 1 minute 30 secondes à découvert en brassant une fois. Verser sur le poisson. Pour 5 ou 6 personnes.

Aiglefin poché

Le poisson est un aliment idéal pour qui veut garder sa ligne, surtout quand il est cuit de la façon suivante qui permet au poisson de laisser échapper ses huiles, tout en conservant son iode et ses minéraux. Évitez la sauce si vous calculez vos calories !

4 tranches d'aiglefin frais	*1 c. à thé de sel*
de 1 po (2,5 cm) d'épaisseur, ou	*½ c. à thé de poivre*
4 darnes surgelées et dégelées	*3 c. à table de beurre fondu*
1 tasse (225 ml) d'eau	*¼ c. à thé de poudre de cari*
très chaude	*1 oignon vert émincé*
2 c. à table de jus de citron frais	

Disposer les portions dans un plat en verre de 8 × 8 po (20 × 20 cm). Mélanger l'eau chaude, le jus de citron, le sel et le poivre et verser sur le poisson. Couvrir de papier ciré. Faire cuire environ 6 minutes jusqu'à ce que l'eau frémisse, en tournant le plat deux fois. Laisser reposer de 4 à 6 minutes. L'eau sera recouverte d'huile.

À l'aide d'une spatule perforée, soulever le poisson avec soin et le transférer sur un plat chaud. Faire fondre le beurre avec la poudre de cari et l'oignon vert dans une mesure de 1 tasse (¼ l) sans couvrir, pendant 40 secondes. En arroser le poisson et parsemer de persil, de ciboulette ou d'aneth. Si on veut maigrir, il est préférable d'omettre le beurre et se contenter des herbes aromatiques, en garnissant de quartiers de citron. Pour 4 personnes.

Filets de poisson à la chinoise

2 c. à table de sauce au soja	*1 c. à table de racine de*
Zeste râpé d'un citron	*gingembre fraîche râpée*
1 c. à table de jus de citron	*1 lb (455 g) de filets de*
1 c. à table de ketchup	*poisson, frais ou dégelés*
1 gousse d'ail émincée	

Mélanger la sauce au soja, le jus et le zeste de citron, le ketchup, l'ail et le gingembre dans un plat en verre de 8 × 8 po (20 × 20 cm). Découper le poisson en portions et les disposer dans le plat en les roulant dans la sauce. Couvrir de papier ciré. Cuire de 5 à 6 minutes ou jusqu'à ce que la chair se défasse facilement, en tournant le plat une fois. Laisser reposer 5 minutes sans découvrir. Servir le poisson arrosé de la sauce du plat. Pour 3 ou 4 personnes.

Sole de Douvres

Il est difficile d'égaler la sole de Douvres, mais on peut presque y arriver en préparant des filets de sole, frais ou congelés, de la façon suivante.

2 lb (900 g) de filets de sole frais ou dégelés	Le jus et le zeste râpé d'un citron
½ tasse (115 g) de beurre (non salé de préférence)	Sel et poivre
2 c. à table de fécule de maïs	Persil haché fin

Fondre le beurre 1 minute dans un plat en verre de 12 × 8 po (30 × 20 cm). Incorporer la fécule de maïs. Ajouter le jus et le zeste de citron. Passer chaque filet dans ce beurre et ranger dans le plat, le côté beurré vers le haut. Saler et poivrer. Couvrir de papier ciré, cuire 8 minutes en tournant le plat une fois. Laisser reposer sans découvrir pendant 2 ou 3 minutes pour finir la cuisson. En servant, arroser chaque portion de la sauce du plat. Pour 6 personnes.

Variante : Pour faire *la sole amandine,* procéder comme ci-dessus, puis, pendant que le poisson termine sa cuisson, déposer dans une tasse à mesurer de 8 oz (¼ l), ⅓ de tasse (75 g) de beurre et ⅓ de tasse (70 g) d'amandes mondées et tranchées. Cuire à découvert 4 minutes ou assez pour dorer un peu les amandes, en remuant deux fois. Versez immédiatement sur les filets et servir. Ajoutée au beurre citronné du plat, cette sauce est très riche. On peut aussi la préparer pour accompagner du poisson cuit uniquement dans son propre jus.

Poisson à la polonaise

En Pologne, on prépare cette sauce avec des champignons sauvages frais cueillis. On peut simplifier en utilisant une boîte de soupe et en ajoutant 3 ou 4 champignons séchés et hachés pour accentuer la saveur.

2 lb (900 g) de filets de sole ou d'aiglefin, frais ou dégelés	1 boîte de 10 oz (295 ml) de crème de champignons condensée
1 petit concombre épluché et coupé en dés	⅓ tasse (75 ml) de crème sûre vendue dans le commerce
1 c. à table d'aneth frais haché	1 tomate de grosseur moyenne coupée en dés
2 c. à table de beurre	½ c. à thé de sucre Sel et poivre au goût

Placer le concombre, l'aneth et le beurre dans un plat de 1 pinte (1 *l*). Couvrir et cuire 4 minutes en remuant une fois. Incorporer la soupe, la crème sûre, la tomate et le sucre. Ranger les filets, soit tels quels, soit roulés ou découpés en portions dans un plat en verre de 12 × 8 po (30 × 20 cm). Couvrir de papier ciré. Cuire 6 minutes. Arroser de sauce, couvrir et cuire encore de 3 à 4 minutes. Laisser reposer 5 minutes. Saler et poivrer. Pour 6 personnes.

Filets à l'anglaise

C'est une recette très simple mais délicieuse. Le poisson peut être frais ou surgelé et dégelé.

1 lb (455 g) de filets	3 c. à table de beurre fondu ou de margarine
1 citron, jus et zeste	¼ c. à thé de paprika

Découper les filets en portions. Passer chaque morceau dans le jus de citron additionné du zeste.

Ranger dans un plat de verre de 8 × 8 po (20 × 20 cm) ou une assiette à tarte en verre de 9 po (22 cm). Badigeonner chaque filet du corps gras fondu avec un pinceau. Saupoudrer de paprika. Couvrir le plat de papier ciré et cuire de 6 à 8 minutes selon l'épaisseur du poisson. Ne pas retourner. Laisser reposer 5 minutes et servir avec le beurre du plat de cuisson. Saler et poivrer. Pour 3 ou 4 personnes.

Tourte au saumon

Voici un pain de poisson qui peut être cuit et prêt à servir en 15 minutes. Accompagner de persil, de câpres ou de sauce hollandaise.

1 boîte de 16 oz (455 ml) de saumon	2 c. à table de feuilles de céleri hachées
1 œuf légèrement battu	½ c. à thé d'aneth ou de poudre de cari
1 tasse (55 g) de chapelure	
¼ tasse (55 ml) de crème épaisse	1 petit oignon râpé
	¼ c. à thé de sel
¼ tasse (55 ml) de céleri en dés	Jus d'un demi-citron

Défaire le saumon et enlever les arêtes, mais ne pas l'égoutter. Ajouter l'œuf, la chapelure, la crème, le céleri, l'aneth ou le cari, l'oignon, le sel et le jus de citron. Bien mélanger. Dans le centre d'un moule à gâteau en verre de 8 po (20 cm) ou une assiette à tarte de 9 po (22 cm), placer une petite coupe à cossetarde, l'ouverture vers le haut. Répartir également la préparation à la cuiller autour de la coupe. Couvrir de papier ciré et cuire 9 minutes en tournant le plat une fois. Laisser reposer, couvert, 5 minutes et servir avec la sauce de son choix. Pour 4 ou 5 personnes.

Casserole au thon et au macaroni

Pour varier, il suffit de changer de soupe.

2 tasses (450 g) de macaroni en coude	2 c. à table de persil haché
1 c. à thé de sel	1½ c. à thé de poudre de cari
1 boîte de 6½ oz (185 ml) de thon émietté	1 boîte de 10 oz (295 ml) de crème de poulet
2 tasses (450 ml) d'eau bouillante	½ tasse (30 g) de chapelure au beurre
1 petit oignon haché fin	1 piment fort égoutté (facultatif)

Verser le macaroni dans une cocotte de 2 pintes (2 *l*). Saler et arroser d'eau bouillante. Cuire 8 minutes. Bien remuer. Laisser reposer 5 minutes. Égoutter dans une passoire.

Mettre tous les ingrédients, sauf la chapelure, dans la cocotte et bien mélanger. Ajouter le macaroni. Bien mélanger. Saupoudrer de chapelure et cuire à découvert de 6 à 8 minutes. Laisser reposer 5 minutes sans découvrir. Pour 4 ou 5 personnes.

Crustacés et coquillages
Queues de homard au beurre

La cuisine la plus simple est souvent la meilleure. On y ajoute un cachet sophistiqué en servant comme sauce du chutney importé additionné de quelques cuillerées de brandy.

3 c. à table de beurre	*1 paquet de 10 oz (280 g) de*
2 c. à thé de jus de citron ou de lime	*queues de homard surgelées*

Sortir les queues de l'emballage et les ranger dans un moule à gâteau de 8 po (20 cm) ou dans une assiette à tarte de 9 po (22 cm). Chauffer sans couvrir pendant 2 minutes 30 secondes. Laisser reposer 5 à 10 minutes environ, sans découvrir, pour bien dégeler.

Ouvrir la carapace avec des ciseaux de cuisine en coupant la partie du dessous dans le sens de la longueur. Presser dessus pour bien la maintenir à plat. Ranger les queues côte à côte dans un plat à four, la chair vers le haut.

Faire fondre le beurre 1 minute dans un petit plat ou dans une mesure de 1 tasse (¼ *l*) puis y ajouter le jus de citron. Remuer pour mélanger. Badigeonner généreusement les queues de cette préparation. Couvrir et cuire 2 minutes (en tournant le plat après 1 minute) ou juste assez pour que la chair perde sa transparence et devienne rose. Pour 2 personnes.

Homards bouillis

Des homards à l'étuvée, du beurre chaud, du pain croustillant et un bon petit vin blanc bien frais ! Que peut-on demander de plus ?

2 homards d'environ
1½ livre (680 g) chacun
3 tasses (680 ml) d'eau
   bouillante

2 feuilles de laurier
3 rondelles de citron
   avec leur pelure

On cuit les homards l'un après l'autre. Placer le premier dans un plat en verre de 12 × 8 po (30 × 20 cm) et verser l'eau bouillante dessus. Ajouter le laurier et le citron. Couvrir et cuire 5 minutes en tournant le homard deux fois. Le retirer de l'eau. Cuire le second homard de la même façon. Il est inutile de changer l'eau.

Pour servir, fendre les homards sur la longueur, retirer l'estomac et la veine intestinale. Briser les pinces. Présenter sur un plat réchauffé, accompagné d'une coupe de beurre fondu chaud. Pour 2 personnes.

Homard à la Newburg

On peut utiliser cette recette pour garnir des vol-au-vent, napper du pain grillé et beurré, ou la présenter simplement sur un lit de riz persillé. Si les queues sont surgelées, il faut les dégeler de la façon décrite en page   et les laisser reposer pendant la préparation de la sauce.

¼ tasse (55 g) de beurre
3 c. à table de farine
2 tasses (450 ml) de crème légère
1 œuf bien battu
1 c. à thé de sel

2 c. à table de sherry sec
2 boîtes de homard ou
1 paquet de 10 oz (280 g) de
   homard surgelé, ou
   de queues de homard

Faire fondre le beurre 1 minute (sans couvrir) dans une cocotte de 1½ pinte (1,5 l). Bien mélanger la farine. Ajouter la crème et faire cuire de 4 à 5 minutes ou jusqu'à ce que la consistance soit épaisse et crémeuse, en remuant deux fois. Ajouter graduellement l'œuf, en battant au fouet pour bien l'incorporer. Ajouter le sel et le sherry, puis le homard, bien égoutté et défait en morceaux, ou la chair des queues de homard dégelées.

Chauffer cette sauce à découvert 2 minutes. Goûter. Rectifier l'assaisonnement et servir. Pour 4 personnes.

Crevettes marinières

C'est un plat très populaire à Paris au printemps ; il est habituellement suivi d'une bonne tranche de brie. Il se prépare avec des crevettes fraîches ou surgelées.

*1 paquet de 10 oz (280 g)
de crevettes surgelées
décortiquées et crues
¼ tasse (55 ml) d'eau
très chaude
2 c. à thé de jus de citron
¼ c. à thé de sel
¼ c. à thé de thym
ou de basilic*

*⅓ tasse (75 ml) de vin
blanc sec
½ c. à thé de sucre
2 c. à table d'huile
1 gousse d'ail émincée
1 tomate moyenne
pelée et hachée
2 oignons verts hachés fin*

Verser les crevettes dans une cocotte en verre de 2 pintes (2 *l*). Faire dégeler 2 à 3 minutes. Laisser reposer 2 minutes. Séparer les crevettes, puis les placer dans une cocotte d'une pinte (1 *l*). Ajouter le jus de citron, le sel, l'aromate, le vin et le sucre à l'eau chaude, et verser sur les crevettes. Cuire sans couvrir pendant 4 minutes. Laisser reposer 1 minute. Égoutter et mettre de côté. Verser l'huile dans la cocotte d'une pinte, chauffer 1 minute. Ajouter l'ail, la tomate et l'oignon vert. Cuire, couvert de papier ciré, durant 3 minutes. Ajouter les crevettes, chauffer 2 minutes. Servir avec du riz persillé. Pour 4 personnes.

Crevettes parfumées

Seules des crevettes non cuites très fraîches, conviennent pour cette recette.

1 à 1½ lb (455 à 680 g) de crevettes fraîches, crues, et non décortiquées
Jus et zeste râpé de 2 limes

1 c. à thé de gros sel
3 c. à table d'huile végétale ou de beurre
Quartiers de lime comme garniture

Fendre les crevettes sur la longueur à travers la carapace. Pour ce faire, déposer les crevettes sur le dos et les couper avec un couteau aiguisé. Enlever la veine noire et rincer à l'eau courante, mais sans enlever la carapace. Essuyer avec un papier absorbant. Disposer les crevettes en cercle, côté incisé vers le haut dans un moule à tarte de 10 po (25 cm). Arroser du jus de lime additionné du zeste et de gros sel. Couvrir d'un papier ciré et laisser de 3 à 6 heures au réfrigérateur. Frotter le dessus des crevettes de beurre ou d'huile. Couvrir d'un papier ciré et cuire de 4 à 6 minutes, ou jusqu'à ce que les crevettes rosissent et dégagent une odeur alléchante. Les empiler sur un plat réchauffé et garnir de quartiers de lime. Pour 3 ou 4 personnes.

Crevettes barbecue

C'est un plat parfait pour une réception. (Une boîte de 7 lbs (3 kg) de crevettes crues et surgelées achetée chez un poissonnier suffit pour 12 personnes.)

3 à 3¼ lb (1,35 à 1,45 kg) de crevettes crues et surgelées
⅓ tasse (75 ml) d'huile végétale ou d'olive
⅓ tasse (75 ml) de jus de citron

1½ c. à thé de poudre de cari
½ c. à thé de sel d'ail
1 c. à thé de sel
1 tasse (225 ml) de chutney
2 c. à table de brandy

Mettre les crevettes sur un plat et dégeler 4 minutes, ou chauffer au cycle de décongélation pendant 45 secondes, arrêter une minute et recommencer 4 fois. Décortiquer les crevettes et les déposer dans un mélange formé avec l'huile, le jus de citron, la poudre de cari, la poudre d'ail et le sel. Remuer pour bien mélanger, couvrir et réfrigérer de 3 à 6 heures, en brassant deux fois si possible. Disposer la moitié des crevettes en cercle dans une assiette à tarte de 10 po (25 cm). (À moins d'utiliser 2 moules, on cuira l'autre moitié ensuite). Verser un peu de la marinade sur les crevettes, couvrir de papier ciré et cuire chaque fournée de 4 à 6 minutes, ou assez pour rosir les crevettes. Présenter avec un bol contenant le chutney et le brandy mélangés, comme trempette. Pour 6 personnes.

Cari de crevettes

Si l'on décide de servir ce plat avec du riz, celui-ci devra cuire pendant la préparation du cari, et on le laissera reposer le temps que cuise le cari.

¼ *tasse de beurre*
1 gros oignon en dés
2 gousses d'ail émincées
2 c. à thé de poudre de cari
1 c. à table de racine de
   gingembre fraîche râpée
1 cube de bouillon de poulet

3 c. à table de farine
1 tasse (225 ml) d'eau ou
   moitié eau et moitié lait
3 tasses (700 g) de crevettes
   surgelées et crues
   mais nettoyées

Mettre le beurre, l'oignon et l'ail dans une cocotte de 1½ pinte (1,5 l). Cuire sans couvrir pendant 5 minutes, en brassant deux fois. Quand les oignons commencent à dorer, ajouter la poudre de cari et bien remuer durant 30 secondes. Ajouter le gingembre, le cube de bouillon et la farine. Bien mêler, verser l'eau. Cuire 5 minutes sans couvrir. Brasser, ajouter les crevettes. Bien mélanger. Couvrir et cuire de 8 à 10 minutes ou assez pour rosir les crevettes. Brasser une fois. Pour 4 ou 5 personnes.

Pétoncles amandines

C'est un plat aussi simple à préparer que bon à déguster.

1 lb (455 g) de pétoncles	1½ c. à thé de fécule de maïs
surgelés	¼ c. à thé de sel
1 c. à table de beurre	¼ tasse (55 g) de beurre
½ tasse (115 ml) d'oignons	¼ tasse (30 g) d'amandes
verts hachés	tranchées

Faire dégeler les pétoncles (voir recette précédente). Faire fondre la cuillerée de beurre dans une cocotte de 1½ pinte (1,5 l), non couverte, environ 30 secondes.

Ajouter les oignons verts et les pétoncles. Cuire sans couvrir pendant 4 minutes en brassant deux fois. Mélanger la fécule et le sel avec 2 cuillerées à table du jus des pétoncles jusqu'à ce que le tout soit homogène. Verser dans le plat en brassant pour bien incorporer. Couvrir et cuire 2 minutes en remuant une fois.

Mettre le beurre et les amandes dans une tasse à mesurer de 8 oz (¼ l). Cuire sans couvrir pendant 4 minutes, ou jusqu'à ce que les amandes soient dorées, en brassant deux fois. Verser immédiatement sur les pétoncles. Pour 4 personnes.

Coupes de crevettes fraîches

Il n'y a rien de meilleur comme hors-d'œuvre que des crevettes accompagnées d'une sauce créole.

1 lb (455 g) de crevettes	¼ tasse (55 ml) de
moyennes crues et	jus de citron frais
non décortiquées	1 c. à thé de chutney
1 tranche épaisse de citron	ou de sauce A-1
avec la pelure	1 c. à thé de raifort égoutté
½ tasse (115 ml) d'eau	1 c. à thé de sucre
¼ tasse (55 ml) de sauce Chili	

Mettre les crevettes, la tranche de citron et l'eau dans un bol de 1 pinte (1 l). Couvrir de papier ciré. Cuire 8 à 10 minutes ou faire refroidir et décortiquer. Mettre les autres ingrédients dans une tasse à mesurer de 8 oz (¼ l) et bien brasser le tout. Placer la tasse au réfrigérateur. Servir la sauce dans des coupes en disposant les crevettes en couronne. Pour 2 à 4 personnes.

Crabe en crème

Il s'agit d'une recette pour deux, d'exécution rapide, que l'on peut très facilement doubler ou tripler. On peut aussi en garnir des vol-au-vent et les servir en entrée. On peut préparer ce plat à l'avance et le réfrigérer. Il suffira de le réchauffer au moment de servir.

¾ à 1 tasse (180 à 225 g) de crabe émietté et égoutté
½ tasse (55 g) de fromage suisse râpé
2 c. à table de chapelure
2 c. à table de céleri coupé en dés
⅛ c. à thé de poivre

2 c. à table de mayonnaise (pas de sauce à salade)
2 c. à table de lait ou de crème
1 oignon haché fin
1 zeste de citron râpé
¼ c. à thé de muscade

Placer tous les ingrédients dans une cocotte d'une pinte (1 l). Cuire sans couvrir pendant 3 minutes, ou jusqu'à ce que des bulles se forment autour du plat ; il faudra tourner le plat une fois. Pour 2 personnes.

Pour préparer des portions individuelles, il suffit de diviser ou de multiplier les quantités selon le nombre de portions. On peut cuire ensemble deux petits plats.

Temps de cuisson : 1 plat : 2 minutes
2 plats : 3 minutes
3 plats : 4 minutes
4 plats : 5 minutes

ou jusqu'à ce que l'on observe un bouillonnement sur les bords. Ne pas oublier de tourner chaque plat une fois en cours de cuisson.

Coquilles Saint-Jacques

On peut les préparer à l'avance et les garder au réfrigérateur ou au congélateur. Il suffit de les réchauffer au moment de servir (2 minutes si elles sont réfrigérées ; autrement, dégeler 2 minutes et chauffer 1 minute).

¼ *tasse (55 g) de beurre*
½ *tasse (boîte de 4 oz*
 ou de 115 g) de champignons tranchés égouttés
2 *oignons verts hachés grossièrement*
2 *c. à table de farine*
½ *c. à thé de sel*
¼ *c. à thé de thym ou d'estragon*

½ *tasse (115 ml) de vin blanc sec* ou *de vermouth sec*
1 *lb (455 g) de pétoncles frais ou surgelés et dégelés*
¼ *tasse (55 ml) de crème épaisse*
1 *jaune d'œuf*
2 *c. à table de chapelure*
2 *c. à table de fromage râpé*

Pour dégeler les pétoncles surgelés : placer un paquet de 16 oz (455 g) dans un grand bol de 2 pintes (2 l). Mettre le beurre, les champignons et les oignons verts. Cuire à découvert 3 minutes en brassant deux fois. Incorporer la farine, le sel, le thym ou l'estragon. Bien mélanger, ajouter le vin et les pétoncles. Couvrir et faire cuire 5 minutes en brassant deux fois. Battre ensemble la crème et le jaune d'œuf et incorporer à la préparation. Goûter et rectifier l'assaisonnement. Verser la préparation à la cuiller dans des coquilles ou des petits plats individuels. Mélanger le fromage et la chapelure et en saupoudrer les coquilles. Cuire à découvert 1 minute, ou placer sous le gril pour faire gratiner légèrement.

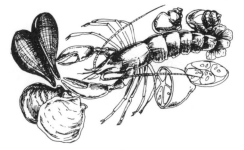

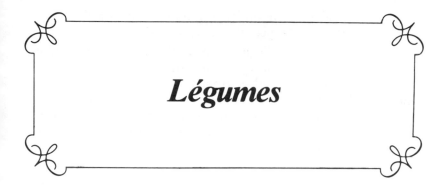

Légumes

Qu'ils soient frais ou surgelés, les légumes cuits aux micro-ondes sont meilleurs que lorsqu'on les cuit autrement ; et comme ils conservent mieux leur couleur, ils sont ainsi plus appétissants. De plus, il leur faut très peu d'eau, ce qui leur permet de conserver au maximum leurs éléments nutritifs. Ils se réchauffent aussi très bien, sans se dessécher, parce que la chaleur provient de l'intérieur, contrairement aux méthodes de cuisson habituelles, où la chaleur agit de l'extérieur. Le four à micro-ondes convient également très bien pour la cuisson des légumes en sauce.

Le meilleur ustensile pour cuire les légumes, frais ou surgelés, est un bol de pyrex, une cocotte non métallique ou un plat de service que l'on recouvre de papier ciré. Certains légumes comme les pommes de terre et les courges non pelées n'ont pas besoin de papier ciré.

La plupart des légumes demandent une très petite quantité d'eau de cuisson, généralement 1 à 2 cuillers à table. Cette eau est absorbée pendant la cuisson et il est donc inutile d'égoutter. Si minime qu'en soit la quantité, cette eau est nécessaire à cause de la vapeur qui aide à uniformiser la cuisson. Le papier ciré empêche la vapeur de s'échapper, ce qui accélérerait la cuisson.

On peut substituer à l'eau tout autre liquide, comme du cidre, du vin rouge ou blanc, du consommé, du jus de tomate, etc. On peut aussi ajouter des herbes aromatiques, à condition de n'en mettre qu'une ou deux pincées dans le plat avant d'y déposer les légumes. Saler seulement une fois que la cuisson est terminée pour éviter le dessèchement. Si on ajoute un tout petit peu de sucre — ⅛ à ¼ de cuillerée à thé — on accentue le goût frais des légumes, quels qu'ils soient.

Les légumes doivent être encore un peu fermes au sortir du four parce que, comme à peu près tout ce qui est cuit au four à micro-ondes, ils continuent de cuire encore quelques minutes, avant d'être servis. Ce temps de repos varie de 3 à 5 minutes pour presque tous les légumes, sans qu'ils refroidissent.

Il est recommandé de manger les légumes quand ils sont encore un peu fermes, mais si l'on désire qu'ils soient plus cuits, il suffit de prévoir 1 à 3 minutes de plus. Le temps de cuisson peut aussi dépendre de différents facteurs comme la fraîcheur des légumes ainsi que la façon dont ils sont coupés. Rien ne vaut le chou pour bien comprendre tous ces facteurs car on peut le couper en différentes épaisseurs et, selon qu'on le préfère tendre ou croustillant, le temps de cuisson variera entre 6 et 10 minutes.

La grosseur du légume modifie aussi le temps de cuisson. Les artichauts, par exemple, dont le diamètre peut aller de 3 à 8 po (15 à 20 cm) demandent de 4 à 10 minutes. Mais on apprend vite à connaître les temps de cuisson qui correspondent aux goûts de la famille et aux divers légumes.

Il faut remuer les légumes au moins une fois durant la cuisson pour distribuer uniformément la chaleur, c'est-à-dire en ramenant le centre vers l'extérieur du plat.

Si un légume est dur et desséché après la cuisson, c'est parce qu'il a cuit trop longtemps. On peut cuire les légumes surgelés directement dans leur carton ou leur plastique, mais il faut les remuer ou les redisposer à la moitié de la cuisson. Il faut aussi faire une fente dans le sachet pour laisser échapper la vapeur. Quand on cuit les légumes surgelés dans un plat, il faut placer le côté glacé vers le haut pour faciliter la circulation de la chaleur au moment où l'eau pénètre dans ces légumes ; sinon, ils se dessèchent sur le dessus.

Il est préférable d'acheter les légumes surgelés en sacs de 2 à 5 livres (900 g à 2,25 kg) plutôt qu'en paquets, parce qu'on peut ainsi ne faire cuire que la quantité désirée en s'en tenant aux directives standard.

Quant aux légumes en conserve, il suffit de les égoutter et de les réchauffer puisqu'ils sont déjà cuits. J'aime bien ajouter un peu de sucre et de beurre pour en rehausser la saveur.

Pour réchauffer des légumes déjà cuits, il faut les couvrir de papier ciré et les chauffer 1 à 2 minutes sans ajouter de liquide.

Normes de base pour la cuisson des légumes frais

Légume	Quantité	Directives	Remuer une fois	Temps
Artichaut	2 gros	Faire tremper 1 heure dans l'eau froide. Égoutter. Envelopper de papier ciré ou mettre dans un plat et couvrir.	Tourner le plat deux fois	10 mn
Asperges	1 lb (455 g)	Ajouter 2 c. à table d'eau.	Oui	8 mn
Betteraves	4 moyennes	Couvrir d'eau.	Non	17 à 20 mn
Brocoli	3 ou 4 têtes avec les tiges	Ajouter ¼ tasse (55 ml) d'eau. Couper en 2 les longues tiges.	Oui	8 à 9 mn

Légume	Quantité	Directives	Remuer une fois	Temps
Carottes (en tranches ou en bâtonnets)	2 moyennes	Ajouter 2 c. à table d'eau.	Oui	4 à 5 mn
	4 moyennes	Id.	Oui	7 à 8 mn
	6 moyennes	Id.	Oui	9 à 12 mn
Céleri	4 tasses (1 l) tranché	Ajouter 2 c. à table d'eau.	Oui	8 à 9 mn
Chou	4 tasses (1 l) coupé en lanières	Ajouter 2 c. à table d'eau.	Oui	6 à 7 mn
Choux de Bruxelles	½ lb (227 g)	Ajouter 2 c. à table d'eau.	Oui	5 à 6 mn
Chou-fleur	1 moyen, défait en fleurs	Ajouter 2 c. à table d'eau.	Oui	6 à 7 mn
	1 moyen, entier	Ajouter ¼ tasse (55 ml). d'eau	Non	10 à 11 mn
Courges « Acorn » et « Butternut »	1 moyenne 1 à 1½ lb (455 à 680 g)	Placer entière sur une assiette, piquer à la fourchette, ne pas couvrir.	Non	8 à 12 mn
Épinards	1 lb (455 g)	L'eau de lavage laissée sur les feuilles suffit.	Oui	4 à 5 mn

Légume	Quantité	Directives	Remuer une fois	Temps
Haricots jaunes et verts	1 lb (455 g)	Ajouter ¼ tasse (55 ml) d'eau.	Oui	6 à 8 mn
Maïs	2 épis	Envelopper de papier ciré ou mettre dans un plat et couvrir.	Oui	3 à 4 mn
	4 épis		Oui	8 à 9 mn
	6 épis		Oui	9 à 10 mn
Maïs en grains	1½ tasse (340 ml)	Ajouter 2 c. à table d'eau ou de crème.	Oui	5 mn
Navets	1 lb (455 g) (3 tasses en cubes)	Ajouter ⅓ tasse (75 ml) d'eau.	Oui	10 à 12
Oignons	1 lb (455 g) même grosseur	Pas d'eau	Non	6 à 7 mn
	2 à 4 gros coupés en quartiers	Pas d'eau	Non	9 à 11 mn
Panais	4 moyens coupés en quartiers.	Ajouter ¼ tasse (55 ml) d'eau.	Oui	8 à 9 mn
Patates	1 moyenne 2 à 4 moyennes	Voir pommes de terre au four.		6 à 8 mn

Légume	Quantité	Directives	Remuer une fois	Temps
Petits pois	2 lb (900 g) (2 tasses ou 450 ml)	Ajouter 2 c. à table d'eau.	Oui	7 à 8 mn
Pommes de terre au four	1 moyenne	Placer sur un papier absorbant et laisser 1 po (2,5 cm) entre chacune. Ne pas intervenir durant la cuisson. Envelopper dans du papier d'aluminium jusqu'au moment de servir.		4 à 5 mn
	2 moyennes			7 à 8 mn
	3 moyennes			9 à 10 mn
	4 moyennes			11 à 12 mn
	5 moyennes			14 à 15 mn
	6 moyennes			16 à 18 mn
	7 moyennes			19 à 20 mn
	8 moyennes			22 à 23 mn
Pommes de terre bouillies	4 moyennes	Ajouter 2 tasses (450 ml) d'eau		14 à 18 mn

Légumes surgelés

Employer un plat *Corning* ou en pyrex de 1½ ou 2 pintes (1,5 ou 2 *l*). Les temps de cuisson sont valables pour les paquets standard vendus dans le commerce.

Légume	Quantité	Temps	Remarques
Asperges	10 oz (280 g)	6 mn	
Brocoli entier	10 oz (280 g)	8 mn	Remuer deux fois
Brocoli haché	10 oz (280 g)	5 mn	
Carottes	10 oz (280 g)	6 mn	Ajouter du beurre
Choux de Bruxelles	10 oz (280 g)	9 à 10 mn	
Chou-fleur	10 oz (280 g)	5 à 6 mn	
Cœurs d'artichauts	10 oz (280 g)	6 mn	
Courge	12 oz (340 g)	5 à 6 mn	Pas d'eau — Ajouter du beurre
Épinards	12 oz (340 g)	5 mn	Côté glacé vers le haut
Fèves de Lima (petites)	10 oz (280 g)	7 mn	
Gombos	10 oz (280 g)	6 à 7 mn	
Maïs	2 épis	5 à 6 mn	Envelopper de papier ciré et ajouter
	4 épis	9 à 10 mn	du beurre
Maïs en grains nature	10 oz (280 g)	4 mn	Ajouter du beurre
Haricots jaunes coupés	10 oz (280 g)	6 à 7 mn	
Haricots verts coupés	10 oz (280 g)	7 mn	Remuer deux fois
Macédoine de légumes	10 oz (280 g)	5 à 6 mn	
Petits oignons blancs	10 oz (280 g)	5 mn	

Laisser les légumes reposer 2 à 3 minutes après la cuisson.
On peut faire cuire directement dans leur emballage les légumes surgelés vendus dans des sacs en plastique, mais il ne faut pas oublier de faire une incision pour permettre à la vapeur de s'échapper.

Asperges en sauce mousseline

C'est dans un cas comme celui-ci que vous apprécierez votre four à micro-ondes pour faire votre sauce. La « mousseline » est à la fois riche et légère et on peut la préparer facilement pendant que reposent les asperges. Vous pouvez aussi saupoudrer les asperges de fromage râpé ou de persil haché fin avant de servir.

1 à 1½ lb (455 à 680 g)
d'asperges fraîches
2 c. à table d'eau
Sel et poivre
¼ tasse (55 g) de beurre
2 jaunes d'œufs légèrement
battus (dans la tasse)
¼ c. à thé de sel

¼ tasse (55 ml) de crème
épaisse
1 c. à table de jus
de citron frais
½ c. à thé de moutarde
en poudre
¼ tasse (55 ml) de crème
épaisse

Mettre les asperges lavées et parées dans un bol de 1½ pinte (1,5 *l*). Ajouter l'eau et cuire, recouvert de papier ciré, de 8 à 12 minutes en changeant les asperges de place une fois en cours de cuisson.

Retirer du four et laisser reposer 5 minutes. Saler et poivrer.

Sauce mousseline : mettre le beurre dans une mesure d'une tasse (¼ *l*). Chauffer 1 minute pour le faire fondre. Ajouter les jaunes d'œufs, ¼ de tasse (55 ml) de crème, le sel et le jus de citron. Cuire 1 minute en brassant à trois reprises. Incorporer la moutarde et retirer du four. Fouetter le ¼ tasse (55 ml) de crème qui reste et l'ajouter à la sauce cuite. Remettre au four sans couvrir pendant 25 secondes. Brasser et verser sur les asperges. Pour 4 personnes.

Haricots verts à la lyonnaise

Le terme « lyonnaise » indique qu'on a cuit le légume nature avant de le napper d'une bonne couche d'oignons frits garnis de croûtons beurrés. Le tout se prépare magnifiquement dans un four à micro-ondes, et on peut, pendant que les haricots reposent, s'occuper des oignons et des croûtons.

1 lb (455 g) de haricots verts frais	1 tasse (225 ml) d'oignons émincés
¼ tasse (55 ml) d'eau	1 c. à table de beurre
Sel et poivre	1 tasse (225 ml) de cubes de pain frais
2 c. à table de beurre ou de margarine	⅛ c. à thé de thym

On peut laisser les haricots entiers ou les fendre en deux dans le sens de la longueur. Les mettre avec l'eau dans une marmite de 1½ pinte (1,5 l). Couvrir et cuire de 6 à 8 minutes si les haricots sont fendus, ou de 10 à 12 minutes s'ils sont entiers. Saler et poivrer. Couvrir et laisser reposer après les avoir égouttés, si nécessaire. Mettre le beurre et les oignons dans un petit plat ou une tasse à mesurer de 16 oz (½ l). Cuire 6 à 8 minutes sans couvrir, ou assez pour dorer les oignons. Saler et poivrer et verser sur les haricots.

Faire fondre le reste du beurre (1 c. à table) dans une assiette à tarte en verre de 9 po (22 cm). Ajouter les cubes de pain et le thym. Brasser pour bien les imprégner de beurre, et cuire sans couvrir 3 à 4 minutes, ou assez pour les dorer, en remuant souvent. Verser sur les oignons. Pour 4 personnes.

Asperges Malines

Il s'agit d'une spécialité de la ville de Malines en Belgique, dont la cuisine jouit d'une renommée internationale. On peut préparer à l'avance les ingrédients nécessaires à la composition de la sauce, afin de n'avoir qu'à faire fondre le beurre et à l'ajouter à la préparation d'œufs hachés pendant que les asperges reposent.

*1 à 1½ lb (455 à 680 g)
d'asperges fraîches
2 c. à table d'eau
Sel et poivre
2 œufs durs*

*1 c. à table de persil
frais, haché fin
½ c. à thé de sel
1 pincée de poivre
¼ lb (115 g) de beurre doux*

Les asperges lavées et parées sont placées dans un bol de verre de 1½ pinte (1,5 *l*). Ajouter l'eau et cuire, couvert de papier ciré, durant 8 à 12 minutes, en redisposant les asperges une fois en cours de cuisson. Retirer du four, laisser reposer 5 minutes, saler et poivrer. Placer sur un plat de service réchauffé.

Sauce Malines : hacher grossièrement les œufs durs, ajouter le persil, le sel et le poivre. Faire fondre le beurre dans un petit plat ou dans une mesure d'une tasse pendant 1 minute et le verser lentement sur les œufs en un filet, en brassant sans arrêt. Verser sur les asperges. Pour 4 personnes.

Artichauts à la hollandaise

C'est l'entrée idéale pour un repas léger, ou on peut en faire le plat principal du déjeuner. On peut préparer la sauce pendant que les artichauts reposent, ou, si on l'a faite à l'avance, la réchauffer à la dernière minute.

*4 artichauts moyens
5 tasses (1,15 l) d'eau froide
1 c. à table de
vinaigre blanc
1 tasse (225 ml) d'eau*

*1 c. à thé d'huile végétale
2 c. à table de jus
de citron frais
Sauce hollandaise (page 100)*

Préparer les artichauts et les laisser tremper comme dans la recette précédente. Égoutter. Placer 1 tasse (225 ml) d'eau dans un bol en verre de 2 ou 3 pintes (2 ou 3 *l*). Ajouter l'huile et le jus de citron. Couvrir et cuire 4 minutes ou jusqu'à ce que l'eau soit bouillante. Ajouter les artichauts parés. Couvrir et cuire 20 minutes en tournant les artichauts trois fois pendant ce temps. Laisser reposer sans découvrir pendant 5 minutes. Égoutter. Disposer chaque artichaut sur des assiettes réchauffées et placer, près de chacune, une petite coupe remplie de sauce hollandaise. Pour 4 personnes.

Haricots verts surgelés « nouveau genre »

La sauce se prépare très rapidement avec du fromage à la crème et de la crème sûre et une pincée de cari lui donne une saveur particulière.

1 paquet de 10 oz (280 g)	*2 c. à table de crème sûre*
de haricots verts	*vendue dans le commerce*
surgelés	*2 oignons verts hachés fin*
Sel et poivre	*½ c. à thé de poudre de cari*
3 oz (85 g) de fromage	*¼ c. à thé de sel*
à la crème	

Mettre les haricots verts dans une marmite en verre de 1½ pinte (1,5 *l*). S'ils sont pris en un bloc, placer le côté glacé vers le haut, et ajouter ¼ tasse (55 ml) d'eau. Dans le cas contraire, ajouter 2 c. à table d'eau. Dans les deux cas, couvrir et cuire de 8 à 10 minutes en remuant une fois. Saler et poivrer. Laisser reposer 5 minutes sans découvrir. Égoutter si nécessaire. Chauffer le reste des ingrédients dans une tasse pendant 20 secondes. Bien mélanger. Verser sur les haricots. Chauffer sans couvrir durant 2 minutes. Pour 4 personnes.

Asperges Teriyaki

Ce plat intéressant allie le croquant du céleri, des amandes et des marrons d'eau, à la douceur des asperges.

2 c. à table de beurre ou de margarine	½ tasse (115 ml) de céleri, tranché sur le biais
2 c. à table d'amandes tranchées et blanchies	½ tasse (boîte de 5 oz — 140 ml) de marrons d'eau
1 paquet de 10 oz (280 g) d'asperges surgelées, coupées	(facultatif)
	1 c. à table de sauce au soja

Mettre le beurre ou la margarine et les amandes dans une cocotte de 1 pinte (1 l). Cuire sans couvrir 3 ou 4 minutes ou assez pour dorer les amandes, en remuant plusieurs fois pendant la cuisson. Retirer les amandes avec une cuiller perforée et les mettre de côté.

Ajouter au beurre de cuisson, dans le plat, les asperges, le céleri, et les marrons d'eau bien égouttés et tranchés. Couvrir et cuire 7 à 8 minutes en remuant deux fois pendant la dernière moitié de la cuisson. Incorporer la sauce au soja et les amandes. Couvrir et laisser reposer 10 minutes. Pour 4 personnes.

Haricots verts ou jaunes à la sauce aux noix

Cette spécialité russe se sert chaude ou froide.

1 lb (455 g) de haricots	1 c. à thé de paprika
¼ tasse (55 ml) d'eau	1 c. à thé de sel
½ tasse (115 ml) de bouillon de poulet	2 c. à table de vinaigre de vin rouge
¼ tasse (55 ml) d'oignons verts hachés	½ tasse (55 g) de noix de Grenoble hachées fin
1 petite gousse d'ail, hachée fin	2 c. à table de persil, haché fin

Mettre les haricots et l'eau dans un bol de 1½ (1,5 *l*). Couvrir et cuire de 10 à 12 minutes. Laisser reposer 8 minutes sans découvrir.

Sauce aux noix : Verser le bouillon de poulet (nature, préparé à partir d'un cube, ou en boîte) dans une tasse à mesurer de 16 oz (½ *l*). Ajouter l'oignon, l'ail, le paprika, le sel et le vinaigre. Chauffer 1 minute environ. Quand le mélange est chaud, ajouter noix et le persil. Bien remuer et verser sur les haricots cuits. Pour 4 personnes.

Haricots verts à la sauce rosée

Des haricots vert foncé nappés d'une sauce rosée légère et crémeuse accompagnent parfaitement le veau et le poulet rôtis.

1 lb (455 g) de haricots verts	*1 c. à thé de paprika*
¼ tasse (55 ml) d'eau	*2 c. à table de farine*
Sel et poivre	*1 tasse (225 ml) de crème*
1 tasse (225 ml) d'oignons	*sûre vendue dans*
hachés fin	*le commerce*
2 c. à table de beurre	*½ c. à thé de sel*

Trancher les haricots en morceaux de 1 pouce (2,5 cm). Mettre dans une cocotte en verre de 1½ pinte (1,5 *l*). Ajouter l'eau. Couvrir et cuire de 6 à 8 minutes en brassant deux fois. Retirer du four, saler et poivrer. Laisser reposer sans découvrir, le temps de préparer la sauce.

Sauce rosée : Mettre le beurre dans un plat de 1 pinte (1 *l*) et faire fondre 30 secondes. Ajouter les oignons, bien remuer. Cuire 5 minutes sans couvrir. Les oignons doivent être tendres et translucides mais non dorés. Retirer du four. Incorporer le paprika et la farine et, quand le mélange est bien homogène, ajouter, en battant, la crème sûre et le sel. Remettre au four et cuire sans couvrir 3 minutes en brassant 4 fois. Quand c'est bien crémeux, verser sur les haricots. Pour 4 personnes.

Artichauts à la Barigoule

Ces artichauts se mangent froids ou chauds, en guise d'entrée ou comme repas léger, avec du pain français grillé, non beurré. Ce plat, aussi délicieux qu'agréable à voir, sort vraiment de l'ordinaire !

4	artichauts moyens	½	c. à thé de thym
5	tasses (1,15 l) d'eau froide	1	feuille de laurier
3	c. à table de vinaigre blanc	3	c. à table de vinaigre de cidre
3	c. à table de beurre	¼	tasse (60 ml) de vermouth français, sec
1	c. à table d'huile végétale		Sel et poivre au goût
2	oignons hachés fin		

Couper le tiers de la pointe de chaque artichaut avec une paire de ciseaux bien aiguisée et enlever les piquants des feuilles en en tranchant les bouts avec un couteau. Couper aussi les bouts des tiges pour leur donner une belle forme. Placer dans un plat ou un grand bol. Recouvrir d'eau froide additionnée de vinaigre blanc et laisser tremper au moins 30 minutes avant de cuire.

Mettre le beurre et l'huile dans un plat à four de 10 × 6 po (25 x 15 cm). Ajouter les oignons. Cuire sans couvrir de 6 à 8 minutes, ou assez pour rendre les oignons tendres et transparents ; remuer une fois.

Retirer du four. Incorporer le thym, le laurier, le vinaigre de cidre et le vermouth. Disposer les artichauts, bien égouttés, autour du plat, en laissant le centre libre. Couvrir de papier ciré. Cuire 20 minutes en retournant les artichauts dans la sauce toutes les 5 minutes. Retirer du four, laisser reposer, toujours couvert, pendant 15 minutes. Saler et poivrer la sauce dans le plat, goûter, et présenter avec les artichauts. On peut aussi les servir froids, comme entrée, sans garniture ni sauce.

Betteraves à la québécoise

Voici une autre façon de présenter des betteraves râpées. Elles accompagnent agréablement le rôti de porc, le gibier, les saucisses et le foie.

4 betteraves moyennes	*3 c. à table de beurre*
1 grosse pomme non pelée	*1 pincée de quatre-épices*
2 oignons moyens	

Peler et râper les betteraves crues. Peler la pomme et les oignons. Ajouter le beurre et la pincée de quatre-épices. Remuer pour bien mélanger. Mettre dans un bol de 1½ pinte (1,5 *l*), couvrir pendant 7 minutes. Saler et poivrer. Laisser reposer sans découvrir pendant 5 minutes. Pour 4 personnes.

Note : On peut laver les taches de jus de betterave avec un peu de vinaigre et de sel.

Betteraves marinées

Des betteraves en conserve sont préférables pour cette recette, mais on peut quand même utiliser des betteraves fraîches cuites aux micro-ondes selon les directives de la page

2 tasses (450 ml) de	*⅓ tasse (75 ml) de*
betteraves en boîte,	*vinaigre de cidre*
entières ou tranchées	*1 c. à thé d'épices à*
⅓ tasse (75 g) de sucre	*marinades*
⅓ tasse (75 ml) de jus	*1 petite gousse d'ail*
de betteraves ou d'eau	*entière*

Égoutter les betteraves en gardant ⅓ tasse (75 ml) de jus. Les mettre dans un plat de 1½ pinte (1,5 *l*). Ajouter le jus et les autres ingrédients. Couvrir et cuire 4 minutes, ou amener à ébullition en remuant une fois. Refroidir. Mettre les betteraves dans un bocal en verre et verser le jus de cuisson vinaigré, en le tamisant. Couvrir et placer au réfrigérateur. Ces betteraves se conservent de 5 à 7 semaines.

Betteraves Poblano

Il est toujours un peu ennuyeux d'avoir à peler et à râper des betteraves crues, mais cette recette mérite qu'on prenne cette peine d'autant plus qu'elle se prépare très rapidement.

4 betteraves moyennes	1 c. à table de beurre
¼ tasse (55 ml) de jus d'orange frais	1 tasse (225 g) de raisins verts sans pépins
½ c. à thé de sucre	Sel et poivre

Peler et râper les betteraves crues, et les mettre dans un bol de 1½ pinte (1,5 *l*). Ajouter le jus d'orange, le sucre et le beurre, et bien mélanger. Couvrir et cuire pendant 2 minutes. Couvrir et laisser reposer 5 minutes. Saler et poivrer. Pour 4 personnes.

Betteraves à la polonaise

Dans cette recette, les betteraves sont râpées après la cuisson. Servir avec de l'oie, de la dinde, du porc ou du gibier.

12 petites betteraves	Sel et poivre
1 c. à table de vinaigre de cidre	1 c. à table de beurre
2 c. à table de sucre	1 c. à table de farine
2 c. à table d'huile végétale	½ tasse (115 ml) de crème sûre vendue dans le commerce

Laver les betteraves et les mettre dans un bol de 2 pintes (2 *l*). Recouvrir d'eau très chaude et d'un papier ciré. Cuire de 17 à 20 minutes. Retirer du four. Laisser reposer 10 minutes, puis refroidir, peler et râper les betteraves. Mélanger le vinaigre, le sucre et l'huile végétale et ajouter le tout aux betteraves. Saler et poivrer.

Mettre le beurre dans une tasse à mesurer de 16 oz (½ *l*) et le faire fondre en 20 secondes. Incorporer la farine et la crème sûre. Chauffer 1 minute. Bien brasser. Ajouter aux betteraves. Bien remuer. Chauffer 2 minutes. Remuer et servir. Pour 6 personnes.

Betteraves Harvard

Une façon de préparer les betteraves qui remporte tous les suffrages.

3 à 4 tasses (700 g à 1 kg) de
betteraves cuites,
en cubes ou en
tranches, ou une boîte
de 16 oz (455 ml)
bien égouttée
4 c. à thé de fécule de maïs

½ tasse (115 g) de sucre
⅓ tasse (75 ml) de
vinaigre de cidre
⅓ tasse (75 ml) d'eau
3 c. à table de beurre
Sel et poivre

Suivre les directives pour la cuisson des légumes frais (voir p.*201*). Trancher ou couper en cubes les betteraves en conserve. Les mettre dans un plat assez grand. Bien mélanger la fécule de maïs et le sucre dans une mesure d'une tasse (¼ *l*) et y ajouter les autres ingrédients, sauf le sel et le poivre. Mélanger parfaitement. Couvrir et cuire 3 minutes. Bien brasser. Cuire encore 3 minutes ou jusqu'à ce que la sauce soit crémeuse et transparente. Verser sur les betteraves, bien remuer. Cuire 1 minute environ, pour bien chauffer. Saler et poivrer. Pour 4 ou 5 personnes.

Brocoli à l'orientale

C'est une recette intéressante que l'on peut utiliser pour d'autres légumes verts. Elle permet de leur conserver toute leur couleur.

1 lb (455 g) de brocoli	1 c. à thé de sucre
3 c. à table d'huile végétale	½ tasse (115 ml) de bouillon de
1 petit oignon en dés	poulet ou de consommé
2 c. à table de sauce	2 c. à thé de fécule de maïs
au soja	

Couper les tiges de brocoli sur le biais, et séparer les têtes. Chauffer l'huile 30 secondes dans un plat en verre de 12 × 8 po (30 × 20 cm). Ajouter les oignons et cuire sans couvrir de 5 à 6 minutes, ou assez pour dorer les oignons. Ajouter le brocoli, remuer pour bien l'enrober d'huile et d'oignon. Cuire 5 minutes en brassant 2 ou 3 fois. Mélanger de façon homogène avec les autres ingrédients. Ajouter au brocoli, bien remuer. Chauffer 2 minutes. Goûter et assaisonner. Pour 4 personnes.

Brocoli à la florentine

Cette recette est aussi savoureuse que colorée. Préparer les ingrédients pour la sauce durant la cuisson du brocoli et la cuire pendant qu'il repose. Servir avec des nouilles au beurre, à la mode florentine.

1 lb (455 g) de brocoli frais	1 zeste de citron râpé
¼ tasse (55 ml) d'eau	2 c. à table de jus
2 c. à table de beurre	de citron
4 oignons verts, tranchés	½ c. à thé de basilic
2 piments en conserve hachés	Sel et poivre

Enlever les grandes feuilles et les parties dures des tiges. Fendre chaque tige sur la longueur, en deux moitiés égales, pour uniformiser la cuisson. Mettre dans un bol en verre de 1½ pinte (1,5 l).

Ajouter l'eau. Couvrir et cuire 9 minutes, ou jusqu'à ce que la consistance soit à la fois tendre et croquante et que le brocoli prenne une belle couleur verte.

Retirer du four, ne pas découvrir et laisser reposer 3 minutes.

Sauce : Faire fondre le beurre dans une mesure d'une tasse (¼ *l*) pendant 30 secondes. Ajouter les oignons verts et bien remuer pour les enrober de beurre. Cuire 2 minutes en remuant une fois. Ajouter les autres ingrédients et mélanger. Verser sur le brocoli cuit. Goûter et rectifier l'assaisonnement. Chauffer 2 minutes. Pour 4 personnes.

Brocoli amandine

On peut griller les amandes au four à micro-ondes pendant la période de repos du brocoli. Elles ajoutent au plat un cachet d'élégance.

1 lb (455 g) de brocoli frais
¼ tasse (55 ml) d'eau
2 c. à table de beurre
2 c. à table d'amandes
  tranchées et blanchies

2 c. à thé de jus
de citron frais
Sel et poivre

Enlever les grosses feuilles et les parties dures des tiges du brocoli. Fendre en deux chaque tige sur la longueur pour obtenir une cuisson uniforme. Mettre dans une cocotte en verre de 1½ pinte (1,5 *l*). Ajouter l'eau. Couvrir et cuire 9 minutes ou jusqu'à ce que le brocoli soit tendre mais encore croquant, et toujours bien vert. Enlever du four sans découvrir et laisser reposer 3 minutes.

Garniture amandine : Faire fondre le beurre 30 secondes dans une assiette à tarte. Ajouter les amandes en remuant, et cuire sans couvrir 2 ou 3 minutes pour qu'ils soient dorés à point, en brassant deux fois. Ajouter le jus de citron au brocoli cuit. Saler et poivrer le brocoli et le napper du beurre d'amandes. Pour 4 personnes.

Brocoli en crème

Ce plat se prépare très rapidement et il produit beaucoup d'effet.

2 paquets de 10 oz (280 g)
   de brocoli surgelé
1 tasse (225 ml) de céleri
   tranché ou coupé en dés
1 boîte de 10 oz (300 ml) de crème
   de céleri, non diluée

2 oignons verts
   hachés fin
1 c. à table de persil
   haché

Mettre le brocoli, côté glacé vers le haut, dans un plat en verre de
12 × 8 po (30 × 20 cm). Couvrir de papier ciré et cuire de 8 à 9
minutes, ou jusqu'à ce que le brocoli soit à peine tendre, en le
tournant une fois. Répandre le céleri sur le dessus, et napper avec
la soupe. Cuire sans couvrir pendant 5 minutes. Garnir avec les
oignons verts et le persil mélangés ensemble et servir. Pour 6 ou 8
personnes.

Note : la recette se divise bien en deux, mais si l'on ne veut pas
garder une demi-boîte de soupe, on peut congeler la moitié du
plat.

Choux de Bruxelles à la scandinave

Une petite sauce au beurre et au citron donne un goût différent
aux choux de Bruxelles et elle se prépare facilement pendant que
les choux trempent.

1 lb (455 g) de choux
   de Bruxelles frais
2 c. à table d'eau
1 c. à thé de beurre

Jus et zeste râpé
de ½ citron
¼ c. à thé de sucre
Sel et poivre

Nettoyer les choux et les faire tremper 15 minutes dans de l'eau
froide additionnée de 1 cuillerée à thé de vinaigre. Pendant ce
temps, mettre dans une cocotte en verre de 1½ pinte (1,5 *l*), l'eau,

le beurre, le jus et le zeste de citron, et le sucre. Chauffer sans couvrir pendant 2 minutes. Égoutter les choux de Bruxelles et les rouler dans la préparation au citron. Couvrir de papier ciré et cuire 5 à 6 minutes en brassant une fois. Laisser reposer 6 minutes. Saler et poivrer. Pour 3 personnes.

Choux de Bruxelles à la sauce blanche

On prépare la sauce pendant que trempent les choux, puis on l'ajoute 5 minutes avant la fin de la cuisson. Ce légume accompagne agréablement les côtelettes de porc et le jambon tranché.

1 lb (455 g) de choux de
Bruxelles
Zeste râpé de ½ orange
¼ tasse (55 ml) d'eau
2 c. à table de beurre
ou de margarine

2 c. à table de farine
½ tasse (115 ml) de crème
ou de lait
⅛ c. à thé de muscade
Sel et poivre

Parer les choux et les faire tremper 15 minutes dans de l'eau froide additionnée d'une cuillerée à thé de vinaigre. Égoutter, mettre dans une cocotte en verre de 1½ pinte (1,5 *l*), avec le zeste d'orange et le ¼ de tasse (55 ml) d'eau. Couvrir de papier ciré et cuire de 6 à 8 minutes en brassant une fois. Laisser reposer jusqu'à ce que la sauce soit prête.

Béchamel : Mettre le beurre dans une mesure d'une tasse (¼ *l*) ou dans un autre récipient et faire fondre au four 30 secondes. Ajouter la farine et brasser pour bien l'incorporer, puis verser la crème ou le lait et enfin la muscade. Bien mélanger en tournant, et verser sur les choux de Bruxelles non égouttés. Mélanger et cuire sans couvrir pendant 5 minutes en remuant une fois. Saler et poivrer la sauce quand elle a pris une texture crémeuse. Pour 4 personnes.

Choux de Bruxelles surgelés

Les napper de sauce hollandaise (voir page *100*) juste au moment de servir.

1 paquet ou un sac de
10 oz (280 g)
de choux de Bruxelles
surgelés
2 c. à table d'eau

¼ c. à thé de sucre
½ c. à thé de zeste de citron
(facultatif)
Sel et poivre

Retirer les choux de leur emballage (à moins d'utiliser un sac, voir note). Les mettre dans un plat de 1 pinte (1 *l*) avec l'eau, le sucre et le zeste. Couvrir et cuire de 9 à 10 minutes, en remuant après 5 minutes de cuisson. Laisser reposer 5 minutes. Saler et poivrer. Servir avec une sauce hollandaise ou du beurre. Pour 3 personnes.

Note : Si les choux ont été achetés dans un sac en plastique, mettre le sac sur une assiette et y faire trois incisions. Cuire sans couvrir de 6 à 8 minutes en tournant le sac une fois. Laisser reposer 6 minutes. Égoutter et servir comme ci-dessus.

Chou à la finlandaise

Personne ne semble cuisiner le chou aussi bien que les Finlandais. Heureusement, leurs recettes s'adaptent très bien aux micro-ondes.

¼ tasse (55 g) de beurre
6 tasses (1,5 l) de chou en
julienne
1 oignon, haché grossièrement
Sel et poivre

1 c. à thé de graines
de carvi
2 c. à table de sucre
3 tomates fraîches non
pelées, coupées en dés

Faire fondre le beurre 30 secondes dans un bol de 2 ou 3 pintes (2 ou 3 *l*). Ajouter le chou et l'oignon et remuer pour les enrober de beurre. Mélanger le sucre et le carvi et en saupoudrer le chou. Finir en ajoutant les tomates. Couvrir et cuire 6 minutes en remuant bien après 3 minutes. Laisser reposer 2 minutes. Saler et poivrer. Pour 4 personnes.

Chou à l'indienne

Qu'il soit haché ou en julienne, le chou est toujours excellent cuit aux micro-ondes.

4 **bonnes tasses (1 l)** **de chou coupé**	½ **c. à thé de graines de** **moutarde, blanches ou noires**
3 **c. à table d'huile** **d'arachide**	2 **c. à table d'eau** **Sel et poivre**
½ **c. à thé de curcuma**	

On peut très bien hacher le chou à l'avance, auquel cas on le place dans un sac en plastique pour le conserver au réfrigérateur en attendant de s'en servir. Mettre le chou dans un plat en verre ou une cocotte de 1½ pinte (1,5 *l*) et le cuire, couvert, pendant 4 minutes. Ajouter ensuite l'huile, le curcuma et les graines de moutarde. Remuer pour que le chou soit partiellement imprégné d'huile. Ajouter l'eau, couvrir de papier ciré, et cuire 6 minutes. Laisser reposer 3 minutes. Saler et poivrer. Servir. Pour 3 ou 4 personnes.

Chou à la bavaroise

La pomme et les baies de genièvre donnent un petit goût très spécial à ce plat.

2   c. à table de beurre
6   tasses de chou en julienne
1   grosse pomme pelée et
    et émincée
1   feuille de laurier

4   baies de genièvre
    (facultatif)
½   tasse (115 ml) de vin
    blanc ou de consommé
3   c. à table de farine
    Sel et poivre

Faire fondre le beurre 30 secondes dans une cocotte de 2 ou 3 pintes (2 ou 3 l). Incorporer le chou et la pomme et bien les imprégner du beurre. Ajouter la feuille de laurier, les baies de genièvre et le vin ou le consommé. Bien remuer. Couvrir et cuire 6 minutes. Saupoudrer de farine et bien mélanger. Le mélange doit épaissir légèrement pendant qu'on le brasse. Cuire sans couvrir pendant 2 minutes en remuant une fois. Saler et poivrer. Pour 4 personnes.

Chou aigre-doux

Ainsi préparé, le chou devient un plat très nourrissant, surtout si on l'accompagne de pommes de terre cuites au four.

6   tasses (1,5 l) de chou en
    julienne
¼   tasse (55 ml) d'eau
¼   tasse (30 g) de farine
1   tasse (225 ml) de crème
    sûre

1   c. à table de beurre
    ou de margarine
¼   tasse (55 ml) de vinaigre
    de cidre
¼   tasse (55 g) de sucre
    Sel et poivre

Mettre le chou et l'eau dans un bol de 2 ou 3 pintes (2 ou 3 l). Couvrir et cuire 4 minutes. Laisser reposer le temps de faire la sauce.

Sauce aigre-douce : Mettre la farine puis la crème sûre dans un bol de 1 pinte (1 *l*). Brasser pour rendre bien homogène puis ajouter le beurre, le vinaigre et le sucre. Bien mélanger et cuire sans couvrir pendant 2 minutes. Brasser et cuire encore 2 minutes. Remuer à nouveau et verser sur le chou. Bien mélanger. Saler et poivrer. Chauffer 2 minutes. Pour 4 ou 6 personnes.

Chou-fleur au fromage et aux champignons

Il est facile de cuire un chou-fleur à la perfection dans un four à micro-ondes. Il est délicieux avec une sauce au fromage et aux champignons qu'on prépare pendant que le chou-fleur repose.

1 à 1½ lb (455 à 680 g) de
  chou-fleur
¼ tasse (55 ml) d'eau chaude
2 c. à table de beurre
2 c. à table de farine
½ c. à thé de sel

1 tasse (225 ml) de lait
½ tasse (55 g) de cheddar
  fort râpé
1 boîte de 4 oz (115 ml) de
  champignons hachés avec
  le jus

Parer le chou-fleur et le laisser entier. Le laver. Enlever le cœur dur du trognon avec un couteau pointu bien aiguisé. Poser le chou-fleur, la tête en haut, dans un plat de 2 pintes (2 *l*) et verser l'eau. Couvrir et cuire 10 minutes, en tournant le plat à moitié après 5 minutes. Laisser reposer pendant la préparation de la sauce.

Sauce : Faire fondre pendant 30 secondes le beurre dans le jus de cuisson qui reste dans le plat. Ajouter la farine et le sel, et bien mélanger. Verser le lait. Cuire sans couvrir pendant 2 minutes en remuant au bout d'une minute et demie. Ajouter le fromage et les champignons et brasser pour bien mélanger. Cuire sans couvrir en remuant deux fois, pendant 2 minutes ou jusqu'à ce que la consistance soit crémeuse. Saler et poivrer. Verser sur le chou-fleur chaud. Pour 4 personnes.

Chou-fleur gratiné

Pour cette recette, le chou-fleur est défait en fleurs et gratiné. Si on veut le faire dorer sous le gril de la cuisinière, on le fait chauffer pendant que le chou-fleur cuit. Ce légume accompagne parfaitement le rosbif.

1 chou-fleur ou 2 paquets de 10 oz (280 g) de chou-fleur surgelé	2 c. à table de chapelure fine et sèche
1 c. à table de beurre	½ c. à thé de sel
1 c. à table de farine	¼ c. à thé de poivre
1 tasse (225 ml) de lait	¼ c. à thé de paprika
	2 c. à table de parmesan râpé

Chou-fleur frais : Le défaire en fleurs et le mettre dans un bol de 1½ (1,5 *l*). Ajouter 3 c. à table d'eau. Couvrir et cuire 5 minutes. Saler au goût. Laisser reposer 2 minutes.

Chou-fleur surgelé : Placer le chou-fleur dans un bol de 2 pintes (2 *l*). Couvrir et cuire de 10 à 11 minutes en remuant deux fois. Laisser reposer 2 minutes.

Sauce : Mettre le beurre dans une mesure de 2 tasses (½ *l*) et le faire fondre en 30 secondes. Incorporer la farine. Quand le mélange est homogène, ajouter le lait, brasser et cuire sans couvrir pendant 2 minutes. Bien brasser et cuire encore 1 minute ou jusqu'à l'obtention d'une consistance crémeuse. Bien brasser et verser sur le chou-fleur. Mélanger ensemble les autres ingrédients et en saupoudrer la sauce. Cuire sans couvrir de 2 à 3 minutes. Placer sous le gril d'un four ordinaire de 3 à 4 minutes environ si on veut que le gratin soit plus doré. Pour 4 personnes.

Carottes au beurre

La sauce se prépare dans le plat de cuisson, avec les carottes, ce qui fait moins de vaisselle à laver. La présentation est aussi agréable que le plat est bon.

2½ à 3 tasses (600 à 700 ml)
de carottes en tranches
de ¼ po (6 mm)
¼ tasse (55 g) de beurre ou
de margarine
¼ tasse (55 ml) d'eau
très chaude

½ c. à thé de sucre
⅛ c. à thé de thym
3 c. à thé de farine
½ tasse (115 ml) d'eau
très chaude
Sel et poivre

Mettre les carottes, le beurre et ¼ tasse (55 ml) d'eau chaude dans un plat de 2 pintes (2 *l*). Couvrir et cuire 8 minutes. Ajouter le sucre, le thym et la farine et bien mélanger avec les carottes. Ajouter ½ tasse (115 ml) d'eau et bien remuer. Couvrir et cuire 3 minutes en remuant deux fois. Saler et poivrer. Pour 4 personnes.

Carottes au gingembre

Le goût est encore plus délicieux quand on se sert de racines de gingembre fraîches. On peut en acheter chez la plupart des marchands de légumes, notamment les orientaux, et les conserver plusieurs mois au congélateur.

4 à 5 tasses (environ 1 l)
de carottes pelées et
tranchées
¼ tasse (60 ml) de miel
¼ tasse (55 g) de beurre
2 c. à table de cassonade
4 c. à table d'huile végétale

¼ tasse (55 ml) d'eau
bouillante
Zeste râpé de ½ citron
1 c. à thé de gingembre
frais râpé, ou
1 c. à thé de gingembre moulu
Sel et poivre

Mettre les carottes avec le miel, le sucre brun, l'huile et l'eau bouillante dans un plat de 2 pintes (2 *l*). Cuire sans couvrir pendant 10 minutes, en remuant deux fois. Ajouter les autres ingrédients et cuire encore 8 minutes sans couvrir et en remuant deux fois. Égoutter et laisser reposer 2 ou 3 minutes. Pour 4 à 6 personnes.

Carottes persillées

En saison, on peut remplacer le persil par de la menthe ou du basilic frais.

5 ou 6 carottes moyennes, pelées et émincées	1 c. à table de sucre
3 c. à table de beurre	2 c. à thé de persil haché
2 c. à table d'eau	Sel et poivre

Mettre les carottes avec l'eau, le beurre et le sucre dans un plat de 1 pinte (1 l). Couvrir et cuire 8 minutes ou jusqu'à ce que les carottes soient tendres. Ajouter le persil. Saler et poivrer. Servir. Pour 6 personnes.

Carottes marinées

Servir en salade. Ces carottes se gardent de 6 à 8 jours au réfrigérateur, dans un récipient bien fermé.

4 tasses (1 l) de carottes, pelées et coupées en tranches de ¼ po (6 mm)	½ c. à thé de sucre
	1 c. à thé de sel
	¼ c. à thé de poivre
¼ c. à thé de thym	¼ tasse (55 ml) d'huile végétale
½ tasse (115 ml) d'eau très chaude	2 à 3 c. à table de vinaigre de cidre ou de vin
1 gousse d'ail tranchée en deux	1 c. à thé d'origan

Mettre les carottes dans un plat de 1½ pinte (1,5 l). Ajouter le sucre, le thym et l'eau chaude. Couvrir et cuire 10 minutes. Laisser reposer 10 minutes. Égoutter les carottes et les mettre dans un bol. Ajouter les autres ingrédients et bien remuer. Couvrir et réfrigérer. Attendre 12 heures avant de servir. Pour 6 ou 8 personnes.

Pois et carottes à l'indienne

Voici une recette originale qui accompagne bien le poulet ou le steak au barbecue.

2 c. à table de beurre	1 tasse de petits pois
¼ c. à thé de graines	frais ou surgelés
de cumin	Jus et zeste râpé
2 tasses (450 ml) de carottes	de ½ citron
pelées et tranchées	Sel et poivre
¼ tasse (55 ml) d'eau	
très chaude	

Mettre le beurre et le cumin dans une cocotte de 1½ pinte (1,5 l). Chauffer sans couvrir pendant 5 minutes en remuant une fois. Ajouter les carottes et l'eau. Bien remuer. Couvrir et cuire 8 minutes en remuant deux fois. Ajouter les petits pois, le jus et le zeste de citron, et cuire 4 minutes. Saler et poivrer. Laisser reposer 3 à 5 minutes. Pour 4 personnes.

Maïs O'Brien

Ce plat bien connu se prépare avec du maïs en conserve, mais on peut aussi se servir de maïs surgelé qu'on fera d'abord cuire selon les directives de la page 205.

1 poivron vert	1 à 2 boîtes de 14 oz (400 ml)
ou rouge en dés	chacune de maïs
2 oignons verts en dés	en grains non égoutté
2 c. à table de beurre	Sel et poivre

Mettre le poivron, les oignons verts et le beurre dans un plat de 1 pinte (1 l). Couvrir et cuire 5 minutes en remuant deux fois. Ajouter le maïs et bien mélanger. Saler et poivrer. Cuire sans couvrir pendant 3 minutes ou jusqu'à ce que ce soit chaud. Pour 4 ou 5 personnes.

Maïs à l'étuvée

La cuisson au four à micro-ondes convient fort bien au maïs et l'on peut également le réchauffer sans qu'il perde son goût.

1 à 6 épis de maïs frais   *Beurre fondu ou crème épaisse*
 Sucre

Dépouiller les épis de leurs feuilles et les badigeonner de crème ou de beurre. Saupoudrer ensuite chaque épi de ¼ cuillerée à thé de sucre. Saler. Envelopper de papier ciré. Poser sur une assiette ou un plat.

2 épis : cuire 2 minutes, retourner, cuire encore 2 minutes.
4 épis : cuire 8 à 9 minutes en retournant une fois.
6 épis : cuire 9 à 10 minutes en retournant une fois.

Maïs surgelé : Placer de 2 à 4 épis sur une assiette. Les enduire séparément de crème ou de beurre et saupoudrer de sucre, comme pour le maïs frais. Envelopper individuellement de papier ciré.

2 épis : cuire 8 à 9 minutes.
4 épis : cuire 10 à 12 minutes.

Maïs frais en épis, non épluchés : Enlever seulement les feuilles extérieures ; en laisser de 3 à 5 autour de l'épi. Plier soigneusement ces feuilles vers l'extérieur (comme quand on épluche une banane) et enlever les soies. Beurrer, sucrer et saler les épis comme ci-dessus. Remonter les feuilles pour bien envelopper les grains. Poser sur un plat ou une assiette et cuire comme le maïs frais et épluché. Laisser les feuilles jusqu'au moment de servir.

Céleri à l'étuvée

C'est uniquement dans un four à micro-ondes qu'on peut cuire du céleri à l'étuvée sans que sa texture, sa couleur et sa saveur en soient modifiées. Ce légume est délicieux servi avec toutes les viandes et avec les œufs.

4 à 5 tiges de céleri
tranchées
2 c. à table d'eau ou
de consommé

3 c. à table de beurre
Sel et poivre

Couper la tête du céleri et toutes les feuilles vertes. Laver et gratter les tiges et les couper en bâtonnets minces de 4 à 5 po (10 à 12,5 cm) de longueur (plus ils sont réguliers et plus le plat est agréable à l'œil). Disposer dans une cocotte de 1½ pinte (1,5 *l*) et ajouter l'eau ou le consommé. Couvrir et cuire 8 à 10 minutes en remuant une fois au bout de 4 minutes. Égoutter le liquide s'il en reste. Saler et poivrer. Ajouter le beurre. Cuire sans couvrir pendant 2 minutes pour faire fondre le beurre. Bien remuer. Pour 4 personnes.

Concombres à la crème persillée

À la façon des chefs français, mais cuit en 5 minutes !

3 à 4 tasses (¾ à 1 l) de
boulettes de concombre
¼ tasse (55 ml) de
crème épaisse

1 c. à thé de beurre
¼ tasse de persil
frais haché
Sel et poivre

Éplucher des concombres et les découper en boulettes de la taille d'une olive avec un coupe-melon, ou les tailler en cubes de 1 pouce (2,5 cm). Mettre dans une cocotte de 1½ pinte (1,5 *l*) et ajouter la crème, le beurre et le persil. Bien mélanger le tout. Cuire sans couvrir pendant 5 minutes en remuant deux fois. Saler et poivrer. Laisser reposer 2 minutes. Pour 4 ou 5 personnes.

Aubergine à l'arabe

C'est exquis, appétissant et rapide à préparer. Que demander de plus ? La soupe déshydratée donne un cachet de modernisme.

1 grosse aubergine
3 c. à table de beurre
1 tasse (225 ml) de crème sûre
   vendue dans le commerce

2 c. à table de soupe
   déshydratée, aux oignons
   ou aux champignons
   Sel et poivre

Peler l'aubergine et la découper en cubes ou en boulettes à l'aide d'un coupe-melon. Faire fondre le beurre dans une cocotte de 1½ pinte (1,5 l) pendant 40 secondes. Rouler l'aubergine dans le beurre. Couvrir et cuire 5 minutes. Napper d'un mélange de crème sûre et de soupe en poudre. Cuire sans couvrir pendant 3 minutes. Saler et poivrer. Pour 4 personnes.

Aubergine Capri

Ce plat est simple et rapide à préparer et ne demande que 6 minutes de cuisson. Il illustre parfaitement à quel point on peut gagner du temps en cuisinant avec un four à micro-ondes. Servir avec du riz ou des nouilles, comme mets principal ou pour accompagner le poulet et le porc.

1 aubergine moyenne
   ou 2 petites
2 c. à table de farine
½ tasse (30 g) de chapelure
1 c. à thé de sucre
¼ c. à thé de thym
¼ c. à thé de basilic

1 c. à thé de sel
¼ c. à thé de poivre
3 c. à table de beurre
   ou d'huile végétale
1 tasse (225 ml) de sauce
   tomate aux champignons,
   en boîte

Peler l'aubergine et l'émincer. Bien mélanger la farine, la chapelure, le sucre, le thym, le basilic, le sel et le poivre. Tremper les tranches d'aubergine dans un peu de lait et les rouler ensuite dans la farine préparée. Prendre un plat en verre rectangulaire ou un poêlon *Corning* de 10 po (25 cm) et garnir le fond d'une couche d'aubergine. Asperger d'un peu d'huile et répéter jusqu'à ce que toutes les tranches d'aubergine et l'huile aient été utilisées. Verser la sauce tomate tout autour, sans toucher au centre. Couvrir de papier ciré et cuire 6 minutes. Laisser reposer 2 minutes. Pour 4 personnes.

Petits pois

Tout le monde aime ces légumes qu'on peut acheter partout durant toute l'année, en boîte, surgelé, ou frais, dès le début de l'été. Cuits au four à micro-ondes, ils conservent leur goût, leur forme et leur couleur. Il est bon d'avoir toujours des petits pois surgelés à portée de la main.

Un paquet de 10 oz (280 g), ou 1½ tasse (340 ml) de pois surgelés, cuit en 5 ou 6 minutes, sans eau. Couvrir d'un papier ciré et remuer une fois.

En été, on peut ajouter du beurre et de la ciboulette fraîche, de la menthe ou du basilic frais et hachés, ou encore des tomates fraîches, coupées en petits morceaux. Ajouter l'aromate choisi juste au moment de servir. En hiver, additionner d'un peu de crème, d'oignons verts hachés, de quelques champignons hachés fin et d'une ou deux cuillerées à table de marrons d'eau hachés. On peut aussi opter pour ½ tasse (115 ml) de carottes râpées additionnées d'une cuillerée à thé de crème qu'on fera réchauffer 3 minutes dans le four à micro-ondes avant de l'ajouter aux petits pois.

Si on préfère utiliser un mélange de petits pois et de carottes surgelés, le faire cuire selon les instructions de la page *227*. C'est une bonne idée d'ajouter au plat 3 tranches de bacon croustillant et émietté (cuit au four à micro-ondes, évidemment).

Petits pois à la parisienne

On peut remplacer les pois frais par 2 paquets de 10 oz (280 g) ou
2 à 3 tasses (500 à 700 ml) de petits pois surgelés.

2 ou 3 tasses (500 à 700 ml) de petits pois écossés (2 à 3 lbs — 900 g à 1,35 kg de pois en cosses)	1 c. à table de persil frais haché fin
3 c. à table de beurre	1 c. à table de sucre
2 tasses (350 ml) de laitue grossièrement déchiquetée	12 très petits oignons, pelés
	Sel et poivre

Écosser les petits pois seulement au moment de servir. Faire fondre le beurre 30 secondes dans une cocotte de 2 pintes (2 l).
Ajouter la laitue, le persil et le sucre. Mélanger les oignons et les
petits pois et les verser sur la laitue. Couvrir et cuire 8 minutes en
remuant deux fois. Saler et poivrer. Pour 4 ou 5 personnes.

Poireaux avec sauce au citron

Voici un plat que je vous conseille particulièrement pour l'automne, quand les poireaux sont à leur meilleur. Préparer à l'avance et
servir froid.

4 à 6 poireaux moyens	2 c. à table d'huile
½ tasse (115 ml) d'eau chaude	végétale
1 c. à table de fécule de maïs	Jus et zeste de 1 citron
	1 c. à thé de sel

Éplucher les poireaux, enlever les feuilles extérieures et couper la
partie verte du haut (la garder pour une soupe). En commençant
par le bas de la partie blanche, fendre en deux dans le sens de la
longueur et bien laver à l'eau courante, en enlevant soigneusement le sable qui se glisse toujours entre les feuilles. Bien égoutter. Ranger dans un plat en verre carré de 8 po (20 cm) et ajouter

l'eau chaude. Couvrir de papier ciré et cuire 8 minutes. Laisser reposer 2 minutes. Placer les poireaux sur un plat de service. Mélanger d'autre part la fécule de maïs, l'huile, le jus et le zeste de citron et le sel ; verser dans le jus de cuisson des poireaux. Bien brasser et cuire sans couvrir pendant 2 minutes en brassant une ou deux fois. Verser sur les poireaux. Refroidir, couvrir et réfrigérer. Servir froid. Pour 3 ou 4 personnes.

Délice aux petits oignons

Un autre délice automnal, à servir en septembre ou octobre. On prépare le plat quand on en a le temps pour le servir froid au moment voulu.

1 lb (455 g) de petits oignons blancs	*1 c. à table de vinaigre de cidre ou de vin*
¼ tasse (55 ml) d'huile végétale	*½ gousse d'ail, hachée fin*
½ c. à thé de sel	*¼ tasse (15 g) de persil haché fin*
½ c. à thé de poivre	

Mettre les petits oignons, non pelés, dans une assiette à tarte en verre (en une seule couche). Cuire 5 minutes. Refroidir et peler (c'est très facile). Placer tous les autres ingrédients dans un grand bol et mélanger. Y verser les oignons pelés. Couvrir et réfrigérer. Servir froid. Se garde de 4 à 6 semaines. Pour 4 personnes.

Oignons à l'italienne

Un excellent plat qui sort de l'ordinaire.

4 gros oignons ou 8 moyens	½ c. à thé de sel
1 c. à table d'eau	½ c. à thé de poivre
2 c. à table d'huile végétale	¼ à ½ c. à thé d'origan
2 c. à table de beurre mou	2 c. à table de persil frais haché

Peler les oignons et les couper en quartiers s'ils sont gros. Laisser entiers les oignons moyens. Mettre avec l'eau dans une cocotte de 1½ pinte (1,5 l). Couvrir et cuire de 9 à 10 minutes. Mélanger ensemble tous les autres ingrédients et verser sur les oignons dès qu'ils sont sortis du four. Remuer pour faire fondre le beurre et bien en enrober les oignons. Pour 4 à 6 personnes.

Pommes de terre et petits pois

En Nouvelle-Angleterre ce plat marque traditionnellement la venue du printemps. Pourquoi ne pas se conformer à la coutume et servir les petits pois et les pommes de terre avec une corbeille de galettes chaudes et terminer le repas par des fraises sucrées au sirop d'érable ?

1 lb (455 g) de petites pommes de terre nouvelles	2 c. à table de farine
1½ tasse (1½ livre-680 g) de de petit pois frais	2 c. à thé de sel
2 c. à table de beurre	¼ tasse (15 g) de persil frais haché
2 oignons verts hachés	1½ tasse (360 ml) de lait

Laver les pommes de terre mais ne pas les peler et les placer sur un papier absorbant dans le four. Faire une incision dans chaque pomme de terre avec la pointe d'un couteau. Couvrir d'un autre papier. Cuire 8 à 9 minutes. Enlever du four. Mettre les pois dans une cocotte de 1½ pinte (1,5 *l*). Ajouter 2 cuillerées à table d'eau, couvrir et cuire 5 minutes. Retirer du four.

Dans une tasse à mesurer de 16 oz (½ *l*) cuire les oignons verts dans le beurre sans couvrir pendant 1 minute. Ajouter la farine, le sel, le persil, le poivre et le lait. Cuire sans couvrir durant 4 minutes en remuant deux fois.

Pendant ce temps, peler ou gratter les pommes de terre, les ajouter aux petits pois et napper le tout de sauce chaude. Ce plat se réchauffe bien, non couvert, en 2 minutes. Pour 4 ou 5 personnes.

Petits pois surgelés et champignons

Ainsi préparés, les petits pois ont vraiment la saveur d'un légume frais.

2 c. à table de beurre ou de margarine	1 paquet de 10 oz (280 g) de petits pois verts surgelés
3 oignons verts hachés	1 c. à thé de sucre
1 boîte de 4 oz (115 ml) de de morceaux de champignons, égouttés	¼ c. à thé de basilic Sel et poivre

Mettre dans un plat de 1 pinte (1 *l*), le beurre et les oignons verts. Couvrir et cuire 2 minutes. Ajouter les champignons, les petits pois surgelés, le sucre et le basilic. Couvrir et cuire 6 à 8 minutes en remuant une fois. Saler et poivrer. Pour 4 personnes.

Pommes de terre bouillies

On épargne peu de temps en faisant des pommes de terre bouillies au four à micro-ondes, surtout s'il y en a plus de quatre. Cependant, il peut s'avérer avantageux d'utiliser le four pour les variantes suivantes.

Le temps de cuisson varie selon l'espèce de pommes de terre, et il est bon de vérifier si elles sont à point 2 minutes avant la fin du temps prescrit. On saura alors combien de minutes en plus ou en moins il faudra prévoir par la suite.

4 pommes de terre moyennes
2 tasses d'eau
½ c. à thé de sel

Éplucher les pommes de terre et les couper en quartiers. Mettre dans une cocotte de 1½ pinte (1,5 *l*), avec l'eau et le sel. Couvrir et cuire 10 à 15 minutes. Égoutter. Remettre 2 minutes au four sans couvrir pour les assécher.

Variantes :

À l'autrichienne : Remplacer l'eau par du consommé. Égoutter et conserver le consommé pour une soupe. Ajouter du beurre et du persil et chauffer sans couvrir pendant 2 minutes.

Au gratin : Faire bouillir selon les instructions. Égoutter. Mettre dans une cocotte en verre de 1 pinte (1 *l*) ; recouvrir d'une tasse (110 g) de cheddar râpé mélangé avec ½ tasse (30 g) de chapelure. Cuire sans couvrir pendant 3 minutes.

À la hongroise : Faire fondre pendant 30 secondes 3 c. à table de margarine dans un bol en verre de 1 pinte (1 *l*). Ajouter 1 cuillerée à thé de paprika et 2 à 4 oignons verts hachés fin. Mélanger. Ajouter les pommes de terre cuites et égouttées à ce beurre rosé en remuant bien. Chauffer sans couvrir pendant 2 minutes.

À l'oignon : Verser 1 sachet de soupe à l'oignon déshydratée dans l'eau avant de cuire les pommes de terre ; ne pas saler, les égoutter dans une passoire dès qu'elles sont cuites. Mettre ensuite dans une cocotte en verre de 1 pinte (1 *l*). Saupoudrer des oignons qui restent dans la passoire, et ajouter quelques noisettes de beurre. Chauffer sans couvrir pendant 2 minutes.

Pommes de terre au four

Il est très facile de préparer les pommes de terre au four à micro-ondes, mais le temps de cuisson peut varier légèrement selon la sorte employée, leur fraîcheur et leur provenance.

Il faut choisir des pommes de terre moyennes, de même grosseur. Celles qui conviennent le mieux pèsent environ 7 oz (200 g). Si elles sont plus grosses, on devra en prolonger la cuisson de 1 à 3 minutes. Brosser les pommes de terre à fond, et les piquer avec une grande fourchette à deux dents.

Les mettre au four sur un papier absorbant en laissant 1 po (2,5 cm) entre chacune. Ne jamais placer une pomme de terre au centre et les autres autour. Je préfère retourner les pommes de terre à peu près à la mi-cuisson, mais ce n'est pas indispensable.

Quand elles sont cuites, on les laisse reposer, sans les couvrir, pendant 5 minutes. Elles resteront bien chaudes pendant 10 à 20 minutes si on les enveloppe séparément dans du papier d'aluminium.

1 pomme de terre prend de 4 à 8 minutes selon sa grosseur

8 pommes de terre moyennes prennent de 22 à 23 minutes selon leur grosseur.

Pour les autres quantités, voir les directives en page *204* .

Pommes de terre au four
à préparer à l'avance

Quand on prévoit servir des pommes de terre au four mais qu'on n'a pas le temps d'en cuire, il est fort agréable d'en avoir de prêtes au réfrigérateur ou au congélateur.

4 pommes de terre de 7 à 8 oz (200 à 225 g) chacune	½ c. à thé de sel.
2 c. à table de beurre	¼ c. à thé de sauge
¼ à ½ tasse (55 à 115 ml) de lait, de crème ou de crème sûre	2 oignons verts hachés fin
	¼ à ½ tasse (30 à 60 g) de cheddar râpé
	1 c. à thé de paprika

Suivre les directives de la recette précédente pour la cuisson des pommes de terre au four. Laisser reposer 10 minutes. Puis découper une fine tranche ovale sur le dessus de la pomme de terre. Enlever la pulpe avec une cuiller, sans abîmer la peau, de façon à former une coquille. Si on veut aller très vite, trancher chaque pomme de terre en deux dans le sens de la longueur et évider chaque moitié. Écraser la pulpe avec le beurre, le lait ou la crème, le sel, le poivre, la sauge et l'oignon vert. Quand cette pâte est légère et même mousseuse, la remettre délicatement par cuillerées dans chaque « coquille ». Déposer une bonne cuiller à table de fromage sur chaque pomme de terre et saupoudrer généreusement du paprika. Disposer les pommes de terre en cercle sur des papiers absorbants, dans le four, et chauffer sans couvrir de 4 à 5 minutes. Pour 4 à 6 personnes.

Pommes de terre Chantilly

Voici une façon très élégante de présenter la purée de pommes de terre instantanée lorsqu'on a des invités. Les pommes de terre peuvent se préparer le matin et être mises de côté dans une assiette à tarte, mais il ne faut pas les placer au réfrigérateur. Napper de la garniture au moment de servir.

4 portions de purée de pommes de terre instantanée	*½ tasse (115 ml) de crème*
	½ tasse (55 g) de fromage
1 c. à table de persil haché	*fort râpé*
	½ c. à thé de sel
2 oignons verts hachés fin	*¼ c. à thé de poivre*

Préparer les pommes de terre selon le mode d'emploi inscrit sur l'emballage. Ajouter le persil et les oignons verts et bien mélanger. Mettre dans une assiette à tarte en verre beurrée de 9 po (22,5 cm). Fouetter la crème, y incorporer le fromage, le sel et le poivre. Disposer sur le dessus des pommes de terre comme s'il s'agissait d'une meringue sur une tarte au citron. Chauffer 4 minutes sans couvrir et servir tout de suite. Pour 4 personnes.

Pommes de terre brunes

Ce plat est vraiment bon et il se réchauffe sans aucun problème. C'est là une façon traditionnelle de présenter les pommes de terre avec du steak, des côtelettes ou autour d'un rôti.

2 c. à table de beurre, ou d'une matière grasse de son choix ou 4 c. à table de sauce du rôti	*¼ c. à thé d'herbes aromatiques de son choix (facultatif)*
½ c. à thé de Kitchen Bouquet	*4 à 6 pommes de terre moyennes pelées*
¼ c. à thé de paprika	

Mettre tous les ingrédients, sauf les pommes de terre, dans une cocotte de 1½ pinte (1,5 l) et cuire 1 minute. Bien remuer. Enrober les pommes de terre de cette préparation. Couvrir et cuire 4 minutes. Remuer à nouveau pour enrober les pommes de terre. Cuire sans couvrir de 4 à 5 minutes, assez pour que les pommes de terre soient tendres.

Si on prépare ce plat à l'avance, il faut le garder, sans le couvrir, sur le comptoir de la cuisine. Le réchauffer 1 minute au moment de servir. Bien remuer. Chauffer encore 30 ou 40 secondes.

Purée de pommes de terre

Avec le four à micro-ondes et un malaxeur électrique, cette purée pour 6 personnes est prête en 20 minutes.

4 ou 6 pommes de terre
   moyennes (2 lb — 900 g)
1½ tasse (360 ml) d'eau chaude
½ c. à thé de sel
¼ tasse (55 ml) de lait
   ou de crème

1 c. à table de beurre
¼ c. à thé de sauge
⅛ c. à thé de sel ou
   de sel d'ail
   (facultatif)

Peler les pommes de terre, les couper en huit et les mettre avec l'eau dans une cocotte de 2 pintes (2 l). Couvrir et cuire 15 minutes ou jusqu'à ce qu'elles soient tendres, en tournant le plat d'un demi-tour pendant le temps de cuisson. Égoutter. Fouetter les pommes de terre avec les autres ingrédients. Si on possède un malaxeur électrique, mettre les pommes de terre chaudes dans le bol, ajouter les autres ingrédients et fouetter 2 ou 3 minutes à vitesse moyenne. Si nécessaire, réchauffer 1 minute au four. Pour 6 personnes.

Pommes de terre gratinées

Ces pommes de terre au fromage sont délicieuses avec du steak ou du rosbif.

4 tasses (1 l) de pommes
   terre émincées
¾ tasse (170 l) de lait
¼ tasse (55 ml) de crème
3 c. à table de farine
1 c. à thé de sel

⅛ c. à thé de graines de céleri
1 tasse (110 g) de cheddar
   râpé
2 c. à table de beurre
½ c. à thé de paprika

Ranger la moitié des pommes de terre en tranches dans un plat à four de 8 × 8 po (20 × 20 cm). Chauffer ensemble le lait et la crème sans couvrir pendant 2 minutes, dans une tasse à mesurer de 16 oz (½ l). Pendant ce temps, mélanger la farine, le sel, les graines de céleri et le fromage et en saupoudrer la moitié sur les pommes de terre. Recouvrir des pommes de terre qui restent, puis saupoudrer le reste du mélange. Verser le mélange lait et crème chaud sur le tout. Ne pas remuer. Parsemer de noisettes de beurre. Saupoudrer de paprika. Cuire sans couvrir de 13 à 15 minutes ou jusqu'à ce que les pommes de terre soient cuites. Laisser reposer 10 minutes sans découvrir. Pour 4 ou 5 personnes.

Pommes de terre en tranches

C'est la pomme de terre d'hiver qui convient le mieux, mais on peut utiliser n'importe quelle autre variété. Si on fait d'abord frémir le lait au four à micro-ondes ou sur la cuisinière, les pommes de terre seront plus crémeuses et plus légères. Les restes se réchauffent très bien au four à micro-ondes, de 1 à 3 minutes, selon la quantité, dans un plat couvert.

4 à 5 tasses (environ 1 l)
  de pommes de terre épluchées
  et émincées
2 c. à table de farine
1 c. à thé de sel
½ c. à thé de sauge
¼ tasse (55 ml) d'oignons
  hachés

1½ tasse (360 ml) de lait chaud*
2 c. à table de beurre
  ou de margarine
Paprika
Persil haché, ou
  en flocons

Mettre ensemble les pommes de terre, la farine, le sel, la sauge et l'oignon dans un plat en verre de 8 × 8 po (20 × 20 cm). Ajouter le lait chaud, bien répartir les ingrédients dans le plat et parsemer de beurre. Couvrir et cuire 15 minutes ou jusqu'à ce que les pommes de terre soient bien cuites, en remuant 3 fois pendant la cuisson. Saupoudrer de paprika et de persil et laisser reposer 10 minutes sans découvrir pour terminer la cuisson. Pour 5 personnes.
* Le lait peut être chauffé au four à micro-ondes pendant 3 ou 4 minutes, dans une mesure d'une tasse (¼ l).

Pommes de terre au citron

Cette recette californienne est particulièrement délicieuse si on la cuit au four à micro-ondes.

2 c. à thé de beurre ou
de margarine
3 ou 4 pommes de terre pelées et
coupées en quartiers
2 c. à thé de zeste de
citron râpé

2 c. à thé de jus de
citron
3 c. à table de parmesan
râpé
½ c. à thé de paprika

Faire fondre le beurre, 1 minute, dans un plat à four de 8 × 8 po (20 × 20 cm). Rouler les pommes de terre dans ce beurre et ajouter les autres ingrédients. Cuire sans couvrir de 12 à 14 minutes. Laisser reposer 2 minutes. Servir.

Patates à l'orange

Préparer à l'avance et réfrigérer jusqu'au moment de cuire, ou emballer et congeler.

3 grosses oranges
4 patates de 7 à 8 oz
(200 à 225 g)
4 c. à table de cassonade ou
de sucre d'érable
4 c. à table de beurre

½ c. à thé de sel
1 c. à table de brandy
ou de madère sec
⅛ c. à thé de muscade ou
de quatre-épices

Laver les oranges et les couper en deux. En extraire le jus et le mettre de côté. Enlever les membranes des écorces en laissant celles-ci intactes. Mettre ces écorces de côté.

Bien nettoyer les patates, les percer avec une grande fourchette et les mettre au four sur un papier absorbant. Cuire 18 minutes ou jusqu'à ce qu'elles soient prêtes. Les peler quand elles sont chaudes. Ajouter le beurre, le sel et 2 cuillerées à table de cassonade.

Fouetter jusqu'à ce que ce soit mousseux. Ajouter petit à petit, ¼ à ½ tasse (55 à 115 ml) du jus d'orange ou ce qu'il faut pour obtenir une purée bien lisse. Remplir les écorces d'oranges de cette préparation.

Placer dans une assiette à tarte ou un plat en verre. Mélanger les ingrédients qui restent et les répartir également sur les oranges avec une cuiller. Si on désire servir tout de suite, cuire sans couvrir de 2 à 4 minutes ou jusqu'à ce que ce soit bien chaud. Pour 6 personnes.

Note : Si les pommes de terre ont été réfrigérées, les couvrir et les cuire 10 minutes. Si elles sont congelées, compter 20 minutes.

Patates ou ignames au four

Ces tubercules cuisent très bien au four à micro-ondes ; il suffit de les préparer comme les pommes de terre ordinaires, c'est-à-dire en les nettoyant, en les perçant avec une grande fourchette et en les mettant sur du papier absorbant.

Ce qui importe, c'est que tous soient du même poids si on en cuit plusieurs à la fois. De 7 à 8 onces (200 à 225 g) est, là encore, le meilleur poids.

Il n'est pas conseillé d'en cuire plus de 4 à la fois.
1 patate cuit en 6 ou 8 minutes.
2 à 4 prennent de 15 à 18 minutes.

Patates ou ignames glacés

C'est une bonne recette qu'on peut préparer tôt dans la journée et laisser sur le comptoir, pour la réchauffer couverte, en 3 minutes au moment de servir le repas.

4 patates moyennes	⅛ c. à thé de quatre-épices
½ tasse (90 g) de cassonade bien tassée	¼ tasse (55 g) de beurre ou de margarine
⅛ c. à thé de cannelle	

Cuire les patates comme indiqué dans la recette précédente. Laisser refroidir. Peler, trancher, et ranger dans une marmite de 1½ pinte (1,5 l). Mélanger la cassonade et les aromates et en saupoudrer les pommes de terre uniformément. Parsemer de beurre. Couvrir et cuire 8 minutes en arrosant deux fois les pommes de terre avec le sucre du plat. Pour 6 à 8 personnes.

Épinards en crème

On n'économise guère de temps en faisant cuire les épinards dans le four à micro-ondes, mais c'est la meilleure façon de leur conserver leur saveur et leur couleur.

1 lb (455 g) ou 4 tasses (1 l) d'épinards frais	2 c. à table de crème Sel et poivre
1 c. à table de farine	1 pincée de sel d'ail ou de muscade
1 c. à table de beurre	

Laver les épinards, les déchiqueter grossièrement et les tasser dans une cocotte de 2 pintes (2 l). Ne pas ajouter d'eau, il en reste toujours suffisamment sur les feuilles. Couvrir de papier ciré et cuire 5 minutes en retournant une fois. Ajouter les ingrédients aux épinards cuits et non égouttés. Bien remuer. Cuire 3 minutes en remuant une fois.

Si on désire simplement des épinards au beurre, il faut les égoutter quand ils sont cuits, ajouter beurre, sel et poivre, et les chauffer 1 minute après avoir remué. Brasser encore au sortir du four. Pour 4 personnes.

Note : Une demi-cuillerée à thé de zeste de citron ajoutée au beurre donne aux épinards une saveur délicieuse.

Épinards au gratin

Ce plat peut se préparer un peu à l'avance, auquel cas il ne faut pas le réfrigérer mais le garder sur le comptoir de la cuisine. Il ne reste plus qu'à le couvrir et à le réchauffer 5 minutes au moment de servir.

2 lb (900 g) d'épinards
1 tasse (55 g) de cubes
   de pain
3 c. à table de beurre
2 c. à table de farine
1 tasse (225 ml) de lait

½ c. à thé de moutarde
   sèche
¼ tasse (55 g) de
   fromage râpé
3 c. à table de jus
   d'épinard
   Sel et poivre

On procède en trois étapes. Tout d'abord, laver les épinards, les couvrir et les cuire sans eau pendant 5 minutes. Bien les égoutter et conserver 3 cuillerées à table du jus de cuisson.

Ensuite, mettre les cubes de pain dans une assiette à tarte en verre avec 1 cuillerée à table de beurre et cuire sans couvrir de 5 à 8 minutes en remuant 3 ou 4 fois, ou jusqu'à ce que les croûtons soient bien dorés.

Enfin, préparer la sauce dans une tasse à mesurer de 16 oz (½ l). Faire fondre le reste du beurre pendant 1 minute et ajouter les autres ingrédients. Cuire sans couvrir de 3 à 4 minutes en remuant une fois. Quand la sauce est bien onctueuse, la verser sur les épinards dans un plat de service. Parsemer de croûtons et chauffer sans couvrir pendant 3 minutes. Pour 6 personnes.

Épinards en crème aromatisés à l'oignon

Cette recette, facile et rapide à préparer, s'inspire de la populaire trempette composée de crème sûre et de soupe à l'oignon.

1 paquet de 10 oz (280 g)
d'épinards surgelés
et hachés
3 c. à table de soupe
à l'oignon déshydratée

½ tasse (115 ml) de
crème sûre vendue
dans le commerce

Mettre les épinards surgelés dans une cocotte de 1 pinte (1 l), le côté glacé vers le haut. Couvrir et cuire 6 minutes en retournant une fois. Ajouter la crème et la soupe déshydratée quand les épinards ont presque fini de dégeler. Couvrir et cuire 1 minute. Laisser reposer sans découvrir pendant 2 minutes. Remuer et servir. Pour 3 ou 4 personnes.

La famille des courges

Plusieurs variétés de courges cuisent rapidement au four à micro-ondes, ce qui présente l'avantage, contrairement aux autres modes de cuisson, de leur conserver leur saveur si particulière et leur couleur appétissante. En même temps que les instructions de base, je donne ici mes recettes préférées.

Courge « Acorn » farcie

Choisir une courge qui pèse entre 1 et 2 livres (455 et 900 g). Bien la nettoyer et, en la gardant entière, la piquer à plusieurs reprises avec une brochette en métal. La poser sur une assiette en verre et cuire sans couvrir de 8 à 12 minutes, selon la grosseur. Laisser reposer 3 minutes. Couper en deux dans le sens de la longueur et enlever les graines et les attaches fibreuses.

Farce : Pendant la cuisson de la courge, mélanger 4 cuillerées à thé de beurre ramolli, ½ cuillerée à thé de sel, 1 cuillerée à table de gingembre frais râpé, ⅛ cuillerée à thé de cannelle, la même quantité de quatre-épices, 1 cuillerée à table de miel, 2 cuillerées à table de cassonade. Remplir les cavités de cette préparation et remettre au four 2 minutes. Tourner l'assiette et cuire encore 2 minutes. Verser 1 cuillerée à table de brandy sur chaque moitié de courge.

Courge « Butternut »

Choisir une courge qui pèse entre 1 et 1½ livre (455 et 680 g). Celles qui sont trop grosses ne peuvent cuire comme il faut parce qu'elles sont trop aqueuses. La nettoyer et, avec un couteau, pratiquer 2 fentes de chaque côté de la calotte et 2 autres dans le corps même de la courge. La mettre sur une assiette ou un plat, et cuire sans couvrir de 8 à 12 minutes selon la grosseur. Laisser reposer 5 minutes. Couper la courge en deux dans le sens de la longueur, l'épépiner et l'évider.

Variantes : Écraser la pulpe avec le zeste râpé d'une orange, la moitié du jus, 1 cuillerée à thé de sel, ½ cuillerée à thé de poivre, 3 cuillerées à table de persil haché, 2 cuillerées à table de mélasse, de sirop d'érable ou de cassonade. Bien battre. Goûter et assaisonner. Placer sur un plat de service et réchauffer 1 minute sans couvrir. On peut remplacer le zeste et le jus d'orange par le zeste et le jus d'un citron en conservant les mêmes quantités ; dans ce dernier cas, on peut également ajouter 2 tomates moyennes, non pelées et coupées en dés.

Courge d'été

Pour bien cuire, la courge d'été ne doit pas peser plus de 1 livre (455 g).

Prendre 2 ou 3 courges d'été jaunes d'environ 1 livre (455 g) chacune. Bien nettoyer, ôter le bout des tiges et couper latéralement des tranches de ½ pouce (1,25 cm) d'épaisseur. Mettre celles-ci dans une cocotte de 1½ à 2 pintes (1,5 à 2 *l*). Ajouter 2 cuillerées à table de consommé ou d'eau dans laquelle on aura émietté un cube de bouillon de bœuf ou de poulet (dans ce cas, mettre l'eau au four 2 minutes, remuer et l'ajouter ensuite à la courge). Couvrir et cuire de 6 à 8 minutes ou jusqu'à ce que les courges soient tendres. Bien égoutter. Ajouter du beurre, de la ciboulette ou des oignons verts hachés, du sel et du poivre. On peut aussi parsemer généreusement de persil ou de fromage râpé, de cheddar ou de parmesan. Réchauffer une minute sans couvrir.

Casserole aux tomates et aux concombres

Il s'agit là d'un plat léger et différent qu'on peut servir avec une viande cuite au barbecue.

2 concombres de grosseur moyenne	½ c. à thé de sucre
4 tomates moyennes	4 biscuits soda émiettés
3 c. à table de beurre	Jus de ½ citron
1 ou 2 c. à thé d'aneth frais haché	Sel et poivre

Peler et épépiner les concombres, peler les tomates (voir recette précédente) et couper le tout en dés. Mettre le beurre, l'aneth, le sucre et les biscuits dans une cocotte de 1½ pinte (1,5 *l*). Ajouter concombres et tomates. Cuire sans couvrir pendant 5 minutes en remuant deux fois. Ajouter le jus de citron, le sel et le poivre. Pour 6 personnes.

Cari de tomates

Présentées sur un lit de riz persillé, ces tomates constituent un plat léger et savoureux.

4 *tomates non pelées*	*1 petit oignon, haché fin*
coupées en deux	*1 ou 2 c. à thé de*
2 *c. à table de beurre*	*poudre de cari*

Poser les tomates sur une assiette à tarte en verre, le côté coupé vers le haut et les saupoudrer de sucre. Faire fondre le beurre dans une mesure d'une tasse (¼ l) pendant 30 secondes et ajouter l'oignon et le cari. Bien mélanger. Couvrir et cuire 4 minutes. Verser sur les tomates. Cuire sans couvrir encore 3 minutes. Pour 4 personnes.

Tomates au bacon

Les tomates et le bacon ont toujours été deux compagnons inséparables.

4 *tomates bien fermes,*	2 *c. à table de gras de bacon*
moyennes ou grosses	½ *tasse (30 g) de chapelure*
3 à 4 *tranches de bacon*	¼ *c. à thé de thym*

Couper les tomates, non pelées, en deux sur la hauteur, et les mettre dans une assiette à tarte en verre, le côté coupé vers le haut. Saupoudrer de sel et de poivre. D'autre part, disposer le bacon sur une assiette à tarte, couvrir d'une feuille de papier absorbant et cuire de 2 à 4 minutes ou jusqu'à ce qu'il soit croustillant. Enlever le bacon du gras de cuisson et le mettre de côté pour le laisser refroidir. Mettre dans un bol 2 cuillerées à table du gras de bacon avec le thym et la chapelure. Bien mélanger et répartir également cette préparation sur les huit moitiés de tomates. Saupoudrer du bacon émietté. Cuire 4 minutes sans couvrir ou jusqu'à ce que ce soit chaud. Pour 4 personnes.

Tomates farcies

Ce plat est le symbole même de l'automne, saison des légumes.
On peut en varier la farce à l'infini.

6 à 8 tomates moyennes	*2 à 3 c. à table de*
1 c. à thé de sel	*poivron vert haché*
½ c. à thé de thym	*1 boîte de 14 oz (400 ml) de*
2 c. à thé de sucre	*maïs en grains égoutté*
2 c. à table de beurre	*¼ tasse (55 g) de biscuits*
ou de margarine	*soda ou de croustilles*
3 oignons verts	*émiettées*
hachés fin	*Fromage râpé (facultatif)*

Ôter la calotte des tomates et les évider à la cuiller (garder cette
pulpe pour une salade ou une soupe). Disposer les coquilles de
tomates sur un plat de service et saupoudrer de sel, de thym et de
sucre. Dans un plat en verre, mettre le beurre, les oignons et le
poivron, et cuire sans couvrir pendant 2 minutes en remuant une
fois. Ajouter le maïs et les miettes de biscuits ou de croustilles.
Bien mélanger et garnir les tomates de cette préparation. Saupoudrer de fromage et cuire sans couvrir durant 5 minutes, ou jusqu'à ce que ce soit bien chaud. Pour 6 personnes.

Tomates au beurre

On peut chauffer les tomates dans le plat de service, ce qui prend
si peu de temps qu'il est inutile de couvrir. C'est vraiment un légume de dernière minute !

4 à 6 tomates très fermes	*½ c. à thé de poivre*
3 c. à table de beurre	*¼ c. à thé de basilic*
1 c. à table de sucre	*ou de marjolaine*

Pour peler facilement les tomates, les placer dans le four à micro-
ondes, chauffer de 15 à 20 secondes et laisser reposer 10 minutes ;
la peau s'enlève alors très bien. Presser délicatement pour faire
sortir les pépins. Couper chaque tomate en quatre.

Faire fondre le beurre 30 secondes dans une cocotte de 1 pinte (1 *l*) puis y placer les tomates. Saupoudrer du mélange des autres ingrédients. Cuire sans couvrir de 2 à 3 minutes et servir immédiatement. Pour 4 personnes.

Navets en sauce

Si les navets sont gros, il faudra les couper en dés, en segments, en tranches, ou les râper avant de les cuire. Les petits navets blancs et violets peuvent être cuits entiers après avoir été pelés. Cuits au four à micro-ondes, ils ne dégagent aucune odeur et ils conservent leur jolie couleur et toute leur fine saveur.

Éplucher les navets juste avant de les cuire en enlevant une pelure plus épaisse que pour les autres tubercules. Les couper selon l'une ou l'autre des façons indiquées ci-dessus. Il faut une cocotte de 1½ pinte (1,5 *l*) pour environ 3 tasses (700 ml) de navets coupés. Une plus petite quantité cuit bien dans un plat plus petit. Ajouter ¼ tasse (55 ml) d'eau et 1 cuillerée à thé de sucre. Couvrir et cuire de 15 à 22 minutes selon la grosseur des morceaux. Remuer les navets et tourner le plat deux fois pendant la cuisson. Laisser reposer 3 minutes.

Sauce pour navets

Mettre 2 cuillerées à table de beurre, 1 petit oignon haché fin et ¼ cuillerée à thé de poivre frais moulu dans un petit plat. Cuire sans couvrir de 3 à 4 minutes ou jusqu'à ce que l'oignon soit doré. Bien remuer et ajouter le zeste râpé de ½ citron. Cuire encore 1 minute. Verser sur les navets cuits juste avant de les mettre au repos au sortir du four. Réchauffer 30 secondes si nécessaire.

Variante 1 : Ajouter 1 tasse (225 ml) de pommes pelées et coupées en dés à 2 tasses (450 ml) de navets râpés, et cuire le tout comme dans la recette précédente. Après la période de repos, ajouter du beurre, du sel et du poivre, et passer au tamis ou fouetter au mélangeur pendant 1 minute. Mettre cette purée dans un plat de service et la saupoudrer de 1 cuillerée à table de cassonade. Cuire sans couvrir pendant 1 minute. Servir.

Variante 2 : Cuire 3 tranches de bacon selon les instructions de la page *163* . Enlever du four et laisser refroidir. Mettre dans un petit plat de verre 4 cuillerées à table de fromage à la crème, 3 cuillerées à table de crème sûre ou épaisse ou du jus de citron, puis de la ciboulette ou du persil. Couvrir et chauffer 2 minutes. Brasser jusqu'à ce que ce soit onctueux, ajouter le bacon émietté et bien mélanger. Couvrir et cuire encore 2 minutes. Verser sur les navets cuits.

Courgettes à l'italienne

Cette remarquable façon de préparer les courgettes nous vient de la ville de Bologne, où l'on sert généralement ce légume avec des crevettes à l'étuvée.

1 lb (455 g) de courgettes	*½ c. à thé de sel*
4 tiges de céleri	*¼ c. à thé d'origan* ou
1 boîte de 8 oz (225 ml)	*de basilic*
de sauce tomate	*2 c. à table d'huile végétale*
½ c. à thé de sucre	*2 c. à table de parmesan*
⅛ c. à thé de sel d'ail	*râpé*

Bien nettoyer les zucchinis et les couper en tranches de ¼ pouce (6 mm) d'épaisseur. Couper le céleri en longs bâtonnets. Mettre les deux légumes dans une marmite de 1½ pinte (1,5 *l*). Mélanger la sauce tomate, le sucre, le sel d'ail, le sel, l'origan ou le basilic et l'huile, et verser sur les légumes. Saupoudrer de fromage. Couvrir et cuire 7 minutes. Remuer 1 minute. Cuire encore 6 à 7 minutes. Laisser reposer 5 minutes avant de servir. Si l'on préfère une sauce plus épaisse, incorporer ½ tasse de chapelure dès que la cuisson est terminée. Cela épaissira le jus pendant la période de repos. Pour 4 personnes.

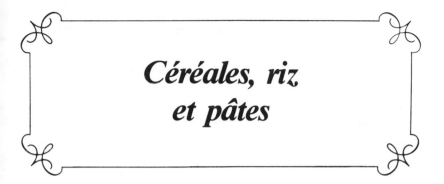

Céréales, riz et pâtes

Les céréales du petit déjeuner

Cuire les céréales instantanées ou ordinaires dans le four à micro-ondes s'avère fort simple et très pratique.

N'importe quel membre de la famille peut se préparer un bol de céréale à cuisson rapide ou instantanée par un froid matin d'hiver. Il suffit de mettre la quantité voulue dans un bol, de mélanger avec de l'eau et de porter à ébullition avant de laisser reposer de 3 à 5 minutes. Dans le cas de céréales ordinaires, on porte le mélange couvert à ébullition puis on laisse cuire selon le temps indiqué sur l'emballage. On n'économisera pas de temps, mais les céréales seront plus savoureuses. Comme elles ont tendance à bouillir rapidement, il faudra se servir d'un grand bol si on les prépare en grande quantité. La meilleure façon d'épargner du temps consiste à les cuire la veille et à les réchauffer dans des bols, le lendemain matin.

Céréales vite faites

⅓ tasse (60 g) de gruau   ¾ tasse (170 ml) d'eau
à cuisson rapide ou   Une pincée de sel
de crème de blé

Mélanger les ingrédients dans un bol à céréales. Cuire sans couvrir pendant 2 minutes ou jusqu'à ce que le mélange bouille, en remuant une fois en cours de cuisson. Laisser reposer 2 minutes. Donne 1 portion.

Pour plusieurs portions, préparer dans un grand bol et servir dans des petits.

Pour 3 portions : cuire 5 minutes, laisser reposer 2 minutes.

Pour 4 portions : cuire de 6 à 7 minutes, laisser reposer 3 minutes.

Note : Cuites comme ci-dessus, les céréales sont plus onctueuses. Si on préfère qu'elles soient plus épaisses, il faut faire chauffer l'eau avant de les y ajouter. Couvrir et cuire de 1 à 3 minutes par portion. Remuer et laisser reposer 2 minutes.

Céréales « Red River »

3 tasses (680 ml) d'eau ou   ½ c. à thé de sel
moitié eau, moitié lait   1 c. à thé de cassonade
1¼ tasse (225 g) de céréales
« Red River »

Mettre l'eau ou le mélange de lait et d'eau dans un bol de 2 pintes (2 l). Chauffer sans couvrir pendant 8 minutes pour porter à ébullition. Ajouter les céréales, le sel et la cassonade. Cuire sans couvrir de 4 à 6 minutes, en remuant deux fois. Laisser reposer 9 minutes et servir. Pour réchauffer, remplir un bol, ajouter du lait ou de la crème et chauffer à découvert de 1 à 2 minutes.

Gruau à l'ancienne

Ce plat se prépare si facilement et si rapidement qu'il devient impossible de ne pas servir un excellent porridge. La recette est prévue pour 4 à 6 personnes.

1½ tasse (250 g) de gruau à	*3 tasses (680 ml) d'eau*
l'ancienne ou ordinaire	*ou moitié eau, moitié lait*
½ c. à thé de sel	

Mettre l'eau ou le mélange de lait et d'eau dans un bol de 2 pintes (2 *l*). Chauffer sans couvrir pendant 8 minutes pour amener à ébullition. Ajouter le gruau et le sel. Cuire à découvert de 4 à 6 minutes, en remuant deux fois. Laisser reposer 5 minutes et servir.

Pour réchauffer, remplir un bol, ajouter du lait ou de la crème et chauffer sans couvrir de 1 à 2 minutes.

Riz ou pâtes

Si le riz cuit sans aucun problème dans le four à micro-ondes, on n'économise pourtant pas beaucoup de temps de cette façon, puisqu'on ne fait que le réhydrater. Cela permet toutefois de n'utiliser qu'un seul plat pour la cuisson et le service, ou encore de préparer un plat complet, tel que du bœuf avec des pâtes ou du riz, ou même un spaghetti avec sauce à la viande.

Il est essentiel que l'eau soit bouillante avant qu'on y ajoute le riz ou les pâtes ; il serait plus rapide de la faire bouillir sur la cuisinière, mais on peut aussi la mettre dans le four. La cuisson s'en trouvera raccourcie, tandis que le temps de repos durera plus longtemps, ce qui est très pratique quand on doit préparer une sauce pour accompagner le riz ou les pâtes.

Cette méthode permet en outre de réchauffer facilement ces deux aliments. Je garde toujours du riz cuit au réfrigérateur soit pour accompagner de la viande ou du poisson, soit pour préparer un plat élaboré.

Riz ordinaire à grains courts ou longs

1 tasse (225 g) de riz
2 tasses (450 ml) d'eau
   (pour le riz à grains courts)
2¼ tasses (500 ml) d'eau
   (pour le riz à grains longs)

½ c. à thé de sel
1 c. à thé d'huile végétale
   ou de beurre

Verser l'eau dans un bol de 2 pintes (2 l). Couvrir et porter à
ébullition (de 8 à 10 minutes). Ajouter le riz, le sel, l'huile ou le
beurre, remuer et couvrir. Le temps de cuisson est de 9 minutes
pour le riz à grains courts et de 10 minutes pour celui à grains
longs. Laisser reposer sans découvrir pendant 10 minutes. Remuer
avec une fourchette. Quantité : 3 tasses (675 ml).

Comment réchauffer le riz

Pour 2 à 3 tasses (450 à 700 g) de riz, couvrir et réchauffer pendant 2½ minutes. Bien remuer avec une fourchette et chauffer encore durant 50 secondes.

Note : On procède de la même façon pour les pâtes.

Riz à cuisson rapide

Verser 1½ tasse (360 ml) d'eau dans un bol de 1 pinte (1 l).
Chauffer environ 5 à 6 minutes ou jusqu'à ébullition. Ajouter 1½
tasse (340 g) de riz et ½ cuillerée à thé de sel. Bien remuer. Couvrir et laisser reposer le temps indiqué sur le paquet. Remuer
avec une fourchette. Assaisonner et servir. Quantité : 3¾ tasses
(850 ml).

Riz pilaf aux légumes

Servir en « casserole » pour le déjeuner ou comme légumes.

⅓ tasse (75 g) de beurre ou
de margarine
1½ tasse (340 g) de riz
à grains longs (non cuit)
1 gros oignon haché fin
½ tasse (115 ml) de céleri
en cubes

¼ tasse (15 g) de persil haché
fin
3 tasses (680 ml) d'eau
2 cubes de bouillon
de poulet
¼ c. à thé de thym ou
d'estragon

Mettre le beurre ou la margarine dans une casserole de 2 pintes (2 l), ajouter le riz, l'oignon et le céleri. Cuire à découvert 5 minutes, bien remuer et ajouter le reste des ingrédients. Couvrir et cuire 10 minutes en remuant deux fois. Laisser reposer 10 minutes sans découvrir pour finir la cuisson. Quantité : 6 portions.

Riz confetti

Cette recette est très colorée et savoureuse. On peut ajouter au riz des petits pois ou tout autre légume, ou encore des restes. Parfait avec le porc, le veau ou les côtelettes d'agneau.

2 tasses (450 ml) d'eau
bouillante
1 c. à thé de sel
1 tasse (225 g) de riz à
grains longs
2 carottes pelées et râpées
½ tasse (115 ml) de céleri
coupé en dés

4 oignons verts hachés fin
1 tasse (225 ml) ou ½ boîte
de petits pois congelés
1 c. à table de beurre ou
ou de margarine
Persil frais, ciboulette
ou aneth, au goût

Mettre tous les ingrédients dans un bol de 2 pintes (2 l) et bien mélanger. Couvrir et cuire 10 minutes, en remuant une fois. Laisser reposer 10 minutes. Remuer. Vérifier l'assaisonnement. Quantité : 4 portions.

Casserole végétarienne

S'il vous faut de la viande à tous les repas, vous pouvez ajouter au riz cuit 1 ou 2 tasses (225 à 450 g) de restes de poulet ou de dinde. Si on prépare ce plat à l'avance dans le but de le réfrigérer, il faudra limiter le temps de cuisson à 10 minutes. Le riz finira de cuire quand on le réchauffera au moment de servir.

1 tasse (225 g) de riz à longs grains non cuit	1 c. à thé de sel
¼ tasse (55 g) de margarine	1 paquet de10 oz (280 g) d'épinards hachés et dégelés
Jus et zeste d'un citron	½ tasse (30 g) de persil
⅛ c. à thé de sel d'ail	haché fin
⅛ c. à thé de muscade	1 œuf
6 oignons verts hachés	1 tasse (225 ml) de lait

Cuire le riz suivant les directives de la page *225*. Ajouter la margarine, le jus et le zeste de citron, l'ail, la muscade, les oignons verts, le sel, les épinards et le persil. Bien mélanger le tout à la fourchette. Verser le mélange dans une casserole de 2 pintes (2 *l*) en verre. Battre l'œuf et le lait ensemble et verser sur le tout.

Cuire au four à découvert 15 minutes ou jusqu'à ce que la « crème » commence à prendre, en tournant la casserole à moitié toutes les 4 minutes. Laisser reposer 10 minutes. Remuer légèrement et servir. Quantité : 6 portions.

Casserole au bœuf et au riz

Il est toujours bon de garder une livre (455 g) de bœuf haché au réfrigérateur en prévision d'un plat comme celui-ci. Le riz cuit peut aussi se conserver au réfrigérateur.

1 tasse (225 g) de riz cuit à grains longs ou courts	½ c. à thé de cumin ou de quatre-épices moulue
1 c. à table de beurre ou de margarine	½ c. à thé de thym
1 lb (455 g) de bœuf haché	1 tasse (225 ml) de crème sûre
2 tasses (450 ml) de céleri en dés	1 c. à thé de paprika
2 gros oignons hachés fin	2 tomates en quartiers
2 gousses d'ail hachées fin	½ tasse (55 g) de cheddar râpé
1 c. à thé de sel	

Faire fondre 30 secondes le beurre ou la margarine dans un bol de 2 pintes (2 *l*). Ajouter le bœuf et cuire 5 minutes, en remuant 2 ou 3 fois pour séparer la viande. Ajouter le céleri, les oignons et l'ail. Couvrir et cuire 8 minutes, en remuant 3 fois.

Mélanger le sel, le cumin ou la quatre-épices, le thym et la crème sûre. Ajouter d'abord à la viande, puis au riz cuit. Remuer. Saupoudrer de paprika et disposer les quartiers de tomate sur le dessus. Couvrir et cuire 5 minutes. Remuer et saupoudrer de fromage râpé. Cuire encore 4 minutes sans couvrir. Laisser reposer 10 minutes avant de servir. Quantité : 6 à 8 portions.

Les pâtes

Macaroni, spaghetti, nouilles

Mettre 8 onces (225 g) de pâtes crues dans un plat de 3 pintes (3 *l*). Si on utilise des pâtes larges, comme des lasagnes, prendre un moule à pain de 9 × 5 po (22,5 × 12,5 cm). Ajouter 2 cuillerées à thé de sel et 6 tasses (1,35 *l*) d'eau bouillante (il est plus rapide de faire bouillir cette eau sur la cuisinière que dans le four). Bien remuer et cuire à découvert de 5 à 6 minutes, en remuant une fois. Laisser reposer de 10 à 12 minutes. Égoutter avant de servir.

Pour servir nature, ajouter du beurre, du sel et du poivre. Remettre le plat au four et réchauffer 2 minutes.

Macaroni aux deux fromages

Les fromages râpés et coupés en dés se mélangent pour donner un macaroni qui sort de l'ordinaire.

8   oz (227 g) de macaroni
    en coudes
½   tasses (55 g) de cheddar
    fort râpé
½   à 1 tasse (55 à 110g) de
    cheddar moyen
    coupé en dés
2   c. à table de beurre
¼   tasse (60 ml) de céleri
    en dés

1   petit oignon en dés
2   c. à table de farine
2   tasses (450 ml) de lait
½   tasse (115 ml) de crème
    Sel et poivre
½   tasse (30 g) de pain
    en cubes
1   c. à table de beurre

Cuire et égoutter le macaroni selon les directives données au début du chapitre. Mettre la moitié du macaroni dans une casserole de 1½ pinte (1,5 l), saupoudrer de la moitié du fromage râpé et du fromage en dés. Terminer avec le restant de macaroni et de fromage.

Faire fondre 2 cuillerées à table de beurre pendant 30 secondes dans une mesure de 4 tasses (1 l) et y ajouter le céleri et l'oignon. Cuire à découvert 5 minutes. Bien mélanger, ajouter la farine, remuer encore, ajouter le lait et la crème. Cuire à découvert 5 minutes ou jusqu'à ce que la sauce soit onctueuse. Saler et poivrer.

Verser sur le macaroni mais ne pas mélanger.

Faire fondre le reste du beurre dans une assiette à tarte en verre. Ajouter les cubes de pain, remuer pour les enduire de beurre et les dorer. Verser sur le macaroni. Cuire à découvert 5 minutes de plus, en tournant le plat trois fois. Quantité : 4 à 6 portions.

Macaroni au fromage

Ce plat est à la fois facile et rapide à préparer. On peut en varier la garniture.

2 tasses (450 g) de macaroni de fantaisie ou en coudes	1 c. à thé de sel
2 c. à table de beurre	2 oignons verts hachés
2 c. à table de farine	2 tasses (225 g) de cheddar râpé
2 tasses (450 ml) de lait	

Cuire et égoutter le macaroni selon les directives ci-dessus, et le mettre dans un bol de 2 pintes (2 *l*). Pendant qu'il repose, faire fondre le beurre 30 secondes dans une mesure de 4 tasses (1 *l*). Ajouter la farine et bien mélanger. Ajouter le lait. Remuer et cuire à découvert 3 minutes. Bien mélanger, cuire une autre minute ou jusqu'à ce que la sauce commence à bouillonner. Ajouter le sel et les oignons verts. Ajouter le fromage et remuer jusqu'à ce qu'il soit complètement fondu. Verser la sauce sur le macaroni cuit. Bien mélanger.

On peut varier les proportions de sauce et de macaroni. Quantité : 4 à 6 portions.

Garniture suggérée : Parsemer de paprika ou couvrir de tranches de tomates fraîches. Mélanger ½ cuillerée à thé de sucre, 1 cuillerée à table d'huile végétale et verser sur les tomates. Dans tous les cas, cuire à découvert 3 minutes de plus.

Spaghetti et sauce à la viande

L'utilisation de cheddar fort ou moyen donne un goût différent à ce plat.

*2 à 3 tasses (4 à 8 onces —
115 à 227 g) de spaghetti
½ à 1 lb (225 à 455 g)
de bœuf ou de porc haché
1 gros oignon haché
1 poivron vert en dés
½ c. à thé d'origan
ou de basilic*

*1 feuille de laurier
1 boîte de 10 oz (280 ml) de
soupe aux tomates
¾ de la boîte d'eau
1 c. à thé de sel
¼ c. à thé de poivre
½ lb (225 g) de fromage au
choix taillé en cubes*

Cuire et égoutter le spaghetti selon les directives données au début du chapitre. Mélanger dans un plat de 2 pintes (2 l) le bœuf ou le porc, l'oignon, le poivron vert, l'origan ou le basilic et la feuille de laurier. Couvrir et cuire 10 minutes, en remuant 3 fois. Ajouter la soupe aux tomates, l'eau, le sel et le poivre. Cuire à découvert 5 minutes. Ajouter les cubes de fromage, laisser reposer sans découvrir pendant 5 minutes. Verser la sauce sur le spaghetti et servir. Quantité : 4 portions.

Nouilles Alfredo

Ce plat a été rendu célèbre par le réputé chef romain Alfredo qui lui a donné son nom.

*8 oz (225 g) de nouilles fines
4 tasses (1 l) d'eau bouillante
1 c. à thé de sel*

*1 tasse (½ lb — 227 g) de
beurre doux*
1 tasse (110 g) de parmesan
râpé*

Cuire et égoutter les nouilles selon les directives données au début du chapitre. Les mettre dans un grand bol, ajouter le beurre en morceaux et le fromage. Mélanger rapidement et légèrement avec deux fourchettes pour que le beurre et le fromage se fondent en une sauce crémeuse. Remettre au four et cuire 30 secondes. Remuer encore rapidement et servir. Quantité : 4 à 6 portions.

* Cette quantité est celle prévue dans la recette originale mais on peut n'en utiliser que la moitié.

Pâtes à la florentine

Le formage cottage et le parmesan râpé s'allient pour donner une saveur délectable à ce mets qu'on sert au printemps, en Italie, avec un plat de petits pois frais.

8 oz (225 g) de nouilles
   aux œufs
	½ tasse (55 g) de parmesan
	   râpé

1 tasse (225 g) de fromage cottage à la crème	Sel, poivre ¼ tasse (55 g) de beurre

Cuire et égoutter les nouilles selon les directives données au début du chapitre. Faire une pâte onctueuse avec le fromage cottage et le parmesan. Saler et poivrer. Faire fondre le beurre 30 secondes dans le plat de service. Bien mélanger avec les nouilles et le fromage. Quantité : 4 à 6 portions.

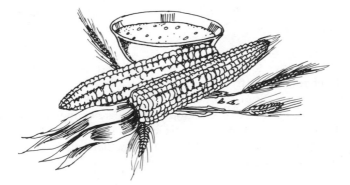

Spaghetti à la Livourne

Cette sauce est meilleure avec de l'huile d'olive. Si on ne trouve pas de poireaux, on peut les remplacer par deux oignons moyens.

8 oz (225 g) de spaghetti	1 boîte de tomates de
¼ à ½ tasse (55 à 115 ml) d'huile	26 oz (730 ml)
d'olive ou végétale	1 c. à table de sucre
2 carottes pelées et râpées	2 c. à thé de sel
2 oignons émincés	1 c. à thé de basilic
2 poireaux émincés	

Cuire et égoutter le spaghetti selon les directives données au début du chapitre. Chauffer l'huile 30 secondes dans un bol de 2 pintes (2 l). Ajouter les carottes, les oignons et les poireaux. Bien mélanger. Couvrir et cuire 5 minutes. Remuer et ajouter le reste des ingrédients. Couvrir et cuire 20 minutes. Goûter pour l'assaisonnement et servir sur le spaghetti.

Macaroni Hélène

8 oz (225 g) de macaroni en	3 c. à thé de beurre
coudes	1 tasse (225 ml) de crème sûre
½ livre (225 g) de cheddar fort	vendue dans le commerce
ou doux râpé	Paprika

Cuire et égoutter le macaroni selon les directives données au début du chapitre. Mettre la moitié du macaroni cuit dans une casserole de 1½ pinte (1,5 l), saupoudrer de la moitié du fromage, garnir de crème sûre et de la moitié du beurre coupé en petits cubes. Recommencer dans le même ordre. Saupoudrer le tout de paprika. Cuire à découvert 10 minutes, en tournant le plat 3 fois. Quantité : 4 portions.

Pâtes à la sauce verte

En Italie, on utilise le Cilantro ou persil italien. Sa saveur est iné-galable. On peut facilement le cultiver dans le jardin et on en trouve aussi dans certains marchés. Mais le persil frais frisé con-vient également pour cette sauce.

8 oz (225 g) de pâtes
½ tasse (115 g) de beurre
1 gousse d'ail émincée
1 tasse (55 g) de persil frais
*   haché*

½ tasse (55 g) de parmesan ou
*   de cheddar moyen râpé*

Cuire les pâtes et les égoutter selon les directives données au dé-but du chapitre. Pendant que les pâtes reposent, faire fondre le beurre dans le plat de service pendant 30 secondes. Ajouter l'ail et cuire à découvert 5 minutes. Ajouter les pâtes égouttées, le per-sil, le fromage, le sel et le poivre. Mélanger le tout et servir. Quantité : 4 à 6 portions.

Desserts et sauces à desserts

Qu'y a-t-il pour dessert ? Voilà qui n'est plus un problème quand on a un four à micro-ondes.

Les flans, plusieurs variétés de poudings, les crèmes ou les desserts aux fruits, les compotes, etc., peuvent être cuits avec succès aux micro-ondes. Les fruits et les desserts aux fruits conservent leur délicate saveur. Il faut apprendre à doser le sucre et le temps de cuisson car tout dépend du degré de maturité des fruits et de la variété. Je vérifie toujours au milieu de la cuisson, et je rajoute un peu de sucre ou de sirop ou j'allonge ou je diminue le temps de cuisson. Ne pas oublier que les fruits continuent de cuire pendant les 5 ou 10 minutes de repos.

Il faut se souvenir, quand on fait cuire des fruits en morceaux que ceux-ci doivent être de même grosseur et bien espacés dans le plat.

On peut utiliser des fruits frais, surgelés ou en conserve, de multiples façons. Ils cuisent rapidement, sans risquer de brûler ou de coller au plat. Comme les desserts aux fruits sont faciles à réchauffer s'ils ont été refroidis entre la cuisson et la consommation, on peut les préparer longtemps à l'avance.

Flan aux pêches

Je fais cuire ce flan directement dans le plat de service en céramique.*

2 tasses (450 ml) de pêches
fraîches ou en conserve
3 œufs
½ tasse (115 g) de sucre
½ c. à thé de muscade
¼ tasse (30 g) de farine

1 c. à thé de vanille
1 tasse (225 ml) de crème
épaisse
½ tasse (115 ml) de vermouth
sec ou de vin blanc sec

Peler les pêches fraîches ou égoutter les fruits en conserve. Trancher et mettre dans un plat de 1½ pinte (1,5 l). Mettre le reste des ingrédients dans un bol. Travailler au fouet ou au batteur électrique et verser le mélange sur les pêches. Cuire à découvert de 8 à 9 minutes, en tournant le plat quatre fois. Laisser reposer 15 minutes. Servir à la température de la pièce ou réfrigérer.

Pour varier, recouvrir le dessus de gelée de cassis, fondue 40 secondes au four à micro-ondes.

* Voir note sur la céramique p. 29.

Pouding au riz

Un mélange à pouding et du riz à cuisson rapide forment un dessert délicieux et onctueux prêt en quelques minutes. Sensationnel, servi avec du sirop d'érable ou une sauce au brandy.

1 tasse (225 g) de riz à
cuisson rapide
1 paquet de 3¼ oz (100 g) de
pouding à la vanille

3 tasses (680 g) de lait ou
2 tasses (450 ml) de lait et
1 tasse (227 ml) d'eau

Mettre tous les ingrédients en même temps dans un bol de 1½ pinte (1,5 l) et bien mélanger. Couvrir de papier ciré. Cuire 10 minutes en remuant 3 fois durant la cuisson. Goûter le riz et, s'il est encore un peu croquant, le remettre 3 minutes au four. Remuer encore trois ou quatre fois pendant que le pouding refroidit.

Sauce : Ajouter 3 cuillerées à table de brandy à 1 tasse (225 ml) de sirop d'érable. Chauffer 2 minutes.

Pouding au caramel

Le flan français au caramel est léger et crémeux quand il est fait aux micro-ondes.

1½ tasse (360 ml) de lait
½ tasse (115 ml) de crème
  épaisse
4 c. à table de fécule
  de maïs

1 tasse (225 g) de sucre*
  Une pincée de sel
1 c. à thé de vanille
½ c. à thé d'extrait d'amande

Verser 1¼ tasse (280 ml) de lait ainsi que la crème dans un bol de 2 pintes (2 *l*). Cuire à découvert de 6 à 7 minutes ou jusqu'à ce que le liquide frémisse mais sans bouillir, en remuant deux fois. Retirer du four. Garder couvert.

Mettre le sucre dans un bol de 2 pintes (2 *l*) et cuire à découvert de 5 à 6 minutes. Bien mélanger, cuire 4 à 6 minutes de plus en remuant souvent, jusqu'à ce que le sucre soit d'un brun doré.

Verser le liquide chaud dans le sucre, chauffer 2 minutes à découvert en remuant une fois. chauffer jusqu'à ce que tout le sucre soit fondu. Mélanger la fécule de maïs avec le ¼ tasse (55 ml) de lait qui reste et l'ajouter au lait chaud, saler et chauffer de 2 à 3 minutes, en remuant 3 fois. Ajouter la vanille et l'extrait d'amande. Laisser reposer 10 minutes. Bien mélanger. Verser dans un plat ou dans des coupes, couvrir et réfrigérer. Servir froid.

* Ne pas utiliser de cassonade.

Fruits Belle-Aurore

C'est une sauce douce et crémeuse dont on nappe des fruits frais, et le tout est servi très froid. Création du chef français Abélard.

2 c. à table de beurre	2 à 3 tasses (450 à 700 ml) de
2 c. à table de farine	fruits frais au choix
1 tasse (225 ml) de crème	pelés et tranchés
légère ou épaisse	3 c. à table de brandy
½ tasse (115 g) de sucre	1 c. à table de sucre
1 c. à thé d'eau de	
fleur d'oranger	

Mettre le beurre dans un bol de 1 pinte (1 *l*) et chauffer 1 minute pour le faire fondre.

Verser la farine en pluie et bien mélanger. Ajouter la crème et le sucre. Battre pour faire une crème onctueuse. Cuire à découvert 1 minute. Remuer soigneusement, cuire 1 à 2 minutes de plus, en remuant deux fois.

Ajouter l'eau de fleur d'oranger (achetée à la pharmacie ou dans une épicerie spécialisée).

Utiliser un fruit ou un mélange de fruits. Les fruits en boîte, bien égouttés, peuvent servir mais ne donneront jamais une texture aussi délicate ni une saveur aussi fraîche. Arroser de brandy et de 1 cuillerée à table de sucre.

Verser la sauce chaude sur le dessert sans mélanger. On peut ajouter, quand on en a, quelques feuilles de menthe fraîche. Servir froid.

Pouding au pain et au caramel

Ce dessert est prêt à servir en 6 minutes. Pour varier, on peut utiliser un pouding à la vanille ou au chocolat. On peut aussi remplacer le pain par un reste de gâteau.

1 paquet de 3¼ oz (100 g) de pouding au caramel instantané	½ tasse (55 g) de raisins secs
2 tasses (450 ml) de lait	1 tasse (225 ml) de pain en dés sans croûte

Mélanger tous les ingrédients dans un bol d'une pinte (1 *l*). Cuire à découvert de 6 à 7 minutes ou jusqu'à ce que le mélange bouille, en remuant 3 fois durant les 3 ou 4 dernières minutes de cuisson. Servir tiède ou froid.

Pouding au pain et au chocolat

On peut préparer ce dessert pour une occasion spéciale. Servir chaque portion arrosée de brandy et garnie de crème fouettée.

3 c. à table de beurre	1 tasse (225 ml) de crème légère
1 carré de chocolat non sucré	1½ tasse (340 ml) de pain frais coupé en dés
½ tasse (115 g) de sucre	¼ tasse (40 g) d'amandes grillées effilées
3 œufs	

Mélanger le beurre et le chocolat dans un plat de 1 pinte (1 *l*), cuire 2 minutes en remuant une fois. Quand le chocolat est fondu, bien mélanger de nouveau et ajouter le sucre.

Battre les œufs au malaxeur électrique pour les rendre mousseux. Verser dans le mélange de chocolat. Remuer et ajouter la crème. Remuer encore et cuire à découvert 2 minutes 30 secondes en remuant deux fois. Laisser reposer 5 minutes. Ajouter les dés de pain et les amandes grillées (dans le four à micro-ondes, voir p.*328*). Cuire à découvert 2 minutes, en tournant une fois le plat à moitié. Laisser reposer 10 minutes. Servir tiède.

Pouding au tapioca

On n'économise pas beaucoup de temps dans ce cas-ci mais le pouding aura une saveur délicieuse et une consistance onctueuse, impossibles à obtenir avec les méthodes traditionnelles.

3 c. à table de tapioca
   à cuisson rapide
5 c. à table de sucre
1 pincée de sel
1½ tasse (360 ml) de lait

½ tasse (115 ml) de crème
   légère
1 œuf (jaune et
   blanc séparés)
½ c. à thé d'extrait
   d'amande

Mélanger le tapioca, 3 cuillerées à table de sucre, le sel, le lait, la crème et le jaune d'œuf dans un bol de 1½ pinte (1,5 l). Bien mélanger. Laisser reposer 5 minutes. Cuire à découvert 2 minutes. Remuer, cuire encore 2 minutes ou jusqu'à ce que le mélange ait gonflé.

Retirer du four, ajouter l'extrait d'amande. Laisser reposer 3 minutes, bien mélanger.

Entre-temps, battre le blanc d'œuf, y ajouter une par une les 2 cuillerées à table de sucre qui restent. Battre encore jusqu'à ce qu'il soit ferme. Ajouter doucement au tapioca chaud. Laisser reposer 10 minutes. Servir tiède ou froid.

Meringues

Dessert élégant et intéressant.

1½ tasse (360 ml) de lait
½ tasse (115 ml) de
   crème légère
¼ tasse (55 g) de sucre
1 c. à thé de vanille

2 blancs d'œufs
¼ tasse (55 g) de sucre
1 pincée de sel
½ c. à thé de vanille
3 jaunes d'œuf

Mettre dans un plat de 1½ pinte (1,5 *l*) le lait, la crème et ¼ tasse (55 g) de sucre. Bien mélanger. Chauffer à découvert 3 minutes ou jusqu'à ce que le mélange bouille. Ajouter la moitié de la vanille. Pendant ce temps, battre les blancs d'œufs en neige ferme avec ¼ tasse (55 g) de sucre. Ajouter ensuite le reste de la vanille aux blancs d'œufs. Déposer 6 cuillerées à table des blancs d'œuf dans le lait bouillant pour former six pics. Chauffer à découvert 1 minute 30 secondes. Retirer ces meringues avec une louche perforée et les déposer sur un plat de service. Répéter cette opération jusqu'à ce que tous les blancs soient cuits. Ajouter les jaunes d'œufs battus au restant de lait. Cuire 2 à 3 minutes, en remuant soigneusement jusqu'à ce que la sauce commence à bouillonner sur les bords du plat. Ne pas trop cuire pour ne pas faire de grumeaux. Laisser reposer 5 minutes. Bien mélanger et verser sur les blancs d'œufs. Refroidir, puis réfrigérer ou servir encore tiède.

Pommes au four au caramel

L'addition de rhum ou de cognac donne une saveur spéciale.

4 *pommes à cuire*	2 *c. à table de beurre*
½ *tasse (115 ml) de crème*	2 *c. à table de rhum* ou
(légère ou épaisse)	*de cognac* ou
⅔ *tasse (150 ml) de sirop*	1 c. à thé de vanille
de maïs ou de	
sirop d'érable	

Laver et épépiner les pommes. Les placer en cercle dans une assiette de verre de 10 po (25 cm) ou dans un plat à four ovale.

Mélanger la crème, le sirop de maïs ou d'érable et le beurre. Verser ce mélange sur les pommes et cuire à découvert de 8 à 9 minutes ou jusqu'à ce que les pommes soient tendres. Laisser reposer de 3 à 4 minutes, retirer les pommes et les disposer sur un plat de service. Ajouter le rhum, le cognac ou la vanille à la sauce du plat. Bien mélanger. Cuire à découvert de 4 à 5 minutes. Verser sur les pommes.

Mousse au chocolat et au rhum

Cette mousse peut être servie dans des coupes ou garnir une croûte à tarte faite de miettes de biscuits au chocolat.

2 carrés de 1 oz (28 g) chacun de chocolat semi-sucré	1 pincée de sel
	1 tasse (225 ml) de lait
	3 c. à table de rhum
⅓ tasse (75 g) de sucre	⅓ tasse (75 g) de sucre
1 enveloppe de gélatine non aromatisée	1 tasse (225 ml) de crème à fouetter
3 œufs séparés	

Faire fondre le chocolat, sans couvrir et pendant 2 minutes, dans une mesure de 4 tasses (1 *l*). Y incorporer ⅓ tasse (75 g) de sucre et la gélatine et bien mélanger. Ajouter les jaunes d'œufs et le sel et battre le mélange. Verser le lait et le rhum. Cuire à découvert, 4 minutes ou jusqu'à ce que le mélange épaississe légèrement, en remuant trois fois. Refroidir. Battre les blancs d'œufs. Leur ajouter graduellement ⅓ tasse (75 g) de sucre et battre encore jusqu'à ce qu'ils soient fermes. Ajouter au mélange au chocolat.

Fouetter la crème dans un grand bol jusqu'à ce qu'elle soit ferme et l'incorporer au mélange au chocolat. Verser dans 6 à 8 coupes individuelles ou en garnir une croûte de 8 ou 9 po (20 ou 22 cm), faite de miettes de biscuit. Réfrigérer de 3 à 6 heures.

Pommes bouillies

Il ne faut pas se laisser influencer par le nom de cette recette ou par sa simplicité, elle est absolument délicieuse.

6 pommes rouges à cuire, non pelées	Jus de pomme ou eau
	½ tasse de sucre

Mettre les pommes dans un plat de cuisson de 10 po (25 cm) ou dans un plat à four ovale. Ajouter environ ½ po (1,25 cm) de jus de pomme ou d'eau. Saupoudrer de sucre. Ne pas couvrir. Cuire 5 minutes, retourner soigneusement les pommes avec une cuiller perforée, cuire encore 2 ou 3 minutes. Les pommes ne doivent pas éclater mais seulement gonfler. Retirer les pommes du plat. Continuer de cuire le sirop pendant environ 8 minutes, sans couvrir. Verser sur les pommes. Servir chaud ou froid.

Pommes au four

La durée de la cuisson variera légèrement selon la grosseur, la forme et la température initiale des pommes. Une pomme fourrée prendra quelques minutes de plus puisqu'il y a plus de volume à chauffer et à cuire. La pomme que je préfère, tant pour la saveur que pour la texture, demeure la McIntosh.

4 *pommes moyennes*
  à cuire
4 *c. à table de sucre*
  blanc ou *de cassonade*
2 *c. à table de beurre*
  ou *de margarine*

⅛ *c. à thé de macis,*
  de muscade, de
  cardamone, de grains
  coriandre moulus
  ou *de cannelle*

Laver les pommes et enlever les cœurs. Les disposer en cercle dans un plat à four de 8 × 8 po (20 × 20 cm) ou, si l'on préfère, dans des coupes à crème renversée. Mettre 1 cuillerée à table de sucre et 1 cuillerée à thé de beurre dans chaque cavité. Saupoudrer chaque pomme des épices choisies. Couvrir de papier ciré. Cuire de 6 à 8 minutes ou jusqu'à ce que la chair des pommes soit tendre. Laisser reposer de 10 à 15 minutes avant de servir.

1 pomme dans une coupe à crème renversée cuira en 3 minutes..

2 pommes dans des coupes à crème renversée prendront 4 minutes.

Pour plus de 4 pommes, les mettre au four 4 par 4, autrement, la cuisson ne sera pas parfaite.

Pouding au fudge

Excellent servi chaud avec de la crème ou de la crème glacée.

2 tasses (450 ml) d'eau
1 tasse (110 g) de farine
¾ tasse (175 g) de sucre
½ tasse (55 g) de noix
  hachées ou de raisins
  sans pépins
2 c. à table de cacao
  non sucré
1 c. à thé de poudre à pâte

½ c. à thé de sel
1 c. à thé de vanille
½ c. à thé de muscade
2 c. à table d'huile
  végétale
½ tasse (115 ml) de lait
¾ tasse (175 g) de sucre
¼ tasse (25 g) de cacao
  non sucré

Mettre l'eau à bouillir pendant 4 ou 5 minutes, dans une mesure de 4 tasses (1 l). Pendant ce temps, mélanger, dans un bol de 3 pintes (3 l), la farine, ¾ tasse (175 g) de sucre, les noix ou les raisins secs, le cacao, la poudre à pâte et le sel. Ajouter la vanille, la muscade, l'huile végétale et le lait. Bien mélanger. Étendre uniformément dans un moule avec une petite coupe ou milieu.

Mélanger le reste du sucre et du cacao, et étendre ce mélange sur la pâte. Arroser d'eau bouillante. Cuire à découvert de 9 à 10 minutes, en tournant le plat quatre ou cinq fois.

Délice aux pommes

C'est une crêpe légère fourrée de pommes au beurre. Le glaçage se fait au gril de la cuisinière. Ne pas oublier de le préchauffer pendant la cuisson des pommes aux micro-ondes.

4 c. à table de beurre
6 pommes moyennes
3 œufs
3 c. à table de farine
3 c. à table de sucre

Zeste de 1 citron
.1 pincée de sel
2 tasses (450 ml) de lait
½ tasse (110 g) de sucre
  à glacer

Faire fondre le beurre sans couvrir pendant 1 minute dans un plat de verre de 8 × 8 po (20 × 20 cm). Peler et trancher les pommes. Passer les tranches dans le beurre pour les en enrober. Battre les œufs, ajouter la farine et fouetter au malaxeur ou à la main. Ajouter le reste des ingrédients sauf le sucre à glacer. Bien mélanger tous les ingrédients. Verser sur les pommes.

Cuire à découvert 9 minutes, en tournant le plat à moitié toutes les 3 minutes. Laisser reposer 5 minutes. Saupoudrer de sucre à glacer. Mettre sous le gril de la cuisinière de 2 à 3 minutes, ou jusqu'à la formation d'une croûte dorée. Servir tiède. Ce dessert se réchauffe bien, couvert, en 3 minutes.

Pommes à la normande

Servir bien froid. Ce dessert et parfait après un repas un peu lourd.

5 pommes pelées	2 c. à table de confiture
Jus et zeste de 1 citron	d'abricot ou de prune
¾ tasse (175 g) de sucre	2 c. à table de sherry sec
¼ tasse (55 ml) d'eau	

Choisir des pommes d'égale grosseur, les peler et les couper en quartiers. Arroser du jus de citron.

Mettre le sucre et l'eau dans un plat en verre de 12 × 8 po (30 × 20 cm). Cuire à découvert 6 minutes, en remuant 2 fois.

Ajouter les quartiers de pommes et le zeste de citron. Cuire à découvert de 8 à 9 minutes, en remuant une fois. Arrêter la cuisson aussitôt que les pommes deviennent tendres afin qu'elles conservent leur forme. Les retirer du plat avec une cuiller perforée.

Ajouter la confiture et le sherry au sirop restant dans le plat. Cuire 10 minutes à découvert en remuant 2 fois. Verser sur les pommes. Refroidir, puis réfrigérer jusqu'au moment de servir.

Compote de pommes

C'est la toute première recette que j'ai préparée dans mon four à micro-ondes et j'ai été si heureuse du résultat que je n'ai jamais cessé depuis d'adapter et d'inventer des plats pouvant être cuits aux micro-ondes.

4 ou 5 tasses (1 l)
de pommes pelées
et tranchées
½ tasse (115 ml) de jus de
pomme ou d'eau

1 c. à table de jus
de citron frais
⅓ tasse (75 g) de sucre

Mettre les pommes et les jus de pomme et de citron dans une cocotte de 1½ pinte (1,5 l). Couvrir de papier ciré. Cuire de 6 à 8 minutes, ou jusqu'à ce que les pommes soient tendres.

Ajouter le sucre et fouetter jusqu'à ce que le mélange soit crémeux, ou servir sans brasser.

On peut mettre plus ou moins de sucre, selon son goût. Quantité : 3 tasses (675 ml).

Variantes : Remplacer le jus de pomme ou l'eau par du jus de canneberges ou encore le jus de pomme et le jus de citron par une égale quantité de jus d'orange ou encore de vin blanc. On peut aussi substituer du miel, de la cassonade ou du sucre d'érable au sucre blanc.

Compote de pommes aux croûtons

Les croûtons beurrés et croustillants et le coriandre donnent à cette sauce une saveur spéciale.

1 tasse (225 ml) de jus
de pomme
6 tasses (1,5 l) de pommes
pelées et tranchées
¼ à ½ tasse (60 à 115 g)
de sucre
2 c. à table de beurre

¾ tasse (175 ml) de cubes
de pain
½ c. à thé de cannelle
½ c. à thé de graines
de coriandre moulues
1 c. à thé de beurre

Mettre le jus de pomme et les pommes en tranches dans un plat de 2 pintes (2 *l*). Cuire à découvert de 6 à 8 minutes. Fouetter ou passer au tamis pour en faire une purée. Sucrer. Refroidir. Mettre le beurre dans une assiette à tarte en verre et faire fondre 1 minute. Ajouter les cubes de pain et les rouler dans le beurre avec la cannelle et les graines de coriandre. Cuire 8 minutes à découvert, en remuant 4 fois. Le pain doit être bien doré et croustillant. L'incorporer à la sauce aux pommes pendant qu'il est chaud. Ajouter 1 cuillerée à thé de beurre et le faire fondre. Servir chaud ou tiède.

Aspic de rhubarbe

Un dessert agréable, qu'il est bon d'avoir tout prêt au réfrigérateur. Il se conservera de 3 à 5 jours.

3 c. à table d'eau froide	*1 tasse (225 ml) d'eau bouillante*
1 enveloppe de gélatine non aromatisée	*½ tasse (110 g) de sucre*
	2 tasses (450 ml) de rhubarbe cuite
¼ tasse (60 ml) de jus de citron	

Saupoudrer la gélatine dans l'eau dans un plat de 1½ (1,5 *l*). Laisser reposer 3 minutes. Ajouter le jus de citron, l'eau bouillante et le sucre. Bien remuer. Cuire 3 minutes à découvert, en remuant une fois. ajouter la rhubarbe cuite, chaude ou froide. Bien mélanger. Verser dans un moule huilé. Réfrigérer jusqu'à ce que la gelée soit prise. Démouler et servir tel quel ou avec de la crème fouettée.

Bananes au rhum

On peut remplacer le rhum par du cognac.

3 c. à table de beurre	*¼ à thé de cannelle et*
ou de margarine	*de muscade*
6 c. à table de cassonade	*4 à 5 bananes pelées*
2 c. à table de crème	*2 c. à table de rhum.*

Faire fondre le beurre pendant 1 minute dans une casserole de 2 pintes (2 *l*). Ajouter la cassonade, les épices et la crème. Bien mélanger. Trancher les bananes une fois dans le sens de la longueur et une fois en largeur. Les ajouter au mélange et bien les enrober. Cuire à découvert 3 minutes ou jusqu'à ce que le sirop bouillonne légèrement. Ajouter le rhum et laisser reposer 1 minute avant de servir.

Pamplemousse au rhum

Excellent, servi chaud comme entrée avant du rosbif, ou comme dessert.

1 gros pamplemousse	*1 c. à thé de beurre*
2 c. à thé de cassonade	*2 c. à thé de rhum*
1 c. à thé de gingembre moulu	

Couper le pamplemousse en deux. Découper les sections. Placer chaque moitié sur un petit plat de service. Saupoudrer du mélange de cassonade et de gingembre. Mettre un petit morceau de beurre et verser 1 cuillerée à thé de rhum sur chaque moitié.

Préparer un demi-pamplemousse par personne, mais cuire deux moitiés à la fois pendant 4 minutes, ou une seule pendant 2 minutes. Les pamplemousses resteront chauds 8 à 10 minutes, ce qui permet d'en préparer deux autres pendant que les deux premiers cuisent.

Fondue à l'orange

C'est une fondue au vin blanc qui sort de l'ordinaire. On emploie habituellement des quartiers d'orange et des pêches en tranches fines, mais on peut y ajouter ou y substituer d'autres fruits : pommes, raisins, bananes, etc. Le sirop peut être fait à l'avance et réchauffé 2 minutes au four à micro-ondes.

1 tasse (225 g) de sucre	Jus et zeste de 2 oranges
1 tasse (225 ml) de vin blanc sec	6 pêches
2 c. à table de cognac	6 oranges

Mettre dans un plat de verre de 8 po (20 cm) ou dans un plat de service le sucre, le vin blanc, le cognac, le zeste et le jus des oranges. Bien mélanger. Cuire de 18 à 20 minutes à découvert, en remuant 2 fois. Le sirop doit atteindre 240° F (116° C). Retirer le plat du four, vérifier la température du sirop et remettre au four si nécessaire. Quand tout est prêt, placer le plat sur un réchaud de table. On déguste la fondue en plongeant chaque morceau de fruit dans le sirop avec une fourchette à fondue, pendant 1 ou 2 secondes.

Compote de cerises

Pour ce dessert succulent, il faut prendre de grosses cerises noires.

1 livre (450 g) de cerises noires Bing
½ tasse (115 ml) de gelée de groseilles ou de cassis
¼ tasse (60 ml) de cognac ou de liqueur à l'orange

Dénoyauter les cerises, les mettre dans un bol de cristal ou un plat de service en verre. Mettre la gelée et le cognac ou la liqueur dans une mesure d'une tasse (¼ l). Couvrir et cuire 1 minute 30 secondes. Laisser reposer 2 minutes. Bien remuer. Verser sur les cerises. Mélanger légèrement. Couvrir. Réfrigérer de 4 à 6 heures avant de servir.

Pêches fraîches au cognac

Chauffer les pêches fraîches pendant 15 à 20 secondes au four à micro-ondes, puis les laisser reposer 10 minutes et les peler ; c'est beaucoup plus facile ainsi qu'en les plongeant dans l'eau bouillante.

4 à 5 pêches	¼ tasse (40 g) d'amandes
soit 2 lb (900 g)	blanchies et émondées
Jus de citron	¼ c. à thé de muscade
2 c. à table de sucre	2 c. à table de cognac

Peler les pêches, les couper en deux et ôter les noyaux. Les frotter de jus de citron.

Disposer les moitiés de pêches dans un plat à four de 8 × 8 po (20 × 20 cm), la partie coupée vers le haut. Saupoudrer de sucre. Mettre les amandes et la muscade dans une assiette à tarte. Chauffer les amandes et la muscade dans une assiette à tarte. Chauffer au four à découvert de 3 à 4 minutes, ou jusqu'à ce qu'elles soient dorées. En remplir le centre des moitiés de pêche. Cuire à découvert de 5 à 7 minutes, en tournant le plat à moitié deux fois durant la cuisson.

Arroser de cognac. Laisser reposer 5 minutes. Servir tiède ou froid.

Compote de pêches et de petits fruits

Une véritable compote d'été. Les framboises fraîches peuvent être remplacées par des fruits congelés. Délicieuse, servie avec des biscuits chauds.

1 tasse (225 ml) de pêches	2 tasses (450 ml) de
tranchées et pelées	framboises fraîches
1 tasse (225 ml) de fraises	½ tasse (60 g) de sucre
coupées ou de bleuets	à glacer

Mettre les pêches et les fraises ou les bleuets dans un plat de service en verre. Écraser les framboises et les passer au tamis. Ajouter le sucre à glacer. Bien mélanger. Verser sur les fruits mais ne pas mélanger.

Chauffer le plat dans le four sans le couvrir pendant 3 minutes. Refroidir et réfrigérer jusqu'au moment de servir. Remuer avant de servir.

Mousse au citron

Un dessert léger et très rafraîchissant.

½ tasse (115 g) de sucre
1 enveloppe de gélatine
 non aromatisée
¼ c. à thé de sel
½ tasse (115 ml) d'eau
½ tasse (115 ml) de jus
 de citron

Zeste de 1 citron
3 œufs (jaunes
 et blancs séparés)
⅓ tasse (75 g) de sucre
1 tasse (225 ml) de
 crème à fouetter

Mélanger ½ tasse (115 g) de sucre, la gélatine, le sel, l'eau, le jus et le zeste du citron dans une mesure de 4 tasses (1 l).

Battre les jaunes d'œufs et les ajouter au mélange. Cuire à découvert de 3 à 4 minutes ou jusqu'à ce que le mélange mijote, en remuant 3 fois. Refroidir jusqu'à ce qu'il épaississe légèrement mais sans le laisser prendre.

Préparer un plat à soufflé de 3 à 4 tasses (¾ à 1 l) en fixant une bande de papier ciré autour d'un plat pour augmenter sa hauteur de 3 po (7,5 cm). Maintenir la bande avec un attache-feuilles.

Battre les blancs d'œufs, verser ⅓ tasse de sucre et battre encore un peu avant de les ajouter à la préparation au citron. Fouetter la crème et l'incorporer au mélange avant de verser le tout dans le plat préparé pour le soufflé.

Réfrigérer de 6 à 12 heures ou jusqu'au moment de servir. Retirer le papier ciré avant de servir.

Croustade de pommes

Ce dessert des grandes occasions se sert couronné de crème glacée et de sauce au caramel.

4 tasses (1 l) de pommes tranchées	½ c. à thé de cannelle
⅓ tasse (75 g) de sucre	1 c. à table de margarine ou de beurre
2 c. à table de farine	2 c. à table de jus de citron

Disposer les tranches de pommes dans un plat à four de 8 × 8 po (20 × 20 cm). Mélanger ensemble le sucre, la farine, la cannelle, la margarine ou le beurre. Étendre ce mélange sur les pommes. Arroser de jus de citron.

Garniture :

¾ tasse (135 g) de cassonade	½ tasse (55 g) de noix hachées finement
¾ tasse (80 g) de farine	1 pincée de sel
⅓ tasse (75 g) de beurre	

Mélanger tous les ingrédients de la garniture. En saupoudrer des pommes et bien presser pour les maintenir en place. Cuire à découvert, 15 minutes en tournant le plat à moitié toutes les 5 minutes. Laisser reposer 15 minutes et servir.

Croustade de pêches

Ce dessert est meilleur s'il est servi tiède avec de la crème fouettée ou de la crème glacée. Préparer la croûte pendant la période de repos des pêches.

6 à 8 pêches
2 c. à table de
  jus de citron
¼ tasse (55 ml) d'eau
¾ tasse (80 g) de farine

1 tasse (180 g) de cassonade
3 c. à table de beurre
¼ c. à thé de sel
Zeste d'une orange
¼ c. à thé de muscade

Chauffer les pêches 15 à 20 secondes dans le four puis laisser reposer 10 minutes.

Peler et trancher les pêches. Les placer dans un plat à four de 8 × 8 po (20 × 20 cm). Mélanger le jus de citron et l'eau et verser sur les pêches.

Mélanger la farine, le sucre, le beurre, le sel, le zeste d'orange et la muscade et en recouvrir les fruits. Cuire à découvert de 5 à 8 minutes, selon le degré de maturité des pêches. Laisser reposer de 3 à 4 minutes avant de servir.

Pêches pochées

Avec le vin et le zeste d'orange, ces pêches donneront l'impression d'être parfumées à la liqueur.

½ tasses (115 g) de sucre
2 c. à table de
  fécule de maïs
  Zeste d'une orange

½ tasse (115 ml) de sherry
  ou de vin blanc sucré
1 grosse boîte de 28 oz
  (800 ml) de pêches en
  tranches ou en moitiés

Mélanger tous les ingrédients dans un bol de 2 pintes (2 l). Cuire à découvert de 9 à 10 minutes, en remuant 2 fois. Laisser reposer 5 minutes. Servir tiède ou froid.

Pouding à la rhubarbe

Dessert agréable en hiver comme en été.

2 tasses (450 ml) de rhubarbe

2 c. à table de jus
de citron

½ tasse (110 g) de sucre
Zeste de ½ citron

1 tasse (180 g) de cassonade

¾ tasse (80 g) de farine

¼ tasse (40 g) de gruau

½ tasse (115 g) de beurre
doux

Nettoyer la rhubarbe et la couper en morceaux de ½ po (2,5 cm). Ajouter le jus de citron et le sucre. Bien mélanger. Étendre la rhubarbe dans le fond d'un plat en verre de 8 × 8 po (20 × 20 cm) et saupoudrer de zeste de citron. Mélanger la cassonade, la farine, le gruau et le beurre pour en faire une pâte granuleuse ; l'étaler sur la rhubarbe. Cuire à découvert 15 minutes, en tournant le plat à moitié 3 fois. Laisser reposer 5 minutes. Servir chaud ou à la température de la pièce.

Note : S'il s'agit de rhubarbe congelée, en utiliser un peu plus de 2 tasses, cuire 1 minute, égoutter et suivre la recette.

Poires moulées

Se conserve 2 jours, couvert et réfrigéré.

1 c. à table de gélatine
sans saveur

2 c. à table de café
fort froid

6 c. à table de sucre

½ tasse (115 ml) de sirop
de poire

1 tasse (225 ml) de café

6 à 8 moitiés de
poires en conserve

1 c. à thé de zeste
d'orange

1 tasse (225 ml) de crème à
fouetter

½ c. à thé d'extrait
d'amande

Saupoudrer la gélatine sur les deux cuillerées à table de café dans une mesure de 4 tasses (1 l). Laisser reposer 3 minutes. Ajouter le sucre, le sirop de poire et la tasse de café. Cuire à découvert 4 minutes, en remuant deux fois.

Disposer les moitiés de poires dans le fond d'un moule en anneau, huilé, de 10 po (25 cm). Saupoudrer les poires du zeste d'orange râpé et ajouter une partie du mélange à la gélatine, pour faire ½ po (1,25 cm) d'épaisseur. Réfrigérer 1 à 2 heures ou jusqu'à ce que la gelée soit prise.

Réfrigérer le reste du mélange à la gélatine jusqu'à ce qu'il soit à moitié pris. Fouetter la crème avec l'extrait d'amande et y ajouter la gélatine. Bien mélanger. Verser par cuillerées sur les poires dans le moule. Réfrigérer le tout jusqu'à ce que la gelée soit bien prise. Garder couvert jusqu'au moment de servir. Démouler et garnir de crème fouettée.

Poires de luxe

Délectable dessert, très facile à préparer.

1 grosse boîte de poires en moitiés	*1 tasse (225 ml) de crème à fouetter*
½ tasse (115 ml) de crème de cacao	*1 c. à thé de café instantané*

Égoutter les poires en réservant ½ tasse (115 ml) de liquide. Verser celui-ci dans une mesure de 2 tasses (½ *l*) et ajouter la crème de cacao en en réservant 2 cuillerées à table pour ajouter à la crème. Chauffer à découvert 3 minutes.

Disposer les moitiés de poires à l'envers dans un plat peu profond. Verser le liquide chaud par-dessus. Couvrir de papier ciré et réfrigérer 2 à 3 heures.

Au moment de servir, fouetter la crème et y ajouter les 2 cuillerées à table de crème de cacao quand elle commence à épaissir. En napper les poires et saupoudrer de café instantané avant de servir.

Poires au caramel

Servir chaud sur de la crème glacée ou un morceau de gâteau.

2 c. à table de beurre	¼ c. à thé de gingembre
⅓ tasse (60 g) de cassonade	1 grosse boîte de 28 oz
¼ c. à thé de cannelle	(800 ml) de poires en moitiés
¼ c. à thé de muscade	

Mélanger le beurre, le sucre brun et les épices dans un bol de 2 pintes (2 l). Cuire à découvert 2 minutes, en remuant une fois. Égoutter les poires, les mettre dans le sirop, couvrir et cuire 4 minutes. Servir en plaçant les poires à l'envers sur de la crème glacée et en arrosant de sirop.

Pouding d'été

Voici un dessert anglais qu'on prépare quand c'est la saison des framboises. On peut employer des fruits congelés, mais le résultat ne sera pas aussi savoureux.

3 tasses (700 ml) de framboises fraîches	10 minces tranches de pain beurré
½ tasse (110 g) de sucre	Crème à fouetter
1 c. à thé de jus de citron	

Mettre les fruits nettoyés dans une casserole de 2 pintes (2 l), ajouter le sucre. Cuire 10 minutes à découvert, en remuant deux fois. Ajouter le jus de citron et mélanger.

Placer quelques tranches de pain beurré dans le fond d'un plat de verre. Verser autant de sirop aux framboises que le pain peut en absorber. Répéter jusqu'à ce que tous les ingrédients aient été utilisés.

Couvrir et réfrigérer de 6 à 8 heures. Démouler ou servir dans le plat et accompagner d'un bol de crème fouettée.

Poires bordelaises

On peut varier la saveur de ces poires pochées dans le vin rouge en changeant de sorte de vin. Si le vin et le sucre doivent cuire si longtemps, c'est pour que le sirop soit bien homogène.

6 poires	1 bâtonnet de 2 po (5 cm)
2 tasses (450 ml) de vin	de cannelle
rouge au choix	¼ tasse (55 g) de sucre

Peler les poires, les couper en deux, enlever les cœurs et les saupoudrer de sucre. Laisser reposer 1 heure.

Mettre les poires dans un plat de 8 × 8 po (20 × 20 cm). Ajouter le vin rouge, le bâtonnet de cannelle et ¼ tasse (55 g) de sucre. Cuire 8 minutes à découvert, en tournant le plat deux fois.

Retirer les poires avec une cuiller perforée et les déposer sur un plat de service. Cuire le sirop 18 minutes. Refroidir et en arroser les poires. Réfrigérer jusqu'au moment de servir.

Compote de rhubarbe à la menthe

La menthe fraîche et l'orange donnent une saveur spéciale à cette compote.

4 tasses (1 l) de rhubarbe	1 tasse (225 g) de sucre
tranchée	Zeste d'une orange
1 bâtonnet de 1 po (2,5 cm)	1 orange pelée et tranchée
de cannelle	3 c. à table de menthe
2 c. à table d'eau	

Nettoyer et couper la rhubarbe en morceaux de ½ pouce (1,25 cm). La mettre dans un bol de 2 pintes (2 l) et ajouter la cannelle, l'eau, le sucre et le zeste d'orange. Couvrir et cuire de 4 à 5 minutes. Laisser reposer 3 minutes. Verser dans un plat de service en verre. Réfrigérer. Servir entouré de tranches d'orange. Garnir de menthe.

Rhubarbe au four

C'es là la façon parfaite de cuire la rhubarbe fraîche du jardin. Il faut y goûter une fois avec de l'eau de rose.

2 tasses (450 ml) de rhubarbe tranchée	½ tasse (110 g) de sucre
2 c. à table d'eau	⅛ c. à thé d'eau
1 pincée de sel	de rose (facultatif)

Nettoyer et couper la rhubarbe en morceaux de ½ po (1,25 cm). Les mettre dans un plat de 2 pintes (2 *l*) et ajouter l'eau et le sel. Couvrir et cuire de 4 à 5 minutes en remuant une fois.

Ajouter le sucre et l'eau de rose. Laisser reposer 3 minutes. Remuer soigneusement. On peut sucrer davantage, mais, en général, le dessert l'est suffisamment une fois refroidi. Servir tel quel ou avec de la crème.

Variante : Procéder comme ci-dessus, mais remplacer le sucre par du miel. Saupoudrer d'un zeste d'orange et d'un soupçon de muscade.

Poires Brillat-Savarin

Ce grand chef français a donné au monde gastronomique de nombreuses recettes, dont celle-ci qui s'adapte facilement à la cuisson micro-ondes.

4 poires fraîches	⅛ c. à thé de sel
½ tasse (115 ml) d'eau	1 c. à thé de vanille
1 tasse (225 g) de sucre	½ tasse (115 ml) de rhum
1½ tasse (360 ml) de lait	Amandes grillées
3 œufs	émincées
¼ tasse (60 g) de sucre	

Peler et couper les poires en deux. Les placer dans un moule rond à gâteau de 8 po (20 cm). Ajouter l'eau et 1 tasse (225 g) de sucre.

Cuire à découvert 8 minutes, en tournant le plat et en remuant doucement à 3 reprises. Laisser reposer 3 minutes. Retirer les poires du sirop avec une cuiller perforée et mettre chaque moitié dans une coupe.

Verser le lait dans une mesure de 4 tasses (1 *l*), chauffer 4 minutes à découvert, ou jusqu'à ce que le lait frémisse.

Battre les œufs en ajoutant lentement le sel et ½ tasse (60 g) de sucre et continuer de battre pour que les œufs soient mousseux. Les ajouter graduellement au lait chaud, ainsi que la vanille et le rhum, en remuant constamment. Verser une quantité égale de crème dans chaque coupe. Verser une tasse d'eau bouillante dans un plat en verre de 8 × 8 po (20 × 20 cm) et y déposer 4 coupes. Cuire de 4 à 5 minutes à découvert, en tournant les coupes toutes les minutes jusqu'à ce que la crème soit prise. Elle épaissira davantage en refroidissant. Répéter le procédé avec les 4 autres coupes. Réfrigérer jusqu'au moment de servir. Garnir d'amandes grillées.

Compote de rhubarbe et de fraises

Rafraîchissante, colorée et délicieuse.

4 tasses (1 l) de rhubarbe tranchée	*¾ tasse (180 g) de sucre*
½ tasse (115 ml) de jus d'orange	*2 tasses (450 ml) de fraises fraîches, lavées et coupées en deux*

Nettoyer et couper la rhubarbe en morceaux de ½ pouce (1,25 cm). Mettre le jus d'orange et le sucre dans une casserole de 2 pintes (2,25 l). Cuire à découvert de 5 à 6 minutes ou jusqu'à ce que le liquide bouille et que le sucre soit fondu. Ajouter la rhubarbe, bien remuer et cuire à découvert de 4 à 5 minutes, en remuant une fois. Refroidir 10 minutes. Ajouter les fraises. Servir très froid avec un bol de crème sûre.

Décongélation des fruits

Retirer les fruits de l'emballage et les placer dans un plat de 1 pinte (1 l). S'ils collent au carton, passer la boîte sous l'eau chaude pendant 30 à 40 secondes. Couvrir les fruits congelés de papier ciré durant la cuisson.

Fruits	Format	Temps
Fraises	paquet de 10 oz (280 g)	1½ à 2 minutes
Pêches tranchées	paquet de 10 oz (280 g)	2 à 3 minutes
Framboises	paquet de 10 oz (280 g)	1½ à 2 minutes
Bleuets	paquet de 10 oz (280 g)	2 minutes

Si les fruits sont emballés dans des pochettes de plastique, mettre celles-ci dans un plat et faire quelques trous pour que la vapeur puisse s'échapper. Il est inutile de couvrir le sac. Décongeler comme pour les paquets de fruits en carton.

Pour les grosses quantités de fruits congelés, en prendre 1 à 1½ tasse (225 à 350 ml), les mettre dans un bol, couvrir de papier ciré et cuire suivant le tableau ci-dessus. Les fruits congelés à la maison peuvent prendre 1 à 1½ minute de plus que ceux vendus dans le commerce. On peut souvent séparer le bloc de fruits en plusieurs morceaux après 1 minute, ce qui accélère la décongélation. Vérifier souvent et éviter de surchauffer.

Les sauces

Comme dans le cas des sauces qui accompagnent les viandes ou les légumes, rien n'est plus agréable que de se servir de son four à micro-ondes pour préparer des sauces ou des crèmes pour le dessert. C'est tellement facile qu'il est impossible de les rater. La plupart de ces desserts se conservent au réfrigérateur pendant plusieurs semaines.

Sauce au caramel au beurre

C'est une sauce parfaite pour toutes les occasions. Elle accompagne très bien les pommes au four cuites aux micro-ondes.

1¼ tasse (225 g) de cassonade
  ou moitié sucre d'érable
  et moitié cassonade
1 tasse (225 ml) de crème
  légère ou épaisse
2 c. à table de sirop de maïs

¼ tasse (55 g) de beurre
⅛ c. à thé de sel
1 c. à thé de vanille
1. pincée de macis
ou de muscade

Mélanger le sucre, la crème, le sirop, le beurre et le sel dans un bol de 1 pinte (1 l). Cuire 4 minutes. Ajouter la vanille et le macis ou la muscade. Remuer jusqu'à ce que le mélange soit mousseux. On peut réfrigérer cette sauce et la réchauffer aux micro-ondes pendant 2 minutes, sans couvrir. Quantité : 1½ tasse (340 ml).

Variantes :

Sauce au caramel et aux noix : utiliser de la cassonade foncée et ajouter ½ tasse (55 g) de noix de Grenoble hachées en même temps que la vanille.

Sauce au caramel et au cognac : ajouter 4 cuillerées à table de cognac après le sirop de maïs. Délicieux sur des pêches fraîches tranchées ou sur une crème renversée.

Sauce Melba

Se sert sur des fruits, de la crème glacée, de la crème renversée ou du gâteau. Se conserve 2 semaines, couverte, au réfrigérateur.

1 paquet de 10 oz (280 g)
de framboises congelées
½ tasse (115 g) de sucre
1 c. à table de fécule
de maïs

½ tasse (115 ml) de gelée
de groseilles
1 c. à thé de jus
de citron
1 c. à table de cognac
(facultatif)

Mettre les framboises dans un plat de 1 pinte (1 *l*). Cuire à découvert 4 minutes, retourner ou remuer et cuire encore de 2 à 3 minutes.

Mélanger le sucre et la fécule de maïs. Ajouter aux framboises avec la gelée de groseilles, le jus de citron et le cognac. Cuire à découvert 5 minutes, en remuant après 3 minutes.

Pour que la sauce ait une belle consistance, la passer au tamis pendant qu'elle est encore chaude pour retirer les graines de framboises. Quantité : 1½ tasse (340 ml).

Sauce au chocolat extra-riche

À essayer sur de la crème glacée parfumée au café ou à une autre essence.

½ tasse (55 g) de beurre
1 tasse (225 g) de sucre
⅛ c. à thé de sel
1 c. à thé de café instantané

2 c. à table de rhum
⅓ de tasse (35 g) de cacao
1 tasse (225 ml) de crème légère
ou épaisse
2 c. à thé de vanille

Dans un bol de 1 pinte (1 *l*), faire fondre le beurre, à découvert, 1 minute. Ajouter le reste des ingrédients. Battre au fouet ou au malaxeur. Cuire à découvert 5 minutes. Servir tiède ou froid. Cette sauce épaissit en refroidissant. Quantité : 2 tasses (450 ml).

Sauce au chocolat et au rhum

Conserver dans un bocal de verre ou un pot à confitures. Pour servir chaud, réchauffer 2 minutes à découvert au four à micro-ondes.

2 carrés de 1 oz (28 g) de chocolat non sucré	4 c. à table de beurre
½ tasse (115 ml) d'eau	¼ c. à thé de sel
¾ tasse (180 g) de sucre	2 c. à table de rhum ou
	1 c. à thé de vanille

Mettre le chocolat et l'eau dans une casserole de 1 pinte (1 *l*) et chauffer à découvert pendant 3 minutes. Remuer jusqu'à l'obtention d'une crème. Si le chocolat n'est pas fondu, remettre 1 minute au four. Ajouter le sucre, bien mélanger. Chauffer 2 minutes. Retirer du four, ajouter le beurre, le sel, le rhum ou la vanille. Remuer et utiliser. Quantité : 1⅓ tasse (300 ml).

Sauce au citron à la canadienne

Un peu différente des autres sauces.

1 tasse (180 g) de cassonade	2 c. à thé de fécule
1 tasse (225 ml) d'eau	de maïs
1 citron non pelé finement tranché	2 c. à table d'eau froide

Mettre le sucre brun, l'eau et le citron dans un bol de 1 pinte (1 *l*). Cuire à découvert 10 minutes, en remuant une fois. Laisser reposer 10 minutes. Mélanger la fécule de maïs et l'eau froide. Ajouter à la sauce. Bien mélanger. Cuire à découvert 3 à 4 minutes, en remuant 2 fois ou jusqu'à ce que la sauce soit légèrement crémeuse. Quantité : 1¾ tasse (400 ml).

Sauce Jubilée

C'est la gloire de l'Angleterre victorienne. On en garnit d'ordinaire de la crème glacée et elle se prépare en 4 minutes. Utiliser de grosses cerises noires Bing si possible.

1 boîte de 20 oz (590 ml) de
   cerises dénoyautées
2 c. à table de sucre
1 c. à table de fécule
   de maïs
1 pincée de sel

Jus des cerises
1 c. à table de beurre
1 c. à thé de jus
   de citron ou
1 c. à table de cognac

Égoutter les cerises et verser le jus dans une mesure de 1 tasse (¼ l). Mélanger le sucre, la fécule de maïs et le sel dans un plat de 1 pinte (1 l). Ajouter assez d'eau au jus des cerises pour obtenir une tasse (225 ml) et le verser dans le mélange. Cuire à découvert 3 minutes. Bien mélanger. Cuire encore 3 minutes ou jusqu'à ce que la sauce épaississe. Ajouter le beurre, le jus de citron ou le cognac et les cerises. Chauffer 2 minutes. Verser tiède sur la crème glacée ou utiliser chaud ou froid. Se conserve 3 semaines au réfrigérateur. Quantité : 1½ tasse (340 ml).

Sauce aux framboises

1 paquet de 10 oz (280 g)
   de framboises congelées
¼ tasse (55 g) de sucre
2 c. à table de fécule
   de maïs

½ tasse (115 ml) de vin rouge
   ou de jus de pommes
   Zeste d'une demi-orange

Mettre les framboises dans un bol de 1 pinte (1 l). Cuire à découvert 2 minutes. Brasser et cuire encore 1 minute. Mélanger le sucre et la fécule de maïs, les ajouter aux fruits et remuer. Cuire 2 minutes en brassant une fois. Ajouter le vin ou le jus de pomme et le zeste d'orange. Cuire à découvert 1 minute ou jusqu'à ce que la sauce soit crémeuse et légère. Couvrir, refroidir, bien mélanger et réfrigérer jusqu'au moment de servir. Quantité : 2 tasses (450 ml).

Sauce aux pommes et aux raisins

Si cette sauce est très bonne sur du pain au gingembre, elle accompagne tout aussi bien le jambon ou un pouding à l'étuvée.

1 c. à table de fécule de maïs	1 tasse (225 ml) de jus de pomme ou de canneberges
4 c. à table de cassonade	¼ tasse (30 g) de raisins secs
1 pincée de sel	sans pépins
¼ c. à thé de quatre-épices	½ tasse (115 ml) de
Zeste d'un citron	pommes non pelées et coupées en dés

Mélanger la fécule de maïs, le sucre, le sel, les quatre-épices et le zeste de citron dans un bol de 1 pinte (1 l). Ajouter le jus de pomme ou de canneberges. Cuire à découvert 2 minutes, bien remuer, cuire encore 2 minutes. Ajouter le reste des ingrédients et cuire encore 2 minutes et remuer. Cette sauce doit être onctueuse et transaparente. Selon l'espèce de pomme choisie, il sera peut-être nécessaire de la cuire une minute de plus. Quantité : 1½ tasse (340 ml).

Sauce dorée

Sauce chaude à servir sur un pouding chaud ou un gâteau.

¼ tasse (55 g) de beurre	2 c. à table de crème ou
1 tasse (120 g) de sucre à glacer	de lait
1 œuf entier	1 c. à thé de vanille

Défaire le beurre en crème dans une mesure de 2 tasses (½ l) et y ajouter graduellement le reste des ingrédients. Quand le mélange est homogène, cuire à découvert 30 secondes. Bien remuer, laisser reposer 10 minutes en remuant 2 fois. Quantité : 1 tasse (225 ml).

Sauce au citron

La sauce au citron est toujours populaire servie sur un gâteau, un pouding ou des fruits.

½ tasse (115 g) de sucre
1 c. à table de fécule de maïs
1 tasse (225 ml) d'eau
2 c. à table de beurre

Zeste et jus d'un citron
1 pincée de sel et
de macis

Mélanger le sucre et la fécule de maïs dans un bol de 1 pinte (1 *l*). Ajouter l'eau. Chauffer à découvert 2 minutes, en remuant 3 fois. Ajouter le beurre, le zeste et le jus de citron, le sel et le macis. Remuer et cuire de 20 à 25 secondes. Bien mélanger. Servir tiède. Pour réchauffer, mettre au four à micro-ondes pendant 20 ou 30 secondes. Quantité: 1¼ tasse (285 ml).

Sauce chaude à la vanille

Cette sauce peut s'employer de plusieurs façons. Par exemple, pour préparer rapidement un pouding au riz crémeux, il suffit de réchauffer 1 ou 2 tasses (225 à 450 ml) de riz cuit pendant 3 minutes en le couvrant et de l'arroser de la sauce chaude.

3 c. à table de beurre doux
1 c. à thé de fécule de maïs
⅛ à ½ tasse (60 à 115 g) de sucre
2 jaunes d'œufs légèrement
battus

⅛ c. à thé de muscade
½ tasse (115 ml) d'eau bouillante
ou de crème chaude
1 pincée de sel
1 c. à thé de vanille

Mélanger soigneusement le beurre, la fécule de maïs et le sucre dans un bol de 1 pinte (1 *l*). Y ajouter les jaunes d'œufs et la muscade et bien battre le tout. ajouter l'eau bouillante ou la crème et le sel. Chauffer à découvert 4 minutes, en remuant après 2 minutes. Ajouter la vanille quand la sauce est devenue onctueuse.

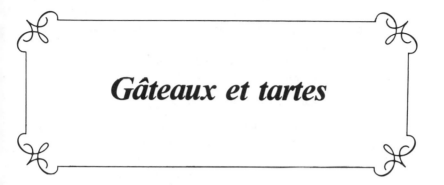

Gâteaux et tartes

Les gâteaux et les tartes peuvent être cuits au four à micro-ondes bien qu'il existe certaines limites. Par contre, les croûtes de tartes sont exceptionnellement feuilletées et un gâtcau se cuit en un rien de temps si vous recevez des visiteurs inattendus.

Il faudra un peu de temps avant de bien réussir les gâteaux et ceux-ci ne seront peut-être pas aussi dorés que d'habitude mais les glaçages ou les garnitures que j'ai inclus dans plusieurs recettes masqueront ce défaut. Il faut les manger le jour même parce qu'ils ont tendance à sécher plus vite que les gâteaux ordinaires.*

Les croûtes de tarte ne dorent pas mais elles sont tendres et croustillantes. Vous pouvez utiliser indifféremment les mélanges vendus dans le commerce ou votre recette préférée. Mais si vous les aimez plus colorées, rien ne vous empêche d'ajouter quelques gouttes d'un colorant végétal jaune à l'eau de la recette. Saupoudrer d'un peu de sucre avant la dernière minute de cuisson est un autre truc.

Une tarte à double croûte se cuit d'abord au four à micro-ondes et se termine au four de la cuisinière qu'on aura chauffé à l'avance.

Les croûtes de tarte faites de biscuits écrasés cuisent rapidement et sont parfaites.

Seul un four à micro-ondes peut réchauffer une portion de tarte et lui redonner toute sa saveur en 15 secondes.

Cuisson d'un gâteau à partir d'un mélange

Doubler le fond de deux moules ronds en verre de 8 po (20 cm) avec du papier ciré légèrement beurré.

Préparer un paquet de mélange à gâteau suivant les directives du fabricant. Verser la moitié de la préparation dans chacun des moules.

Cuire un gâteau à la fois pendant 5 minutes, en tournant le plat à moitié à chaque minute, et en vérifiant son degré de cuisson avec un couteau ou un cure-dent. Laisser reposer 5 minutes. Démouler sur une clayette à gâteau pour le faire refroidir.

Pour cuire tout le mélange en une seule fois, placer une coupe à cossetarde au milieu d'un plat en verre de 13 × 9 po (32,5 × 22,5 cm)* et verser la pâte dans le plat. Cuire 9 minutes, en tournant le plat à moitié toutes les 2 minutes. Terminer comme pour le gâteau à deux étages.

* Si le four n'est pas assez grand pour ce plat, il faut absolument cuire le gâteau comme si vous vouliez le faire à deux étages.

* *Important :* Quand on cuit un gâteau, il faut toujours déposer une tasse, l'ouverture vers le haut, au milieu du plat, et verser la pâte autour. Cette méthode permet d'obtenir un gâteau parfait à tout coup.

Petits gâteaux

Deux petits gâteaux sont prêts à servir en 1 minute. Comme ils ne dorent pas sur le dessus, on peut les recouvrir d'un glaçage, de miettes de chocolat fondues ou encore les saupoudrer de cacao avant de les faire cuire. Naturellement, ceci ne s'applique pas aux gâteaux au chocolat ou aux épices qui sont déjà colorés.

Petits gâteaux au citron

Si l'on en cuit plus de deux à la fois, les placer en cercle au milieu du four.

½ tasse (115 g) de margarine	1½ tasse (165 g) de farine
à la température	tout-usage
de la pièce	2½ c. à thé de
¾ tasse (175 g) de sucre	poudre à pâte
Zeste d'un citron	½ c. à thé de sel
2 œufs	½ tasse (115 ml) de lait

Mettre la margarine, le sucre et le zeste de citron dans un bol à mélanger. Mélanger au malaxeur électrique.

Ajouter les œufs, un par un, en battant bien après chaque addition.

Tamiser ensemble la farine, la poudre à pâte et le sel. Ajouter au premier mélange en deux fois, en alternant avec le lait et en battant à petite vitesse.

Cuisson : Tapisser des coupes à crème renversée avec des moules à gâteaux en papier. Les remplir de pâte et saupoudrer de cacao. Cuire comme suit :

2 petits gâteaux : 1 à 1¼ minute
4 petits gâteaux : 2 à 2½ minutes
6 petits gâteaux : 3 à 4 minutes

Quantité : 2 douzaines de petits gâteaux.

Note : Il est déconseillé de cuire plus de 6 gâteaux à la fois.

Variantes :

Petits gâteaux à l'orange : Remplacer le zeste de citron par une quantité égale de zeste d'orange. Réserver le jus d'une orange et, quand les gâteaux sont cuits et refroidis, faire un glaçage en ajoutant un peu de jus à une petite quantité de sucre à glacer. Quand le glaçage a la consistance voulue, l'étendre sur les gâteaux.

Gâteaux vanille-chocolat : Remplacer le zeste de citron par une cuillerée à thé de vanille, ¼ cuillerée à thé de macis ou de muscade. Placer 4 à 6 miettes de chocolat sur le dessus de la pâte. Cuire selon le temps indiqué en p.301. Laisser refroidir 1 minute et étendre du chocolat fondant sur les gâteaux.

Gâteau à l'orange

Vous pouvez faire ce savoureux gâteau, plus quelques petits avec un seul paquet de mélange préparé.

¾ *tasse (170 ml) d'eau*
1 paquet de 3 oz (85 g)
de gélatine
à saveur d'orange
¼ *tasse (55 ml) de jus*
d'orange frais
Zeste d'une orange

1 paquet de 18.5 oz (520 g) de
mélange à gâteau doré
Ingrédients inscrits
sur l'emballage
½ *à 1 tasse (115 à 225 ml) de*
crème à fouetter
2 c. à table de sucre

Mettre l'eau dans un petit bol et chauffer 2 minutes ou jusqu'à ébullition (ou la faire bouillir comme d'habitude). Ajouter la gélatine, la faire dissoudre, ajouter le jus d'orange. Réserver le zeste de l'orange.

Préparer la pâte selon les directives. En verser les deux tiers dans un plat rond à gâteau de 8 po (20 cm). Cuire à découvert 2 minutes, donner un quart de tour, cuire 2 minutes, tourner encore. Cuire 2 minutes de plus. Vérifier la cuisson avec un cure-dent. Placer le gâteau sur une clayette pour le laisser refroidir. Faire des trous dans le gâteau en les espaçant de 1 po (2,5 cm). Réserver ½ tasse (115 ml) de la gelée d'orange et verser le reste dans les trous et sur le dessus du gâteau. Refroidir 15 minutes. Réfrigérer le gâteau et le reste de la gelée.

Pour servir, couper la gelée en dés, la mélanger avec la crème fouettée et sucrer avant d'en garnir le dessus du gâteau.

Petits gâteaux à l'orange : Verser 2 cuillerées à table du reste de pâte dans des moules en papier pour petits fours placés dans des coupes à crème renversée en verre. Mélanger le zeste d'orange avec 2 cuillerées à table de sucre et en saupoudrer les petits moules. Cuire comme indiqué au début du chapitre. Refroidir sur une clayette.

Note : La gelée à la crème mise de côté peut être utilisée de la même façon sur les petits gâteaux que sur le grand.

Glaçage allemand

Très bon glaçage crémeux. Le préparer avant de faire le gâteau, puis le refroidir jusqu'au moment de l'étendre.

¾ *tasse (180 g) de sucre*
¼ *tasse (35 g) de farine*
¾ *tasse (170 ml) de lait*
  ou de crème

½ *tasse (55 g) de beurre*
  ou de margarine
1 *c. à thé de vanille*

Mettre le sucre et la farine dans un petit bol. Verser le lait et cuire sans couvrir pendant 3 minutes ou jusqu'à ce que le mélange épaississe et bouille, en remuant 2 fois. Quand il est prêt, mélanger soigneusement. Mettre le beurre sur le dessus, puis la vanille par-dessus le beurre, sans mêler. Couvrir et réfrigérer environ 1 heure. Battre au mélangeur électrique à grande vitesse ou fouetter à la main jusqu'à ce que le glaçage soit mousseux et léger. Quantité suffisante pour un gâteau de 8 po (20 cm) à étages.

Glaçage moka : Ajouter 1 cuillerée à thé de café instantané et 1 cuillerée à table de cacao non sucré à la farine. Procéder comme ci-haut.

Glaçage au citron ou à l'orange : Ne pas mettre de vanille. Remplacer ¼ tasse (55 ml) de lait par du jus d'orange ou de citron. Procéder comme ci-dessus et saupoudrer le beurre du zeste d'une orange ou d'un citron.

Sirop au chocolat et glaçage « toujours prêt »

Ce sirop s'emploie tel quel avec de la crème glacée ou sur un gâteau ou encore comme glaçage rapide.

½ *tasse (115 ml) de*
sirop de maïs
¼ *tasse (55 ml) d'eau*

2 à 3 carrés de 1 oz (28 g)
de chocolat semi-sucré
1 c. à thé de vanille

Mettre le sirop de maïs et l'eau dans une mesure de 4 tasses (1 *l*) ou dans un grand bol. Ajouter le chocolat. Cuire à découvert pendant 3 minutes ou jusqu'à ce que le chocolat fonde, en remuant une fois. Mélanger jusqu'à ce que ce soit mousseux. Ajouter la vanille et refroidir.

Pour faire le glaçage : Ajouter assez de sucre à glacer à la quantité de sirop froid désirée pour le rendre crémeux. Pour un glaçage plus riche, ajouter 1 ou 2 cuillerées à table de beurre doux. Tout surplus peut se conserver au réfrigérateur (voir page *327*).

Glaçage au blanc d'œuf

C'est ce qu'on appelait le « glaçage 7 minutes » qui se prépare maintenant en seulement 3 minutes au four à micro-ondes. Le résultat est toujours parfait.

1 blanc d'œuf
1 pincée de sel
2 c. à table de sucre

6 c. à table de
sirop de maïs
1 c. à thé d'essence de
vanille ou *d'amande*

Battre le blanc d'œuf en neige dans un petit bol. Ajouter le sel et le sucre, en battant jusqu'à l'obtention de pics fermes.

Mesurer le sirop de maïs dans une tasse. Cuire à découvert 1 minute 30 secondes ou jusqu'à ébullition. Verser lentement le mélange au blanc d'œuf, en battant constamment jusqu'à ce que le glaçage soit ferme. Ajouter l'extrait choisi.

Pour obtenir un glaçage coloré, ajouter quelques gouttes de colorant végétal en même temps que l'essence. Étendre sur le gâteau. Quantité suffisante pour un gâteau de 8 ou 9 po (20 ou 22,5 cm).

Gâteau aux fruits pour Noël

Pour que la saveur en soit meilleure, le préparer de 7 à 8 semaines à l'avance. Ce gâteau peut se conserver pendant 7 mois, bien emballé dans une boîte hermétique.

½ lb (230 g) de cerises
confites coupées
4 oz (115 g) de dattes hachées
4 oz (115 g) d'écorce
de citron hachée

8 oz (230 g) de morceaux
d'ananas confits
4 oz (115 g) d'écorce d'orange
4 oz (115 g) de raisins secs
sans pépins
2 tasses (220 g) de noix
de Grenoble

1 tasse (110 g) de noix
du Brésil hachées
1 tasse (110 g) de farine
½ tasse (115 g) de sucre
1 c. à thé de poudre
à pâte
¼ c. à thé de sel
1 c. à thé de
cardamone en poudre
4 œufs bien battus
1 c. à thé de vanille
1 c. à thé d'extrait
d'amande

Mélanger les 8 premiers ingrédients dans un bol. Dans un second bol, mélanger la farine, le sucre, la poudre à pâte, le sel et la cardamone. Verser ce second mélange sur les fruits et les noix. Travailler le tout avec les mains jusqu'à ce que les fruits soient bien enrobés de farine. Ajouter les œufs, la vanille et l'extrait d'amande. Bien mélanger. Diviser cette pâte en deux et remplir deux moules à pain bien graissés de 9 × 5 po (22,5 × 12,5 cm). (Il est inutile de placer des coupes à crème renversée au milieu des moules.)

Cuire chaque gâteau séparément pendant 8 à 9 minutes, en tournant le plat à moitié toutes les 2 minutes. Placer les plats sur des clayettes pour les laisser refroidir durant au moins 2 heures, puis démouler les gâteaux et les envelopper dans des morceaux de coton à fromage trempés dans le rhum, puis dans du papier d'aluminium. Conserver dans un endroit frais.

Gâteau aux carottes

Délicieux servi avec une sauce au cognac. Le liquide qui semble faire défaut dans cette recette est remplacé par les carottes râpées.

½ *tasse (115 g) de beurre*	½ *tasse (55 g) de raisins*
ou de margarine	*de Corinthe*
½ *tasse (90 g) de cassonade*	*Zeste de 2 oranges*
1 œuf	*1¼ tasse (140 g) de farine*
1 tasse (225 ml) de carottes	*1 c. à thé de*
râpées crues	*poudre à pâte*
¾ *tasse (80 g) de raisins*	*1 c. à thé de soda*
secs sans pépins	½ *c. à thé de cannelle*
	¼ c. à thé de muscade

Battre le beurre ou la margarine en crème et mélanger avec la cassonade. Ajouter l'œuf et battre 2 minutes.

Ajouter les carottes, les raisins secs et les raisins de Corinthe, puis le zeste d'orange. Bien mélanger.

Mélanger ensemble le reste des ingrédients et ajouter aux carottes. Verser la pâte dans un plat de verre de 8 × 8 po (20 × 20 cm) en ayant soin de placer une coupe à crème renversée au centre. Cuire de 10 à 12 minutes ou jusqu'à ce que la surface soit légèrement ferme au toucher, en tournant le plat à moitié toutes les deux minutes.

Retirer du four. Laisser reposer sur la clayette à gâteau pendant 15 minutes. Couper en carrés pour servir.

Variantes : Pour former une croûte sur le dessus, mélanger ensemble dans un bol 4 cuillerées à table de beurre, ⅓ tasse (60 g) de cassonade, ¼ tasse (55 ml) de crème, 1 tasse (90 g) de noix de coco, ½ cuillerée à thé de vanille. Cuire 3 minutes en remuant une fois au milieu de la cuisson.

Étendre ce mélange sur le gâteau encore chaud avant de le démouler. Mettre sous le gril de la cuisinière 2 à 3 minutes pour faire caraméliser le dessus en surveillant de très près, car cette garniture brûle facilement. Refroidir sur la clayette et couper quand le gâteau est refroidi.

Gâteau suédois aux noix

Voici un savoureux gâteau qui ne requiert aucun liquide. Il se conserve de 3 à 4 semaines, bien enveloppé, dans un endroit frais. Le glaçage au citron est facultatif. Avant de procéder au mélange, s'assurer que tous les ingrédients sont à la température de la pièce.

⅔ tasse (150 g) de beurre
ou de margarine
⅔ tasse (150 g)
de sucre fin
3 œufs
½ c. à thé de vanille
1 tasse (110 g) de farine

½ c. à thé de poudre à pâte
¼ tasse (35 g) de noix
de Grenoble hachées
1 tasse (120 g) de sucre
à glacer
2 c. à table d'eau
1 c. à thé de jus de citron

Quand c'est possible, lier la pâte de ce gâteau au mélangeur électrique ou la fouetter à la main. Battre le beurre ou la margarine en crème. Ajouter le sucre par cuillerée à table en battant bien à chaque cuillerée. Ajouter les œufs, un par un, en battant 1 minute après chacun. Ajouter la vanille.

Mélanger ensemble la farine, la poudre à pâte et les noix. Ajouter à la pâte. Bien mélanger le tout. Verser la pâte dans un moule à gâteau de 8 × 8 po (20 × 20 cm) bien beurré, en plaçant une coupe à crème renversée au milieu.

Cuire de 8 à 11 minutes en tournant le plat à moitié toutes les 2 minutes, ou jusqu'à ce que la surface soit légèrement ferme au toucher. Refroidir sur une clayette à gâteau.

Glaçage : Mélanger ensemble le sucre à glacer, l'eau et le jus de citron et verser sur le gâteau au sortir du four. Laisser reposer 2 heures avant de démouler.

Pain d'épice à l'ancienne

La croûte de miettes sur le dessus lui donne une texture et une apparence appétissantes.

1 tasse (110 g) de farine
½ tasse (120 g) de sucre
½ c. à thé de soda à pâte
¼ c. à thé de sel
¼ c. à thé de cannelle
1 c. à thé de gingembre
¼ tasse (50 g) de graisse
  ou de margarine

¼ tasse (35 g) de noix
  de Grenoble hachées
¼ tasse (25 g) de noix de coco
1 œuf bien battu
1 c. à table de mélasse
½ tasse (115 ml) de lait de
  beurre ou de lait sûr

Mélanger la farine, le sucre, le soda à pâte, le sel, la cannelle et le gingembre. Y couper la graisse avec un couteau à pâtisserie ou 2 couteaux jusqu'à ce que la composition soit bien homogène. Retirer ¼ tasse (60 ml) de ce mélange et y ajouter les noix et la noix de coco. Mettre de côté pour la garniture. Ajouter l'œuf, la mélasse, le lait de beurre ou le lait sûr au reste de la pâte. Bien mélanger.

Étendre dans un plat à gâteau en verre de 8 × 8 po (20 × 20 cm) en plaçant une coupe à crème renversée au milieu. Cuire 3 minutes, en tournant le plat à moitié une fois. Saupoudrer du ¼ de tasse (60 ml) du mélange mis de côté. Cuire 3 minutes de plus en tournant le plat deux fois.

Laisser reposer 5 minutes. Couper en tranches. Servir chaud ou froid.

Croûtes aux miettes de biscuits

Variétés	Quantités	Sucre	Beurre ou margarine	Durée de la cuisson
Biscuits Graham	1½ tasse (340 ml) (18 à 20 carrés)	¼ tasse (60 g)	⅓ tasse (75 g)	1 minute 45 secondes
Gauffres à la vanille	1½ tasse (340 ml) (36)	aucun	¼ tasse (55 g)	2 minutes
au gingembre	1½ tasse (340 ml)	aucun	⅓ tasse (75 g)	2 minutes
Noix de coco	2 tasses (180 g)	aucun	¼ tasse (55 g)	2 minutes

Ces quantités sont suffisantes pour une assiette à tarte de 9 po (22,5 cm). Mettre le beurre dans l'assiette et faire fondre 30 secondes. Ajouter les miettes de biscuits et le sucre s'il y a lieu et bien presser dans le fond et sur les côtés. Cuire suivant les directives du tableau, en retournant l'assiette 2 fois. La croûte commence à brunir quand elle est cuite.

Cuisson des croûtes de tarte

On peut préparer les croûtes de tarte à partir d'une recette-maison, avec de la pâte vendue dans le commerce en bâton ou en mélange (sauf les croûtes congelées qui ne semblent pas convenir pour le four à micro-ondes), ou encore avec des biscuits émiettés.

Avec le four à micro-ondes, la croûte sera cuite à la perfection et elle ne rétrécira pas au milieu et ne craquera pas. Si on préfère qu'elle soit bien dorée, on la fera d'abord cuire aux micro-ondes et on la passera ensuite au gril pendant quelques minutes, mais le résultat ne sera pas aussi bon. Les garnitures doivent cuire à part, ainsi que je l'indique dans les recettes qui suivent.

Cuisson : Rouler la pâte. En foncer une assiette à tarte de 9 po (22,5 cm). Festonner les bords à la fourchette ou avec les doigts. Ne pas la percer. Couvrir la pâte d'un papier ciré ou d'un papier absorbant, y compris les bords. Placer une autre assiette à tarte de la même grandeur sur le papier et cuire pendant 3 minutes. Retirer le papier et la deuxième assiette. Cuire encore 1 minute et demie. Laisser refroidir complètement avant de garnir. Si on désire une croûte dorée, mettre la tarte dans le four de la cuisinière préchauffé à 400° F (204° C) pendant 2 à 4 minutes, à sa sortie du four à micro-ondes.

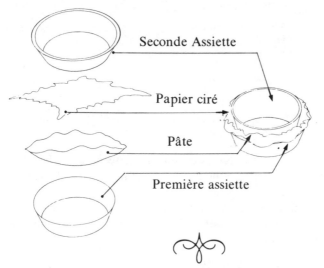

Seconde Assiette

Papier ciré

Pâte

Première assiette

Ma croûte de tarte préférée

Cette croûte se conserve 3 semaines au réfrigérateur enveloppée dans du papier d'aluminium ou du plastique. Cuire aux micro-ondes complètement ou en partie et, dans ce cas, finir au four ordinaire.

5   tasses (560 g) de farine
    tout-usage
1   c. à thé de sel
1   c. à table de sucre
¼   c. à thé de soda
1   livre (455 g) de saindoux ou
    de graisse

1   œuf
3   c. à table de vinaigre blanc
    ou de jus de citron frais
    Eau froide

Mélanger dans un grand bol la farine, le sel, le sucre et le soda. Couper dans ce mélange le gras en gros morceaux. Battre ensemble l'œuf et le vinaigre ou le jus de citron dans une mesure de 1 tasse (¼ *l*). Y ajouter assez d'eau pour remplir la tasse. Verser d'un seul coup dans la farine. Travailler le tout jusqu'à ce que la pâte se forme. Mettre sur une table farinée, pétrir et rouler jusqu'à l'obtention d'une pâte souple. L'envelopper dans du papier d'aluminium ou du plastique, puis la presser pour en faire un carré et la réfrigérer jusqu'au moment de l'utiliser. À ce moment-là, fariner gnéreusement la table. Il faut une bonne quantité de farine mais cela ne durcira pas la pâte qui restera légère et croustillante.

Quantité : 4 doubles tartes ou 8 tartes simples de 8 ou 9 po (20 ou 22,5 cm) qui conviennent pour toutes les recettes ci-après.

Réchauffage :

Le four à micro-ondes réchauffe parfaitement une portion de tarte déjà cuite qui retrouve la saveur qu'elle avait au sortir du four.
1 portion prendra 15 secondes ; ne pas couvrir.
2 portions prendront 25 secondes ; ne pas couvrir.
4 portions prendront 1 minute ; ne pas couvrir.

Note : Je trouve qu'il vaut mieux réchauffer deux portions à la fois, plutôt que quatre.

Tarte au sirop d'érable

La préférée de beaucoup !

1 tasse (225 ml) de sirop d'érable
½ tasse (115 ml) d'eau
3 c. à table de fécule
   de maïs
2 c. à table d'eau froide
¼ tasse (30 g) de noix
   de Grenoble hachées
1 ou 2 c. à table de beurre
1 croûte à tarte de
   9 po (22,5 cm)

Mettre dans une mesure de 4 tasses (1 l) le sirop d'érable et ½ tasse (115 ml) d'eau. Porter à ébullition sans couvrir pendant 3 à 4 minutes. Délayer la fécule de maïs avec les 2 cuillerées à table d'eau et l'ajouter au sirop bouillant tout en brassant sans arrêt. Cuire 40 secondes, ou jusqu'à ce que le tout soit crémeux et transparent. Ajouter les noix et le beurre et remuer pour le faire fondre. Refroidir et verser dans la croûte. Servir froid, tel quel, ou garni de crème fouettée.

Tarte à la citrouille

2 c. à table de beurre
2 tasses (450 ml) de citrouille
   fraîche ou en conserve
2 œufs bien battus
¼ c. à thé de sel
1 tasse (225 ml) de lait
¼ tasse (55 ml) de crème
3 c. à table de mélasse
½ c. à thé de gingembre
½ c. à thé de muscade
1½ c. à thé de cannelle
1 croûte de tarte de 9 po
   (22,5 cm) cuite

Faire fondre le beurre 1 minute dans un bol de 2 pintes (2 l). Ajouter le reste des ingrédients. Bien mélanger. Verser dans la croûte de tarte cuite. Cuire à découvert de 4 à 6 minutes ou jusqu'à ce que les bords commencent à « prendre ». Remuer avec précaution le centre de la garniture pour ramener les parties cuites du bord vers le centre. Cuire encore 3 minutes ou jusqu'à ce qu'un couteau inséré au centre en ressorte propre.

Tarte aux raisins de Californie

Le mélange de crème sûre et de raisins de Californie donne une saveur spéciale à cette tarte.

1 œuf	*¼ c. à thé de cannelle*
½ tasse (115 g) de sucre	*1 pincée de sel*
¾ tasse (55 g) de raisins	*1 c. à table de jus de citron*
secs sans pépins	*1 croûte de tarte de 9 po*
½ tasse de crème sûre	*(22,5 cm)*
vendue dans le commerce	

Battre tous les ingrédients ensemble suivant l'ordre donné. Verser dans la croûte. Cuire de 8 à 9 minutes ou jusqu'à ce que la crème soit prise. Laisser reposer 15 minutes. Refroidir et servir, garni de crème fouettée ou glacée.

Tarte aux pacanes

Si les pacanes sont trop chères, utiliser des noix de Grenoble et des pacanes en proportions égales.

1½ tasse (165 g) de pacanes	*½ c. à thé de vanille*
¼ tasse (55 g) de beurre	*⅛ c. à thé de muscade*
½ tasse (90 g) de cassonade	*3 œufs*
1 tasse (225 ml) de sirop	*1 croûte cuite de 9 po*
de maïs	*(22,5 cm)*

Étaler les pacanes ou les noix de Grenoble et les pacanes dans un plat en verre. Chauffer à découvert 3 minutes, en remuant 2 fois. Mettre de côté. Battre en crème le beurre et le sucre. Ajouter le sirop de maïs, la vanille et la muscade. Bien battre le mélange. Ajouter les œufs, un à la fois, en battant entre chaque addition. Étaler les noix sur la croûte de tarte. Verser le mélange aux œufs par-dessus. Cuire à découvert de 8 à 9 minutes, en tournant l'assiette à moitié une fois. Laisser reposer 10 minutes. Servir froid mais non réfrigéré.

Tarte au citron et à la meringue

Si facile et si bonne ! La garniture est cuite aux micro-ondes et la meringue dorée au four ordinaire.

1 tasse (225 g) de sucre
4 c. à table de farine
1 pincée de sel
½ tasse (115 ml) d'eau
3 jaunes d'œufs bien battus
1 tasse (225 ml) d'eau

2 c. à table de beurre
Jus et zeste de 1 citron
3 blancs d'œufs
6 c. à table de sucre
Muscade au goût

Mettre le sucre, la farine et le sel ainsi que ½ tasse (115 ml) d'eau dans une casserole de 1½ pinte (1,5 l). Bien mélanger. Ajouter les jaunes d'œufs et la tasse (225 ml) d'eau. Bien mélanger. Cuire à découvert 6 minutes en remuant deux fois ou jusqu'à ce que la préparation soit légère et onctueuse. Retirer du four, bien mélanger, ajouter le beurre, le jus de citron et le zeste. Refroidir. Verser dans la croûte de tarte. Préparer la meringue en battant les blancs d'œufs en neige, ajouter 1 cuillerée à table de sucre à la fois, en battant vigoureusement après chacune. Étendre la meringue sur la garniture au citron et saupoudrer de 1 cuillerée à thé de sucre mélangée à la muscade. Passer au four ordinaire pré-chauffé à 375° F (190° C). Refroidir et servir.

Tarte à l'anglaise

C'est un mélange de « mincemeat » et de crème renversée.

1 croûte cuite de 9 po (22,5 cm)
1 tasse (225 ml) de «mincemeat»
⅓ tasse (75 g) de sucre
3 œufs bien battus

1 tasse (225 ml) de lait
½ tasse (115 ml) de crème
1 c. à thé de vanille ou
1 c. à table de cognac

Étendre uniformément le « mincemeat » dans la croûte de tarte. Fouetter à la main le reste des ingrédients pour en faire un mélange mousseux et le verser sur le « mincemeat ».

Cuire à découvert de 4 à 5 minutes, en tournant le plat deux fois et en ramenant légèrement des bords vers le milieu si c'est nécessaire. Laisser reposer 15 minutes. Servir froid.

Biscuits, bonbons et confitures

Biscuits

Biscuits au gingembre

C'est un biscuit roulé qui rappelle ceux que faisaient nos grands-mères. La pâte se conserve une semaine au réfrigérateur, ce qui est pratique quand on désire des biscuits prêts en quelques minutes.

4   tasses (455 g) de farine
    tout-usage
1   c. à thé de sel
1½ c. à thé de gingembre
1½ c. à thé de poudre à pâte
1   c. à thé de cannelle
½   c. à thé de quatre-épices
    ou de muscade

¼   c. à thé de cardamone
    en poudre ou de graines
    de fenouil moulues
1   tasse (225 g) de margarine
½   tasse (90 g) de cassonade
1   tasse (225 ml) de mélasse
½   tasse (115 ml) d'eau froide

Tamiser ensemble la farine, le sel, le gingembre, la poudre à pâte, la cannelle, la quatre-épices ou la muscade et la cardamone ou les graines de fenouil.

D'autre part, battre ensemble la margarine et le sucre au malaxeur électrique jusqu'à l'obtention d'un mélange crémeux ; y ajouter la mélasse et l'eau. Bien travailler et ajouter à la farine. Si la pâte semble trop claire, remettre un peu de farine. Couvrir et réfrigérer de 3 à 4 heures. Plus la pâte est froide, meilleurs seront les biscuits.

Cuisson : Diviser la pâte en 4 portions. Rouler chacune sur une planche bien farinée à ⅛ po (4 mm) d'épaisseur. Couper à l'emporte-pièce des biscuits de 1½ po (3,5 cm) de diamètre.

Au lieu d'une plaque métallique à biscuits, utiliser un carton raide aux dimensions du four et le recouvrir de papier ciré. Les disposer en cercle si l'on en cuit plus de trois à la fois. Cuire comme suit :
2 biscuits — 1 minute
3 biscuits — 1¼ à 1½ minute
6 à 8 biscuits — 2½ à 3 minutes
Refroidir sur une clayette. Quantité : environ 2½ douzaines.

Biscuits aux miettes de chocolat

Le mélange du cacao, des miettes de chocolat et des noix fait un biscuit assez spécial.

¾ *tasse (80 g) de farine*
  tout-usage
¼ *tasse (25 g) de cacao*
½ *c. à thé de poudre à pâte*
½ *c. à thé de sel*
½ *tasse (110 g) de sucre*
¼ *tasse (45 g) de cassonade*

½ *tasse (115 g) de beurre*
  ou *de margarine*
1 *œuf*
1 *c. à thé de vanille*
½ *tasse (115 ml) de miettes*
  de chocolat
½ *tasse (115 ml) de noix*
  de Grenoble hachées

Tamiser ensemble la farine, le cacao, la poudre à pâte et le sel. Battre en crème le sucre, la cassonade, le beurre ou la margarine, l'œuf et la vanille. L'ajouter aux ingrédients secs, bien mélanger.

Ajouter les miettes de chocolat et les noix. Bien remuer. Disposer par cuillerées à thé sur le carton préparé et cuire comme pour les biscuits au gingembre. Quantité : 3 douzaines.

Biscuits à la confiture de framboises

Ce sont mes préférés mais on peut aussi les faire avec de la confiture d'abricot, de la marmelade ou toute autre confiture.

1 tasse (200 g) de graisse ou de margarine	3¼ tasses (360 g) de farine tout-usage
1 tasse (180 g) de cassonade bien tassée	1 c. à thé de poudre à pâte
¼ tasse (60 g) de sucre blanc	1 c. à thé de sel
2 œufs	1½ à 2 tasses (135 à 180 g) de noix de coco
½ tasse (115 ml) d'eau	Confiture de framboises
1 c. à thé d'extrait d'amande ou de vanille	

Battre en crème la graisse ou la margarine avec le sucre blanc et la cassonade. Ajouter les œufs, l'eau et l'essence. Battre soigneusement.

Tamiser ensemble la farine, la poudre à pâte et le sel. Ajouter à la crème précédente, mélanger, ajouter la noix de coco.

Préparer le carton garni de papier ciré. Disposer la pâte par cuillerées à thé. Faire une légère cavité au milieu de chaque biscuit avec le bout d'une cuiller mouillée pour y déposer ½ cuillerée à thé de confiture de framboises. Remettre ½ cuillerée à thé de pâte sur la confiture. Cuire comme les biscuits au gingembre. Quantité : 30 à 40 biscuits.

Bonbons

Fudge de la Nouvelle-Angleterre

Le vrai fudge est fait de chocolat non sucré mais on peut le remplacer par ½ tasse (50 g) de cacao amer additionné de sucre, avant d'ajouter les autres ingrédients.

3 tasses (675 g) de sucre
¼ c. à thé de sel
3 carrés de 1 oz (28 g) de
chocolat non sucré
1 tasse (225 ml) de crème
épaisse ou légère

2 c. à table de sirop
de maïs
3 c. à table de beurre
1 c. à thé de vanille
1 tasse (110 g) de noix
de Grenoble hachées

Mettre le sucre, le sel, le chocolat, la crème et le sirop de maïs dans un grand bol à mélanger. Cuire à découvert 10 minutes, en remuant 3 fois. Retirer le bol du four et vérifier avec le thermomètre (on doit lire 234°F − 112°C) ou cuire jusqu'à ce qu'une goutte de fudge forme une boule molle dans l'eau glacée. Si nécessaire, cuire encore quelques minutes et vérifier de nouveau. Quand le fudge est prêt, ajouter le beurre et la vanille, mais ne pas remuer. Laisser le fudge reposer 15 minutes, puis brasser jusqu'à ce qu'il devienne crémeux pendant environ 5 minutes. Verser dans un plat beurré de 8 × 8 po (20 × 20 cm). Éparpiller les noix sur le dessus. Couvrir et réfrigérer. Couper et servir.

Fudge

Cette recette prend 3 minutes pour cuire, 5 autres pour refroidir et donne 16 carrés de fudge croquant.

4 tablettes de
chocolat au choix
(4 à 5 oz − 115 à 145 g)
3 tasses (675 ml) de
guimauves miniatures

½ à ¾ tasse (55 à 80 g) de
noix de Grenoble hachées
ou d'arachides non salées

Casser les tablettes de chocolat en petits morceaux. Les placer dans un plat en verre. Faire fondre 2 minutes au four. Beurrer un plat en verre de 8 × 8 po (20 × 20 cm). Mélanger les guimauves et les noix ensemble et les mettre dans le plat beurré. Verser le chocolat fondu. Bien remuer avec une fourchette jusqu'à ce que le chocolat enrobe les ingrédients secs. Refroidir. Couper et servir.

Tortues aux noix

½ *libre (225 g) de chocolat semi-sucré*
4 *oz (115 g) de pacanes ou de noix de Grenoble*
16 *oz (455 g) de caramels à la vanille ou mélangés*

Disposer les pacanes ou les noix par poignées sur une plaque à biscuits beurrée.

Faire fondre les caramels dans une casserole de 1½ pinte (1,5 *l*), à découvert pendant 3 minutes, en remuant une fois. Vérifier et cuire une autre minute si nécessaire.

Verser 1 cuillerée à thé de caramel fondu sur chaque poignée de noix. Si le caramel coule ou s'étend trop, le laisser refroidir un peu. Réfrigérer le tout de 20 à 30 minutes.

Mettre le chocolat dans un petit bol. Le faire fondre, couvert de papier ciré, pendant 3 à 4 minutes. Remuer soigneusement.

Plonger chaque tortue dans le chocolat fondu. Placer le côté arrondi vers le haut, sur une feuille de papier ciré. Laisser reposer dans un endroit frais.

Pommes au sucre candi

Toujours un délice pour les jeunes.

2 tasses (450 g) de sucre	¼ tasse (60 ml) de bonbons
2 c. à thé de vinaigre	à la cannelle ou
de cidre	4 gouttes de colorant rouge
1 tasse (225 ml) d'eau	8 à 10 pommes moyennes

Mettre le sucre, le vinaigre de cidre, l'eau et les bonbons à la cannelle dans un bol de 1½ pinte (1,5 l). Bien mélanger. Cuire 18 à 20 minutes. Bien remuer encore. Ajouter le colorant si on n'a pas de bonbons à la cannelle. Laisser reposer 5 minutes. Vérifier au thermomètre à bonbon (il doit marquer 295°F − 146°C) ou jusqu'à ce que le sirop forme des fils ou une boule dure dans l'eau glacée. S'il n'a pas atteint ce point, cuire encore 2 à 5 minutes.

Pendant que le sirop cuit, insérer de petits bâtonnets à la place de la queue de chaque pomme bien lavée. Assécher les pommes. Plonger et rouler les pommes dans le sirop épais. Laisser reposer et durcir sur une feuille de papier beurrée. Si le sirop devient trop dur, le retourner 30 secondes au four. Réfrigérer pour faire « prendre » la couche de sirop.

Confitures et gelées

Les confitures cuites au four à micro-ondes ont un goût plus frais parce qu'elles sont à peine cuites. Elles se conservent de 5 à 6 mois au réfrigérateur ou de 12 à 16 mois au congélateur et elles garderont la texture, la couleur et le goût des fruits d'été.

Les bleuets, les framboises, les groseilles, les cassis et la rhubarbe se congèlent bien.

Confiture de framboises

J'utilise mon mélangeur électrique pour écraser les framboises en quelques secondes, mais un presse-purée fait aussi l'affaire. Pour faire 3 tasses (650 ml) de fruits en purée, il faut 2 pintes (2,25 *l*) de framboises.

3 tasses (650 ml) de	*1 paquet de pectine*
framboises en purée	*en poudre*
4 tasses (900 g) de sucre	*¾ tasse (170 ml) d'eau*
2 c. à table de jus	
de citron frais	

Mesurer les fruits en purée dans une casserole de 2 pintes (2 *l*). Y ajouter le sucre et le jus de citron. Cuire à découvert 2 minutes. Bien mélanger. Laisser reposer 10 minutes. Entre-temps, mettre la pectine et l'eau dans un bol, chauffer 30 à 40 secondes ou jusqu'à ce que le mélange devienne clair. Bien remuer et ajouter les fruits. Mélanger pendant 2 minutes. Verser dans 6 ou 8 bocaux de verre ou dans des contenants à congélateur (pas de métal). Couvrir de papier ciré et laisser reposer 24 heures à la température de la pièce. Couvrir et ranger.

Confiture de bleuets

Les cassis se préparent de la même manière. Ces fruits demandent un peu plus de jus de citron et d'eau.

3 tasses (675 ml) de	*1 paquet de pectine*
bleuets en purée	*en poudre*
¼ tasse (55 ml) de jus de	*1 tasse (225 ml) d'eau*
citron frais	
5 tasses (1,12 kg) de sucre	

Procéder comme pour les autres confitures.

Confiture de cerises

Utiliser les petites cerises rouges d'automne ou les cerises noires de printemps. Mesurer après les avoir dénoyautées et écrasées.

2½ tasses (565 ml) de
cerises dénoyautées
et écrasées
4 tasses (900 g) de sucre
2 c. à table de jus de
citron frais

½ c. à thé d'extrait
d'amande
1 paquet de pectine
en poudre
¾ tasse (170 ml) d'eau

On écrase les cerises dénoyautées dans un mélangeur électrique ou on les passe dans un hachoir à viande. Procéder comme pour la confiture de framboises.

Gelée de groseilles ou de cassis

Se prépare à partir du jus des groseilles. Les jus d'autres fruits peuvent se préparer de la même manière.

2 pintes (2,25 l) de groseilles
ou de cassis écrasés
4 tasses (900 g) de sucre
2 c. à table de jus de citron

1 paquet de pectine
en poudre
¾ tasse (170 ml) d'eau

Égoutter les fruits écrasés, les passer dans un tamis fin et mesurer 3 tasses (680 ml) de jus. Réserver la pulpe.* Faire cuire comme les confitures de fruits frais.

* Pour faire des breuvages, il suffit d'ajouter 2 tasses (450 ml) d'eau ou de jus de pomme à la pulpe qu'on avait mise de côté. Mettre le tout dans un bol de 1½ pinte (1,5 l). Cuire à découvert environ 4 à 5 minutes. Passer au tamis fin. Ajouter du sucre et 2 cuillerées à table de vinaigre de cidre. Remettre à bouillir dans le bol. Conserver au réfrigérateur dans un bocal stérilisé. Très rafraîchissant avec du soda ou une limonade.

Trucs qu'il est bon de connaître

Après vous être servi pendant un certain temps de votre four à micro-ondes, vous serez en mesure d'apprécier sa grande souplesse tant au niveau de la cuisson que de la planification des repas, et vous l'aimerez de plus en plus !

Ainsi, quand vous entrez dans votre cuisine, avant de commencer à préparer un repas, réfléchissez un moment à ce que vous pouvez faire pour gagner du temps et vous faciliter la tâche. Y a-t-il quelque chose à dégeler, un corps gras à faire fondre, du sirop ou une garniture à préparer, du beurre à ramollir, une sauce à faire sans avoir besoin de la remuer, etc? Les idées qui suivent vous aideront à réduire le temps de préparation et de cuisson au strict minimum.

1. **Pour ramollir le beurre :** Mettre le beurre sur une assiette. Chauffer 5 secondes. Laisser reposer 15 secondes. Répéter, si nécessaire, jusqu'à ce que le beurre soit assez mou.

2. **Crêpes et gaufres :** Bien qu'elles soient toujours meilleures cuites de la façon traditionnelle, on peut les garder prêtes au réfrigérateur ou au congélateur puisqu'elles se réchauffent vite et bien au four à micro-ondes. Faire chauffer les crêpes

une à une ou par piles jusqu'à ce que le centre soit chaud. Les gaufres se réchauffent plus vite que les crêpes.

Du réfrigérateur :
2 crêpes prennent 35 secondes
2 gaufres prennent 25 secondes
Du congélateur :
2 crêpes prennent 45 secondes
2 gaufres prennent 35 secondes

3. **Pour réchauffer du sirop de maïs, d'érable ou du miel liquide :** Retirer le bouchon métallique de la bouteille, faire chauffer à découvert de 30 à 45 secondes pour une bouteille de 13 oz (370 ml) ou jusqu'à ce que des bulles apparaissent.

4. **Pour ramollir ou attendrir des pruneaux :** Mettre les pruneaux dans un bol en verre, les couvrir à peine d'un reste de thé ou de café ou d'une partie d'eau et une partie de jus d'orange. Ajouter un peu d'anis, un petit bâton de cannelle, 2 clous de girofle ou le zeste d'une orange ou d'un citron. Chauffer à découvert pendant 8 minutes. Laisser reposer 10 minutes. Réchauffer les pruneaux pour servir sur les céréales chaudes. Ils se conservent de 4 à 5 semaines, réfrigérés et couverts, dans leur liquide.

5. **Pour réhydrater des abricots :** Pour faire des confitures ou des garnitures de tarte, il nous faut souvent faire tremper les abricots déshydratés pendant des heures. Avec le four à micro-ondes, il suffit de mettre la quantité nécessaire dans un bol avec juste assez d'eau ou d'un autre liquide au choix pour les recouvrir. Chauffer 6 minutes. Laisser reposer de 3 à 5 minutes. Essayez, par exemple :

Mousse dorée : Ramollir des abricots avec du jus d'orange. Mettre dans le mélangeur électrique pour en faire une purée. Battre 2 blancs d'œuf et les incorporer aux abricots.

Garniture de gâteau crémeuse : Ramollir les abricots avec de la crème et mélanger avec une petite cuillerée de beurre. Refroidir.

Glaçage de gâteau crémeux : Procéder comme pour la garniture. Réfrigérer toute la nuit ou 1 heure au congélateur. Ajouter à de la crème fouettée.

6. **Pour ramollir des raisins secs :** Verser un tout petit peu d'eau sur les raisins, chauffer à découvert 3 minutes. Laisser reposer 2 minutes et égoutter avant d'utiliser.

Raisins au Madère pour servir avec le cari : Procéder comme ci-dessus et verser ¼ tasse (55 ml) de madère sec ou sucré au lieu de l'eau sur des raisins muscats. Chauffer 3 minutes, laisser reposer 2 minutes. Servir chaud ou froid mais ne pas égoutter.

7. **Pour faire une sauce au caramel pratique :** Développer 20 à 25 caramels et les mettre dans un bol avec 3 cuillerées à table de crème, d'eau ou de rhum. Chauffer à découvert 3 minutes ou jusqu'à ce qu'ils soient fondus, en remuant 2 fois. Servir chaud ou froid.

Sauce au caramel et au chocolat : Utiliser des caramels au chocolat et procéder comme ci-dessus.

8. **Pouding rapide :** Choisir une essence de mélange à pouding et à garniture pour tarte. Verser le lait comme indiqué sur le paquet dans une mesure en verre de 4 tasses (1 *l*). Brasser pour dissoudre. Cuire à découvert 5 minutes, ou jusqu'à ce que la préparation commence à bouillir, en remuant 2 fois pendant les deux dernières minutes. Verser dans un bol et refroidir.

9. **Pour fondre du chocolat :** Chauffer des carrés d'une once (28 g) de chocolat non sucré ou semi-sucré dans leur emballage de papier ciré, sur une assiette pendant 1½ à 2 minutes. Enlever le chocolat du papier avec une spatule de caoutchouc. Les mesures sont exactes car il n'y a pas de perte de chocolat sur les parois du plat.

10. **Glaçage de gâteau :** Quand il reste du glaçage ou si on veut en préparer en surplus, il suffit de couvrir ce qu'il y a de trop et de le réfrigérer. Au besoin, le faire ramollir sans couvrir jusqu'à l'obtention de la consistance voulue, soit de 15 à 20 secondes par tasse.

11. **Pour griller des amandes :** Il suffit d'étaler des amandes blanchies, émincées ou en moitiés, ou tout autre genre de noix, sur une assiette de papier ou une assiette de verre. Chauffer 2 à 3 minutes, en remuant chaque minute pour qu'elles brunissent uniformément. Laisser reposer 2 minutes. Remuer encore. J'aime en conserver dans un contenant de verre pour en saupoudrer le poisson, les légumes ou les desserts.

12. **Garniture croustillante :** Se conserve de 7 à 8 semaines dans une boîte en plastique fermée ; délicieuse sur des poudings, de la crème glacée, des gâteaux, des tartes ou des céréales, ou comme friandises.
    Faire fondre 1 tasse (225 g) de margarine dans un plat de 8 × 8 po (20 × 20 cm). Bien mélanger avec 1½ tasse (270 g) de cassonade, 2 tasses (340 g) de flocons d'avoine à cuisson rapide ou de gruau, 1 tasse (90 g) de noix de coco, 1 tasse (110 g) de céréales « Grape Nuts », ½ à 1 tasse (55 à 110 g) de noix de Grenoble hachées, ½ cuillerée à thé de cannelle et ½ cuillerée à thé de cardamone moulue (facultatif). Bien mélanger le tout et cuire 5 minutes en remuant chaque minute. Refroidir et ranger.

13. **Pour clarifier le miel tourné en sucre :** Retirer le couvercle du pot, chauffer 1 minute. Vérifier après 30 secondes car le temps varie suivant la quantité de miel. Retirer du four dès que le miel est liquéfié.

14. **Pour rafraîchir les croustilles ramollies ou les biscuits soda humides :** Chauffer de 45 secondes à 1 minute sur une assiette. Laisser reposer 1 minute. Bons, chauds, avec de la soupe.

15. **Restes de thé ou de café :** Ne jamais jeter les restes de thé ou de café. Après les repas, les verser dans un pot de verre. (J'utilise un pot à confiture de 1 pinte − 1 litre). Réfrigérer et couvrir. On peut ajouter du thé ou du café chaud à du thé ou du café déjà réfrigéré. Pour réchauffer, mettre la quantité désirée dans une tasse, et réchauffer (175° F − 79° C au thermomètre).

16. **Poulet B.B.Q. :** Si on a plusieurs poulets à cuire, c'est une

bonne idée de les cuire partiellement le matin au four à micro-ondes et de les finir ensuite au charbon de bois. L'avantage réside non seulement dans le temps économisé mais aussi dans le fait qu'ils ne seront pas brûlés à l'extérieur avant que l'intérieur ne soit cuit.

Un demi-poulet se cuit à découvert en 10 à 12 minutes. Je le trempe dans un mélange de beurre fondu, de zeste et de jus de citron, au sortir du four. Les laisser au réfrigérateur jusqu'au moment de la cuisson. Ils doreront en 10 à 20 minutes au charbon de bois.

17. **Assaisonnement rapide pour poulet :** Rouler les morceaux de poulet dans l'assaisonnement en sachet qui accompagne votre mélange préféré de riz instantané. Verser du beurre fondu sur les morceaux à cuire (voir le temps de cuisson du poulet en p. *165*.

18. **Restes de ketchup:** À convertir en sauce. Retirer le bouchon de métal de la bouteille, ajouter une cuillerée ou deux d'un reste de vin rouge, de la crème, du jus d'orange ou du madère et un petit carré de beurre. Chauffer 3 à 4 minutes. Reboucher. Bien secouer pour décoller les restes de ketchup de la bouteille. Verser dans une saucière ou ajouter à une sauce brune ou à spaghetti, ou servir sur du riz.

19. **Restes de viande cuite :** Les restes de bœuf, de jambon, de bœuf en conserve ou de veau peuvent se réchauffer en sandwiches. Placer plusieurs tranches minces de viande dans un petit pain beurré et cuire sur une serviette de papier jusqu'à ce que la garniture soit chaude. Un sandwich prend 30 secondes, et 2 sandwiches prennent 45 secondes. Ne pas trop cuire. On peut, si on préfère, griller le petit pain d'abord et préparer le sandwich ensuite.

20. **Beurre à l'ail :** Faire fondre 1 tasse (225 g) de beurre ou de margarine avec 3 gousses d'ail pelées et coupées en deux. Lasser reposer 18 minutes, retirer l'ail. Verser le beurre dans un bocal de verre. Couvrir et réfrigérer. Se conserve des mois. Ne prendre que la quantité nécessaire pour beurrer du pain ou assaisonner un steak ou du poulet.

21. **Sauce blanche :** La sauce blanche est si facile à réchauffer au four à micro-ondes qu'il est pratique d'en avoir en réserve au réfrigérateur. Elle se conserve 4 à 5 semaines et se réchauffe en 30 secondes à 2 minutes, selon la quantité. Remuer souvent.

22. **Pour réchauffer les biberons :** Remplir un biberon de plastique de bébé de 4 ou 8 oz (115 ou 230 ml). Renverser la tétine et dévisser un peu le bouchon. Chauffer 45 secondes pour 4 oz (115 ml) ou 1 minute 20 secondes pour 8 oz (230 ml). Vérifier la température.

23. **Pour réchauffer la nourriture de bébé :** Les purées ou les aliments pour bébé peuvent se réchauffer dans leur bocal mais il ne faut *jamais oublier d'enlever le couvercle*. Pour des bocaux de 3½ oz à 7¾ oz (95 ml à 220 ml) les chauffer un par un de 30 à 45 secondes. Trois bocaux réchauffés ensemble (placés en cercle) prendront de 1 minute à 1 minute 30 secondes. Ces durées valent pour de la nourriture à la température de la pièce. Si l'aliment sort du réfrigérateur, la durée peut varier un peu.

24. **Faire fondre du beurre ou autre crops gras :** Mettre le beurre ou le corps gras dans une mesure d'une tasse (¼ l). Chauffer à découvert de 30 secondes à 2 minutes selon la quantité et la température initiale du corps gras.

25. **Pour préparer des desserts à la gélatine :** Verser 1 tasse (225 ml) d'eau dans un plat de 1 pinte (1 l), chauffer 2 à 3 minutes. Retirer du four, ajouter la gélatine et remuer pour dissoudre. Continuer avec la recette de son choix, ou chauffer l'eau de la recette, ajouter la gélatine non aromatisée, chauffer 30 secondes et enchaîner avec la recette.

26. **Pour obtenir plus de jus des oranges, des citrons ou des limettes :** Placer les fruits, un à la fois, 30 secondes au four à micro-ondes avant de les presser.

27. **Pour peler des pêches :** Chauffer les pêches de 15 à 20 secondes, selon la grosseur et laisser reposer 10 minutes avant de peler.

28. **Pour réchauffer des restes :** Tous les restes, qu'il s'agisse de viande, de poisson, de légumes ou de desserts, ont l'air d'être frais quand ils sont réchauffés au four à micro-ondes parce qu'il n'y a pas de dessèchement ni de goût de réchauffé. Les conserver dans des plats ou des contenants convenant à la cuisson micro-ondes, afin qu'ils puissent passer directement du réfrigérateur ou du congélateur au four micro-ondes. Il suffit de les couvrir de papier ciré et de réchauffer quelques minutes. Le temps varie selon les quantités ou si l'aliment a été réfrigéré ou congelé. La meilleure façon de vérifier est de sortir l'aliment du four et d'utiliser le thermomètre. La nourriture doit se situer entre 150°F et 160°F (65 et 71°C). Sinon, la remettre au four sans oublier d'ôter d'abord le thermomètre.

29. **Pour réhydrater des fruits secs pour gâteaux :** Quand il faut pour une recette (même cuite dans la cuisinière ordinaire) faire tremper des fruits ou des noix de 12 à 24 heures dans le rhum ou le cognac, utiliser les mêmes quantités de fruits, de noix, de rhum et de cognac. Mélanger dans un grand bol. Chauffer 5 minutes, couvert de papier ciré. Rien ne les rend aussi moelleux et savoureux. J'emploie toujours cette méthode pour mes gâteaux aux fruits de fin d'année.

Comment sécher les herbes et les fleurs au four à micro-ondes

Depuis des années, je fais sécher des herbes et des fleurs en dépit des soins, du temps et du travail que cela demande pour obtenir des résultats parfaits. Quand j'ai commencé à m'intéresser à la cuisson micro-ondes, j'ai pensé que tout ce travail pourrait se faire en quelques minutes au lieu de prendre des heures et des jours.

Mon premier essai a été un désastre ! J'avais posé un bouquet de persil vert foncé sur une serviette de papier et réglé le four à 1 minute (ce qui est si peu, comparé à 2 ou 3 semaines). J'avais du persil séché mais quand j'ai voulu y toucher, il est tombé en poussières ! Je n'ai pas abandonné et j'ai fini pas trouver la bonne manière.

Pour toutes les herbes fraîches

L'estragon, le basilic, la marjolaine, la sarriette, la sauge, le thym, la menthe, etc. conservent tous leurs couleurs.

Séparer les feuilles de la tige. Étendre les feuilles sur du papier absorbant posé sur une plaque de carton. Couvrir les feuilles d'un autre papier transparent et mettre au four. Chauffer 20 secondes. Tâter les feuilles pour voir si elles sont sèches. Elles peuvent prendre encore 10 autres secondes mais il ne faut pas les surchauffer. Laisser reposer 10 minutes. À ce moment, elles sont prêtes à ranger dans un bocal. Si elles ne semblent pas encore assez sèches, les laisser encore quelques secondes au four. Pour sécher les tiges, les étendre dans un sac en papier ordinaire. Ne pas fermer le sac. Procéder comme pour les feuilles. J'ai trouvé que, pour une poignée de tiges, il faut de 25 à 30 secondes. Laisser refroidir et si possible les passer au mélangeur 30 secondes à 1 minute. Elles formeront des flocons. Je colle une étiquette sur les contenants et je conserve les herbes pour les soupes, les ragoûts ou les sauces tamisées avant d'être servies. Comme les herbes ont toutes une texture, une épaisseur et une humidité différentes, il n'y a pas de durée de séchage uniforme pour toutes. Après quelques expériences, vous comprendrez facilement le processus.

Les fleurs séchées au four à micro-ondes conservent leurs couleurs naturelles et leurs formes. Comme pour les herbes, le séchage se fait rapidement et cela prend un peu de pratique. J'ai trouvé que les fleurs séchées au gel de silice (méthode classique) tendent à se décolorer durant le processus. Comme le four à micro-ondes fait le travail de déshydratation et de séchage en 30 secondes à 1 minute, elles restent fraîches et se conservent ainsi longtemps.

Quand vous aurez appris à le faire, vous verrez qu'elles auront l'air de fleurs fraîchement coupées.

Les fleurs les plus faciles à sécher sont les roses, les jonquilles, les œillets, les fleurs sauvages, les pensées, les lis, les géraniums, etc.

Les fleurs à moitié ouvertes sèchent admirablement bien parce que leurs pétales sont solidement fixés et n'ont pas tendance à tomber ou à se déformer. Évitez les fleurs au coeur épais ou celles aux pétales qui se retournent vers le centre comme les dahlias et les chrysanthèmes. Toutes les feuilles sont magnifiques.

Quand je désire composer un petit arrangement, je dispose d'abord les fleurs dans un vase, ensuite je les place toutes ensemble au four pour qu'elles aient le même degré de séchage et donc de rétention de couleur. Je les redispose ensuite dans le vase.

Pour sécher les fleurs: J'utilise un plat à four de 12 × 8 po (30 × 20 cm) que je remplis à demi de gel de silice. Je dépose ensuite quelques fleurs en m'assurant que les pétales et les feuilles sont bien placés. Ensuite, je saupoudre encore du gel de silice pour que toutes les fleurs en soient bien couvertes, car la moindre exposition à l'air gâterait l'effet de la fleur. Je place le plat dans le four avec une tasse remplie d'eau au fond. Je chauffe 30 secondes, et je retire le plat du four en vérifiant un petit coin de fleur. Selon la grandeur et le type de fleur, le temps peut varier de 30 secondes à 1 minute. Ne pas oublier que les fleurs continueront de sécher encore de 10 à 15 minutes au sortir du four.

C'est très facile de retirer un peu de gel de silice et de vérifier la sécheresse, puis de simplement recouvrir la fleur et de remettre le tout au four quelques secondes de plus.

Faites une expérience avec 4 ou 5 fleurs différentes et vous comprendrez mieux le processus.

Quand les fleurs sont séchées et refroidies, je secoue un peu le plat pour faire tomber le gel de silice qui recouvre les fleurs, puis je les retire du plat avec soin.

S'il reste un peu de gel de silice sur les fleurs, il est facile de le retirer à l'aide d'un pinceau ou d'une pointe de métal.

Index

Abricots:

Glaçage de gâteau
crémeux aux 327
Garniture de gâteau
crémeuse aux 326
Mousse dorée aux 326

Agneau:

bouilli finlandais 144
Epaule glacée 147
Gigot mariné 143
Jarrets d' (à la française) 146
Pain de viande à l' 148
Petits pâtés à l'orientale 146
Rôti d'épaule à l'anglaise 144
Rôti glacé 145

Aiglefin:

à la grecque 43, 185
poché 186
Ailes de poulet à l'orientale 170

Artichauts:

à la barigoule 212
à la hollandaise 208

Asperges:

à la sauce mousseline 206
Malines 208
Teriyaki 210

Aspic de rhubarbe 279

Aubergines:

à l'arabe 230
Capri 230

Bacon:

Beurre de 164
Casserole au fromage et au 122
Casserole au
(doré et aux oeufs) 118
Huîtres au 58
Omelette au 115
Pruneaux au 58
Tarte au fromage et au
(à l'anglaise) 124
Tomates au 249
Trempette aux oeufs et au 64
Bananes au rhum 280
Betteraves:

à la polonaise 214
à la québécoise 213
Harvard 215
marinées 213
Poblano 214

Beurre:

à l'ail 329
de bacon 164

Biscuits:

à la confiture de framboises 319
au gingembre 317
aux miettes de chocolat 318

Bisque de homard facile 92

Bleuets, confiture de 323

Boeuf:

Bouillon de 80
Casserole au (et aux nouilles) 129
Casserole au riz et au 259

Pain de viande:

à la mode 139
en anneau 139
hachée 139
Pot-au-feu tendre 130
Ragoût au (et aux légumes) 134
Rôti de côtes 128
Rôti de côtes roulé 128
Steak au piment vert 132
Steak mariné 134
Steak T-Bone ou châteaubriant 136
Sukiyaki 131
Timbales de (avec sauce
aux champignons) 132

Boissons:

Cacao chaud 72
Cidre chaud 71
Chocolat:

à la suisse 75
d'Acapulco 77
espagnol 77
français 76
mexicain 76
Limonade anglaise 73
Old fashioned 72

Rhum au beurre chaud 70
Sirop de cacao 75
Sirop de citronnade 69
Thé à la menthe 73
Thé aux fruits 74
Thomas and Jeremy 70
Tisane d'orge à l'anglaise 74
Tom and Jerry 71
Tomato Mary 69
Bonbons:
  Fudge 320
  Fudge de la
    Nouvelle-Angleterre 320
  Tortues aux noix 321
Bouchées au cari 62

Bouillon:
  de boeuf 80
  de céleri 81
  de poulet 80
  de tomate 82

Boulettes de viandes:
  Trempette pour 65
  à la sauce aux prunes 59

Brocoli:
  amandine 217
  en crème 218
  à la florentine 216
  à l'orientale 216

Cacao:
  chaud 72
  Sirop de 75
Canapés chauds au crabe
  ou aux crevettes 56

Canard:
  à l'orange 177
  aux canneberges 178

Canneberges, Canard aux 178

Câpres, Sauce aux 98

Caramel:
  Poires au 288
  Pouding au 269

Pouding au pain et au 270
Sauces au 293

Cari:
  Bouchées au 62
  Consommé au 83
  de crevettes 195
  de tomates 249
  Huîtres fumées au 56
  Sauce au 104
  Trempette aux palourdes et au 63

Carottes:
  au beurre 224
  au gingembre 225
  Gâteau aux 306
  marinées 226
  persillées 226
  Pois et (à l'indienne) 227

Casserole:
  au bacon doré et aux oeufs 118
  au boeuf et aux nouilles 129
  au boeuf et au riz 259
  au chili vite faite 141
  au fromage et au bacon 122
  au pain et au fromage 120
  aux restes de poulet 173
  aux saucisses et aux haricots 140
  au thon et au macaroni 190
  aux tomates et aux concombres 248
  italienne 140
  végétarienne 258

Cassis, Gelée de groseilles ou de 324

Céleri:
  à l'étuvée 229
  Bouillon de 81
  Soupe au 87

Céréales:
  Gruau à l'ancienne 255
  Red River 254
  vite faites 254

Cerises:
  Compote de 281
  Confiture de 324

Champignons:
Chou-fleur au fromage et aux 223
Omelette aux 115
Petits pois surgelés et 235
Sauce aux 100
Sauce aux (pour timbales) 133

Châteaubriant ou steak T-Bone 136

Chili, Casserole au (vite faite) 141

Chocolat:
Biscuits aux miettes de 318
Mousse au rhum et au 274
Petits gâteaux vanille 301
Pouding au pain et au 271
Sauce au rhum et au 295
Sauce extra-riche au 294
(*Voir aussi* Boissons)

Chou:
aigre-doux 222
à la bavaroise 222
à l'indienne 221
à la finlandaise 220
Jambon et (au four) 162

Choux de Bruxelles:
à la sauce blanche 219
à la scandinave 218
surgelés 220

Chou-fleur:
au fromage et aux champignons 223
gratiné 224

Chowder de la Nouvelle-Angleterre 88

Cidre chaud 71

Citron:
Glaçage au (ou à l'orange) 303
Mousse au 283
Petits gâteaux au 301
Pommes de terre au 242
Sauce au 298
Sauce au (à la canadienne) 295
Tarte au (et à la meringue) 314

Citronnade, Sirop de 69

Citrouille:
Soupe à la 86
Tarte à la 312

Cognac, Pêches fraîches au 282

Compote:
de cerises 281
de pêches et de petits fruits 282
de pommes 278
de pommes aux croûtons 278
de rhubarbe à la menthe 289
de rhubarbe et de fraises 292

Concombres:
à la crème persillée 229
et tomates (casserole) 248

Confiture:
de bleuets 323
de cerises 324
de framboises 322

Consommé:
au cari 83
aux tomates 91
Diplomate 84
Faubonne 83
italien 91

Coquilles Saint-Jacques 198

Côtelettes de porc 155
aigres-douces 155
bavaroises 156
Monique 151
Nouvelle-Angleterre 154
panées 156

Coupes de crevettes fraîches 196

Courge:
"Acorn" farcie 246
"Butternut" 247
d'été 248

Courgettes à l'italienne 252

Crabe:
Canapés chauds au (et aux crevettes) 56
en crème 197

Crème:
de homard rosée 92
de la Louisiane 92
de poulet à la parisienne 92
de tomates au cari 92
de tomates fraîches 88
de tomate Voisin 92
du Barry 91
mougole 91
Saint-Germain 91
verte 91

Crevettes:
barbecue 194
Canapés chauds au crabe ou aux 56
Cari de 195
Coupes de (fraîches)196
marinières 193
parfumées 194
dorées au four 57

Croustade:
de pêches 285
de pommes 284

Croustilles au fromage 63

Croûte de tarte:
aux miettes de biscuits 309
ma préférée 310

Délice:
aux petits oignons 233
aux pommes 276

Dinde:
Farce pour la 176
Préparation de la 174, 175

Epaule d'agneau glacée 147

Epinards:
au gratin 245
en crème 244
en crème aromatisés à l'oignon 246

Escalopes de veau florentines 149

Farce:
pour la dinde 176
pour le poulet 172

Filets de poisson:
à l'anglaise 189

à la chinoise 187
à la polonaise 188
de morue au citron 184
de sole à l'italienne 183
méthode Cornell 184

Flan aux pêches 268

Flétan à la russe 183

Foies de poulet:
hachés 60
Rumaki aux 60

Fondue:
à l'orange 281
américaine 121
galloise 122

Fraises:
Compote de pêches et
de petits fruits 282
Compote de rhubarbe et de 292

Framboises:
Biscuits à la confiture de 319
Compote de pêches et
de petits fruits 282
Confiture de 322
Sauce aux 296

Fromage:
Casserole au (et au bacon) 122
Casserole au pain et au 120
Chou-fleur au (et aux
champignons) 223
Croustilles au 63
Fondue américaine 121
Fondue galloise 122
Macaroni au 261
Macaroni aux deux 260
Macaroni Hélène 264
Omelette au 117
Pain italien au (et au riz) 120
Quiche lorraine 123
Tarte au bacon et au
(à l'anglaise) 124
Toasts chauds au 61
Trempette au cheddar
et aux haricots rouges 65

Fruits :
Belle-Aurore 270

(*Voir aussi* chaque fruit
en particulier)

Fudge 320
de la Nouvelle-Angleterre 320

Gâteau:
aux carottes 306
aux fruits pour Noël 305
Pain d'épice à l'ancienne 308
suédois aux noix 307
(*Voir aussi* Petits gâteaux)

Gelée de groseilles ou de cassis 3

Gigot d'agneau mariné 143

Glaçage:
allemand 303
au blanc d'oeuf 301
au citron ou à l'orange 303
moka 303
toujours prêt 304

Groseilles, Gelée de 324

Gruau à l'ancienne 255

Haricots:
Casserole aux saucisses et aux
rouges, Trempette aux
(et au cheddar) 65
verts à la lyonnaise 206
verts à la sauce rosée 211
verts ou jaunes à
la sauce aux noix 210
verts surgelés,
"nouveau genre" 209

Homard:
à la Newburg 192
Bisque de (facile) 92
bouilli 192
Queues de (au beurre) 191

Huîtres:
au bacon 58
fumées au cari 56
Soupe aux 85

Ignames (*voir* Patates)

Jambon:
à l'anglaise 159
au four 158
au micl 160
et chou au four 162
et patates 163
et pommes de terre au four 161
glacé à l'orange 43, 162
Pain de 160
Jarrets d'agneau à la française 146

Limonade:
anglaise 73
Sirop de citronnade 69

Longe de porc rôtie 152

Macaroni:
au fromage 261
aux deux fromages 260
Casserole au thon et au 190
Hélène 264

Maïs:
à l'étuvée 228
O'Brien 227

Mélange à sauce blanche 95

Mélange pour arroser les viandes 107

Meringues 272

Morue:
Filets au citron 184
pochée 186

Mousse:
au chocolat et au rhum 274
au citron 283

Navets en sauce 251

Noix:
aux épices sucrées 52
Gâteaux suédois aux 307
grillées 53
Héloïse 52
Tarte aux pacanes 313
Nouilles:
Alfredo 262
Casserole au boeuf et aux 129

Oeufs:
   au plat 112
   brouillés 113
   Casserole au bacon doré et aux 118
   en cocotte 116
   en cocotte à la Bercy 118
   pochés 114
   Trempette aux (et au bacon) 64

Oignons:
   à l'italienne 234
   Délice aux petits 233
   Soupe à l' (et au concentré
      de boeuf) 85

Old Fashioned (recette de base) 72

Omelette:
   au bacon 115
   aux champignons 115
   aux fines herbes 117
   au fromage 117
   espagnole 116

Orange:
   Canard à l' 177
   Fondue à l' 281
   Patates à l' 242
   Petits gâteaux à l' 301
   Glaçage au citron ou à l' 303
   Jambon glacé à l' 43, 162

Pain:
   Casserole au (et au fromage) 120
   d'épice à l'ancienne 308
   de viande:
      à l'agneau 148
      à la mode 139
      de jambon 160
      de veau 150
      en anneau 139
      hachée 139
   italien au fromage et au riz 120
   Pouding au (et au chocolat) 271
   Pouding au (et au caramel) 270
   Sauce au (à l'anglaise) 102

Palourdes, Trempette au cari et aux 63

Pamplemousse au rhum 280

Patates ou ignames:
   à l'orange 242
   au four 243
   glacés 244
   Jambon et 163

Pâtes alimentaires:
   Casserole au boeuf et aux
      nouilles 129
   Casserole italienne 140
   à la sauce verte 265
   à la florentine 263
   Macaroni au fromage 261
   Macaroni aux deux fromages 260
   Macaroni Hélène 264
   Nouilles Alfredo 262
   Spaghetti à la Livourne 261
   Spaghetti et sauce à la viande 262

Pêches:
   Compote de (et de
      petits fruits) 282
   Croustade de 285
   Flan aux 268
   fraîches au cognac 281
   pochées 285

Petits gâteaux:
   au citron 301
   à l'orange 301
   vanille-chocolat 301

Petits pâtés d'agneau à l'orientale 146

Petits pois:
   à la parisienne 232
   et carottes à l'indienne 227
   surgelés et champignons 235
   Pommes de terre et 234

Pétoncles:
   amandine 196
   Coquilles Saint-Jacques 198
Poires:
   au caramel 288
   bordelaises 289

Brillat-Savarin 291
de luxe 287
moulées 286

Poireaux avec sauce au citron 23?

Pois (*voir* Petits pois)

Poisson:
Aiglefin à la grecque 43, 185
Aiglefin poché 186
Casserole au thon et au
macaroni 190
Filets à l'anglaise 189
à la chinoise 187
à la polonaise 188
de morue au citron 184
de sole à l'italienne 183
méthode Cornell 184
Flétan à la russe 183
Morue pochée 186
Sole amandine 188
Sole de Douvres 188
Tourte au saumon 190

Pommes:
à la normande 277
au four 275
au four au caramel 273
au sucre candi 322
bouillies 274
Compote de 278
Compote de (aux croûtons) 2?
Croustade de 284
Délice aux 276
Sauce aux (et aux raisins) 29?

Pommes de terre:
au citron 242
au four 238
bouillies 236
à l'autrichienne 236
à la hongroise 236
à l'oignon 236
au gratin 236
brunes 239
Chantilly 238
en tranches 241
et petits pois 234

gratinées 240
Jambon et (au four) 161
Purée de 240

Porc:
Bacon (*voir* ce mot)
Côtelettes de 155
aigres-douces 155
bavaroises 156
Monique 151
Nouvelle-Angleterre 154
panées 156
Jambon (*voir* ce mot)
Longe de (rôtie)
Spareribs glacés 153
Tranche de (rôtie) 157

Pot-au-feu tendre 130

Pouding:
à la rhubarbe 286
au caramel 269
au fudge 276
au pain et au caramel 270
au pain et au chocolat 271
au riz 268
au tapioca 272
d'été 288
rapide 327

Poulet:
Ailes de (à l'orientale) 170
Bouillon de 80
Casserole aux restes de 173
coupé et frit aux micro-ondes 167
Crème de (à la parisienne) 92
de Cornouailles farcis 179
en crème 169
Farce pour le 172
Foies de (hachés) 60
parisien 168
pour le barbecue 168
rôti 170
rôti aux agrumes 171
rôti vite fait 169
Rumaki aux foies de 60
Sauce à badigeonner pour le 166
Teriyaki 172

Pretzels chauds 53

Pruneaux au bacon 58

Purée de pommes de terre 240

Queues de homard au beurre 191

Quiche lorraine 123

Ragoût au boeuf et aux légumes 134

Raisins:
Sauce aux pommes et aux 297
Sauce aux 105
Tarte aux (de Californie) 313

Rhubarbe:
Aspic de 279
au four 290
Compote de (à la menthe) 289
Compote de fraises et de 292
Pouding à la 286

Rhum:
au beurre chaud 70
Bananes au 280
Mousse au chocolat et au 274
Pamplemousse au 280
Sauce au chocolat et au 295

Riz:
à cuisson rapide 256
Casserole au boeuf et au 259
confetti 257
ordinaire à grains courts ou
longs 256
Pain italien au fromage et au 120
Pilaf aux légumes 257
Pouding au 268

Rôti:
d'agneau glacé 145
de côtes 128
de côtes roulé 128
d'épaule à l'anglaise (agneau) 144
de veau 150

Rumaki aux foies de poulet 60

Sardines au chutney 54

Sauces à desserts:

au caramel au beurre 293
au caramel et aux noix 293
au caramel et au cognac 293
au chocolat et au rhum 295
au chocolat extra-riche 294
au citron 298
au citron à la canadienne 295
aux framboises 296
aux pommes et aux raisins 297
chaude à la vanille 298
dorée 297
jubilée 296
Melba 294

Sauces pour poisson,
viande et légumes:
à badigeonner pour le poulet 166
à la crème sure 105
à l'oignon (pour porc rôti) 153
à salade "à l'ancienne" 106
au cari 104
aux câpres 98
aux champignons 100
au pain à l'anglaise 102
au persil 99
aux raisins 105
barbecue 106
Base d'un roux 95
béarnaise 103
béchamel ou veloutée 39 96
blanche, de base 94
brune du chef 97
Chantilly hollandaise 101
fausse hollandaise 102
hollandaise de Dijon 101
madère 97
Mélange à sauce blanche 95
Mélange pour arroser les
viandes 107
Mornay 98
mousseline 101
pour l'agneau 108
pour le boeuf 108
pour le porc 108
pour le veau 108
pour viandes rôties 107
provençale 99
soubise 98
tomate (ma préférée) 104

vaucluse 103
Véritable hollandaise 100

Saucisses:
aigres-douces 54, 61
à cocktail épicées 57
à cocktail froides 55
Casserole aux (et aux haricots) 140

Saumon, Tourte au 190

Sirop:
au chocolat 304
de cacao 75
de citronnade 69
d'érable (tarte au) 312

Sole:
amandine 188
de Douvres 188
filets de (à l'italienne) 183

Soupe:
au céleri 87
à la citrouille 86
aux huîtres 85
à l'oignon et au concentré
de boeuf 85
de Majorque 84
fermière 91
printanière aux légumes 82
"santé" aux légumes 86
Vichyssoise 89

Spaghetti:
à la Livourne 261
et sauce à la viande 262

Spareribs glacés 153

Steak:
au piment vert 132
mariné 134
T-bone ou châteaubriant 136

Sukiyaki 131

Tapioca, Pouding au 272

Tarte:
à la citrouille 312
à l'anglaise 314
au bacon et au fromage à
l'anglaise 124
au citron et à la meringe 314

au sirop d'érable 312
aux pacanes 313
aux raisins de Californie 313
Croûtes de 309, 310

Thé:
à la menthe 73
aux fruits 74

Thomas and Jeremy 70

Thon et macaroni (casserole) 190

Timbales de boeuf avec sauce
aux champignons 132

Tisane d'orge à l'anglaise 74

Toasts chauds au fromage 61

Tom and Jerry 71

Tomates:
au bacon 249
au beurre 250
Bouillon de 82
Cari de 249
Casserole aux (et aux
concombres) 248
Consommé aux 91
Crème de (au cari) 92
Crème de (fraîches) 88
Crème de (Voisin) 92
farcies 250
Sauce 104

Tomato Mary 69

Tortues aux noix 321

Tourte au saumon 190

Tranche de porc rôtie
(dans l'épaule) 157

Trempette:
au cheddar et aux haricots rouges 65
aux oeufs et au bacon 64
aux palourdes et au cari 63
pour boulettes de viande 65
pour légumes crus 64

Veau:
Escalopes de (florentines) 149
Pain de 150
Rôti de 150

Vichyssoise 89

Lithographié au Canada
sur les presses de
Métropole Litho Inc.

Ouvrages parus aux ÉDITIONS DE L'HOMME

sans * pour l'Amérique du Nord seulement
* pour l'Europe et l'Amérique du Nord
** pour l'Europe seulement

ALIMENTATION — SANTÉ

Allergies, Les, Dr Pierre Delorme
* **Cellulite, La,** Dr Jean-Paul Ostiguy
Conseils de mon médecin de famille, Les, Dr Maurice Lauzon
Contrôler votre poids, Dr Jean-Paul Ostiguy
Diététique dans la vie quotidienne, La, Louise Lambert-Lagacé
Face-lifting par l'exercice, Le, Senta Maria Rungé
* **Guérir ses maux de dos,** Dr Hamilton Hall

* **Maigrir en santé,** Denyse Hunter
* **Maigrir, un nouveau régime de vie,** Edwin Bayrd
Massage, Le, Byron Scott
Médecine esthétique, La, Dr Guylaine Lanctôt
* **Régime pour maigrir,** Marie-Josée Beaudoin
* **Sport-santé et nutrition,** Dr Jean-Paul Ostiguy
* **Vivre jeune,** Myra Waldo

ART CULINAIRE

Agneau, L', Jehane Benoit
Art d'apprêter les restes, L', Suzanne Lapointe
* **Art de la cuisine chinoise, L',** Stella Chan
Art de la table, L', Marguerite du Coffre
Boîte à lunch, La, Louise Lambert-Lagacé
Bonne table, La, Juliette Huot
Brasserie la Mère Clavet vous présente ses recettes, La, Léo Godon
Canapés et amuse-gueule
101 omelettes, Claude Marycette
Cocktails de Jacques Normand, Les, Jacques Normand
Confitures, Les, Misette Godard
* **Congélation des aliments, La,** Suzanne Lapointe
* **Conserves, Les,** Soeur Berthe
* **Cuisine au wok, La,** Charmaine Solomon
Cuisine chinoise, La, Lizette Gervais
Cuisine de Maman Lapointe, La, Suzanne Lapointe
Cuisine de Pol Martin, La, Pol Martin
Cuisine des 4 saisons, La, Hélène Durand-LaRoche

* **Cuisine du monde entier, La,** Jehane Benoit
Cuisine en fête, La, Juliette Lassonde
Cuisine facile aux micro-ondes, Pauline Saint-Amour
* **Cuisine micro-ondes, La,** Jehane Benoit
Desserts diététiques, Claude Poliquin
Du potager à la table, Paul Pouliot, Pol Martin
En cuisinant de 5 à 6, Juliette Huot
* **Faire son pain soi-même,** Janice Murray Gill
* **Fèves, haricots et autres légumineuses,** Tess Mallos
Fondue et barbecue
* **Fondues et flambées de Maman Lapointe,** S. et L. Lapointe
Fruits, Les, John Goode
Gastronomie au Québec, La, Abel Benquet
Grande cuisine au Pernod, La, Suzanne Lapointe
Grillades, Les
* **Guide complet du barman, Le,** Jacques Normand
Hors-d'oeuvre, salades et buffets froids, Louis Dubois

1

Légumes, Les, John Goode
Liqueurs et philtres d'amour, Hélène Morasse
Ma cuisine maison, Jehane Benoit
Madame reçoit, Hélène Durand-LaRoche
* Menu de santé, Louise Lambert-Lagacé
Pâtes à toutes les sauces, Les, Lucette Lapointe
Pâtisserie, La, Maurice-Marie Bellot
Petite et grande cuisine végétarienne, Manon Bédard
Poissons et crustacés
Poissons et fruits de mer, Soeur Berthe
* Poulet à toutes les sauces, Le, Monique Thyraud de Vosjoli

Recettes à la bière des grandes cuisines Molson, Les, Marcel L. Beaulieu
Recettes au blender, Juliette Huot
Recettes de gibier, Suzanne Lapointe
Recettes de Juliette, Les, Juliette Huot
Recettes pour aider à maigrir, Dr Jean-Paul Ostiguy
Robot culinaire, Le, Pol Martin
Sauces pour tous les plats, Huguette Gaudette, Suzanne Colas
* Techniques culinaires, Les, Soeur Berthe
* Une cuisine sage, Louise Lambert-Lagacé
Vins, cocktails et spiritueux, Gilles Cloutier
Y'a du soleil dans votre assiette, Francine Georget

DOCUMENTS — BIOGRAPHIES

Art traditionnel au Québec, L', M. Lessard et H. Marquis
Artisanat québécois, T. I, Cyril Simard
Artisanat québécois, T. II, Cyril Simard
Artisanat québécois, T. III, Cyril Simard
Bien pensants, Les, Pierre Berton
Charlebois, qui es-tu? Benoît L'Herbier
Comité, Le, M. et P. Thyraud de Vosjoli
Daniel Johnson, T. I, Pierre Godin
Daniel Johnson, T. II, Pierre Godin
Deux innocents en Chine Rouge, Jacques Hébert, Pierre E. Trudeau
Duplessis, l'ascension, T. I, Conrad Black
Duplessis, le pouvoir, T. II, Conrad Black
Dynastie des Bronfman, La, Peter C. Newman
Écoles de rang au Québec, Les, Jacques Dorion
* Ermite, L', T. Lobsang Rampa
Establishment canadien, L', Peter C. Newman
Fabuleux Onassis, Le, Christian Cafarakis
Filière canadienne, La, Jean-Pierre Charbonneau
Frère André, Le, Micheline Lachance
Insolences du frère Untel, Les, Frère Untel
Invasion du Canada L', T. I, Pierre Berton
Invasion du Canada L', T. II, Pierre Berton
John A. Macdonald, T. I, Donald Creighton

John A. Macdonald, T. II, Donald Creighton
Lamia, P.L. Thyraud de Vosjoli
Magadan, Michel Solomon
Maison traditionnelle au Québec, La, M. Lessard, G. Vilandré
Mammifères de mon pays, Les, St-Denys-Duchesnay-Dumais
Masques et visages du spiritualisme contemporain, Julius Evola
Mastantuono, M. Mastantuono, M. Auger
Mon calvaire roumain, Michel Solomon
Moulins à eau de la vallée du St-Laurent, Les, F. Adam-Villeneuve, C. Felteau
Mozart raconté en 50 chefs-d'oeuvre, Paul Roussel
Nos aviateurs, Jacques Rivard
Nos soldats, George F.G. Stanley
Nouveaux Riches, Les, Peter C. Newman
Objets familiers de nos ancêtres, Les, Vermette, Genêt, Décarie-Audet
Oui, René Lévesque
* OVNI, Yurko Bondarchuck
Papillons du Québec, Les, B. Prévost et C. Veilleux
Patronage et patroneux, Alfred Hardy
Petite barbe, j'ai vécu 40 ans dans le Grand Nord, La, André Steinmann
* Pour entretenir la flamme, T. Lobsang Rampa
Prague, l'été des tanks, Desgraupes, Dumayet, Stanké
Prince de l'Église, le cardinal Léger, Le, Micheline Lachance

Provencher, le dernier des coureurs de bois, Paul Provencher
Réal Caouette, Marcel Huguet
Révolte contre le monde moderne, Julius Evola
Struma, Le, Michel Solomon
Temps des fêtes au Québec, Le, Raymond Montpetit
Terrorisme québécois, Le, Dr Gustave Morf

* Treizième chandelle, La, T. Lobsang Rampa
Troisième voie, La, Me Emile Colas
Trois vies de Pearson, Les, J.-M. Poliquin, J.R. Beal
Trudeau, le paradoxe, Anthony Westell
Vizzini, Sal Vizzini
Vrai visage de Duplessis, Le, Pierre Laporte

ENCYCLOPÉDIES

Encyclopédie de la chasse au Québec, Bernard Leiffet
Encyclopédie de la maison québécoise, M. Lessard, H. Marquis
* Encyclopédie de la santé de l'enfant, L', Richard I. Feinbloom
Encyclopédie des antiquités du Québec, M. Lessard, H. Marquis

Encyclopédie des oiseaux du Québec, W. Earl Godfrey
Encyclopédie du jardinier horticulteur, W.H. Perron
Encyclopédie du Québec, vol. I, Louis Landry
Encyclopédie du Québec, vol. II, Louis Landry

ENFANCE ET MATERNITÉ

* Aider son enfant en maternelle et en 1ère année, Louise Pedneault-Pontbriand
* Aider votre enfant à lire et à écrire, Louise Doyon-Richard
Avoir un enfant après 35 ans, Isabelle Robert
* Comment avoir des enfants heureux, Jacob Azerrad
Comment amuser nos enfants, Louis Stanké
* Comment nourrir son enfant, Louise Lambert-Lagacé
* Découvrez votre enfant par ses jeux, Didier Calvet
Des enfants découvrent l'agriculture, Didier Calvet
* Développement psychomoteur du bébé, Le, Didier Calvet
* Douze premiers mois de mon enfant, Les, Frank Caplan
Droits des futurs parents, Les, Valmai Howe Elkins
* En attendant notre enfant, Yvette Pratte-Marchessault
Enfant unique, L', Ellen Peck
* Éveillez votre enfant par des contes, Didier Calvet

* Exercices et jeux pour enfants, Trude Sekely
Femme enceinte, La, Dr Robert A. Bradley
Futur père, Yvette Pratte-Marchessault
* Jouons avec les lettres, Louise Doyon-Richard
* Langage de votre enfant, Le, Claude Langevin
Maman et son nouveau-né, La, Trude Sekely
Merveilleuse histoire de la naissance, Dr Lionel Gendron
Pour bébé, le sein ou le biberon, Yvette Pratte-Marchessault
Pour vous future maman, Trude Sekely
* Préparez votre enfant à l'école, Louise Doyon-Richard
* Psychologie de l'enfant, La, Françoise Cholette-Pérusse
* Tout se joue avant la maternelle, Isuba Mansuka
* Trois premières années de mon enfant, Les, Dr Burton L. White
* Une naissance apprivoisée, Edith Fournier, Michel Moreau

LANGUE

Améliorez votre français, Jacques Laurin

* Anglais par la méthode choc, L', Jean-Louis Morgan

Corrigeons nos anglicismes, Jacques
Laurin
* J'apprends l'anglais, G. Silicani et J.
Grisé-Allard
Notre français et ses pièges, Jacques
Laurin

Petit dictionnaire du joual au français,
Augustin Turennes
Verbes, Les, Jacques Laurin

LITTÉRATURE

Adieu Québec, André Bruneau
Allocutaire, L', Gilbert Langlois
Arrivants, Les, collaboration
Berger, Les, Marcel Cabay-Marin
Bigaouette, Raymond Lévesque
Carnivores, Les, François Moreau
Carré St-Louis, Jean-Jules Richard
Centre-ville, Jean-Jules Richard
Chez les termites, Madeleine Ouel-
lette-Michalska
Commettants de Caridad, Les, Yves
Thériault
Danka, Marcel Godin
Débarque, La, Raymond Plante
Domaine Cassaubon, Le, Gilbert Lan-
glois
Doux mal, Le, Andrée Maillet
D'un mur à l'autre, Paul-André Bi-
beau
Emprise, L', Gaétan Brulotte
Engrenage, L', Claudine Numainville.
En hommage aux araignées, Esther
Rochon
Faites de beaux rêves, Jacques Poulin
Fuite immobile, La, Gilles Archambault

J'parle tout seul quand Jean Narrache,
Émile Coderre
Jeu des saisons, Le, Madeleine Ouel-
lette-Michalska
Marche des grands cocus, La, Roger
Fournier
Monde aime mieux..., Le, Clémence
Desrochers
Mourir en automne, Claude DeCotret
N'Tsuk, Yves Thériault
Neuf jours de haine, Jean-Jules Ri-
chard
New medea, Monique Bosco
Outaragasipi, L', Claude Jasmin
Petite fleur du Vietnam, La, Clément
Gaumont
Pièges, Jean-Jules Richard
Porte silence, Paul-André Bibeau
Requiem pour un père, François
Moreau
Si tu savais..., Georges Dor
Tête blanche, Marie-Claire Blais
Trou, Le, Sylvain Chapdeleine
Visages de l'enfance, Les, Dominique
Blondeau

LIVRES PRATIQUES — LOISIRS

Améliorons notre bridge, Charles A.
Durand
* Art du dressage de défense et d'atta-
que, L', Gilles Chartier
* Art du pliage du papier, L', Robert Har-
bin
* Baladi, Le, Micheline d'Astous
* Ballet-jazz, Le, Allen Dow et Mike
Michaelson
* Belles danses, Les, Allen Dow et Mike
Michaelson
Bien nourrir son chat, Christian
d'Orangeville
Bien nourrir son chien, Christian
d'Orangeville
Bonnes idées de maman Lapointe,
Les, Lucette Lapointe
* Bridge, Le, Vivianne Beaulieu
Budget, Le, en collaboration
Choix de carrières, T. I, Guy Milot
Choix de carrières, T. II, Guy Milot

Choix de carrières, T. III, Guy Milot
Collectionner les timbres, Yves Tas-
chereau
Comment acheter et vendre sa mai-
son, Lucile Brisebois
Comment rédiger son curriculum
vitae, Julie Brazeau
Comment tirer le maximum d'une
mini-calculatrice, Henry Mullish
Conseils aux inventeurs, Raymond-A.
Robic
Construire sa maison en bois rustique,
D. Mann et R. Skinulis
Crochet jacquard, Le, Brigitte Thérien
Cuir, Le, L. St-Hilaire, W. Vogt
* Découvrir son ordinateur personnel,
François Faguy
Dentelle, La, Andrée-Anne de Sève
Dentelle II, La, Andrée-Anne de Sève
Dictionnaire des affaires, Le, Wilfrid
Lebel

* **Dictionnaire des mots croisés — noms communs,** Paul Lasnier
* **Dictionnaire des mots croisés — noms propres,** Piquette-Lasnier-Gauthier
Dictionnaire économique et financier, Eugène Lafond
* **Dictionnaire raisonné des mots croisés,** Jacqueline Charron
Emploi idéal en 4 minutes, L', Geoffrey Lalonde
Étiquette du mariage, L', Marcelle Fortin-Jacques
Faire son testament soi-même, Me G. Poirier et M. Nadeau Lescault
Fins de partie aux dames, H. Tranquille et G. Lefebvre
Fléché, Le, F. Bourret, L. Lavigne
Frivolité, La, Alexandra Pineault-Vaillancourt
Gagster, Claude Landré
Guide complet de la couture, Le, Lise Chartier
* **Guide complet des cheveux, Le,** Phillip Kingsley
Guide du chauffage au bois, Le, Gordon Flagler
* **Guitare, La,** Peter Collins
Hypnotisme, L', Jean Manolesco
* **J'apprends à dessiner,** Joanna Nash
Jeu de la carte et ses techniques, Le, Charles A. Durand
Jeux de cartes, Les, George F. Hervey
* **Jeux de dés, Les,** Skip Frey
Jeux d'hier et d'aujourd'hui, S. Lavoie et Y. Morin
* **Jeux de société,** Louis Stanké
* **Jouets, Les,** Nicole Bolduc
* **Lignes de la main, Les,** Louis Stanké
Loi et vos droits, La, Me Paul-Émile Marchand
Magie et tours de passe-passe, Ian Adair
Magie par la science, La, Walter B. Gibson
* **Manuel de pilotage**
Marionnettes, Les, Roger Régnier
Mécanique de mon auto, La, Time Life Books
* **Mon chat, le soigner, le guérir,** Christian d'Orangeville

Nature et l'artisanat, La, Soeur Pauline Roy
* **Noeuds, Les,** George Russel Shaw
Nouveau guide du propriétaire et du locataire, Le, Mes M. Bolduc, M. Lavigne, J. Giroux
* **Ouverture aux échecs, L',** Camille Coudari
Papier mâché, Le, Roger Régnier
P'tite ferme, les animaux, La, Jean-Claude Trait
Petit manuel de la femme au travail, Lise Cardinal
Poids et mesures, calcul rapide, Louis Stanké
Races de chats, chats de race, Christian d'Orangeville
Races de chiens, chiens de race, Christian d'Orangeville
Roulez sans vous faire rouler, T. I, Philippe Edmonston
Roulez sans vous faire rouler, T. II, le guide des voitures d'occasion, Philippe Edmonston
Savoir-vivre d'aujourd'hui, Le, Marcelle Fortin-Jacques
Savoir-vivre, Nicole Germain
Scrabble, Le, Daniel Gallez
Secrétaire bilingue, Le/la, Wilfrid Lebel
Secrétaire efficace, La, Marian G. Simpsons
Tapisserie, La, T.M. Perrier, N.B. Langlois
* **Taxidermie, La,** Jean Labrie
Tenir maison, Françoise Gaudet-Smet
Terre cuite, Robert Fortier
Tissage, Le, G. Galarneau, J. Grisé-Allard
Tout sur le macramé, Virginia I. Harvey
Trouvailles de Clémence, Les, Clémence Desrochers
2001 trucs ménagers, Lucille Godin
Vive la compagnie, Pierre Daigneault
Vitrail, Le, Claude Bettinger
Voir clair aux dames, H. Tranquille, G. Lefebvre
* **Voir clair aux échecs,** Henri Tranquille
* **Votre avenir par les cartes,** Louis Stanké
Votre discothèque, Paul Roussel

PHOTOGRAPHIE

* **8/super 8/16,** André Lafrance
* **Apprendre la photo de sport,** Denis Brodeur
* **Apprenez la photographie avec Antoine Desilets**

* **Chasse photographique, La,** Louis-Philippe Coiteux
* **Découvrez le monde merveilleux de la photographie,** Antoine Desilets
* **Je développe mes photos,** Antoine Desilets

* **Guide des accessoires et appareils photos, Le,** Antoine Desilets, Paul Taillefer
* **Je prends des photos,** Antoine Desilets
* **Photo à la portée de tous, La,** Antoine Desilets
* **Photo de A à Z, La,** Desilets, Coiteux, Gariépy
* **Photo Reportage,** Alain Renaud
* **Technique de la photo, La,** Antoine Desilets

PLANTES ET JARDINAGE

Arbres, haies et arbustes, Paul Pouliot
Automne, le jardinage aux quatre saisons, Paul Pouliot
* **Décoration intérieure par les plantes, La,** M. du Coffre, T. Debeur
Été, le jardinage aux quatre saisons, Paul Pouliot
Guide complet du jardinage, Le, Charles L. Wilson
Hiver, le jardinage aux quatre saisons, Paul Pouliot
Jardins d'intérieur et serres domestiques, Micheline Lachance

Jardin potager, la p'tite ferme, Le, Jean-Claude Trait
Je décore avec des fleurs, Mimi Bassili
Plantes d'intérieur, Les, Paul Pouliot
Printemps, le jardinage aux quatre saisons, Paul Pouliot
Techniques du jardinage, Les, Paul Pouliot
* **Terrariums, Les,** Ken Kayatta et Steven Schmidt
Votre pelouse, Paul Pouliot

PSYCHOLOGIE

Âge démasqué, L', Hubert de Ravinel
* **Aider mon patron à m'aider,** Eugène Houde
* **Amour, de l'exigence à la préférence, L',** Lucien Auger
Caractères et tempéraments, Claude-Gérard Sarrazin
* **Coeur à l'ouvrage, Le,** Gérald Lefebvre
* **Comment animer un groupe,** collaboration
* **Comment déborder d'énergie,** Jean-Paul Simard
* **Comment vaincre la gêne et la timidité,** René-Salvator Catta
* **Communication dans le couple, La,** Luc Granger
* **Communication et épanouissement personnel,** Lucien Auger
Complexes et psychanalyse, Pierre Valinieff
* **Contact,** Léonard et Nathalie Zunin
* **Courage de vivre, Le,** Dr Ari Kiev
Dynamique des groupes, J.M. Aubry, Y. Saint-Arnaud
* **Émotivité et efficacité au travail,** Eugène Houde
* **Être soi-même,** Dorothy Corkille Briggs
* **Facteur chance, Le,** Max Gunther
* **Fantasmes créateurs, Les,** J.L. Singer, E. Switzer

Frères — Soeurs, la rivalité fraternelle, Dr J.F. McDermott, Jr
* **Hypnose, bluff ou réalité?,** Alain Marillac
* **Interprétez vos rêves,** Louis Stanké
* **J'aime,** Yves Saint-Arnaud
* **Mise en forme psychologique, La,** Richard Corriere et Joseph Hart
* **Parle moi... j'ai des choses à te dire,** Jacques Salomé
Penser heureux, Lucien Auger
* **Personne humaine, La,** Yves Saint-Arnaud
* **Première impression, La,** Chris. L. Kleinke
* **Psychologie de l'amour romantique, La,** Dr Nathaniel Branden
* **S'affirmer et communiquer,** J.-M. Boisvert, M. Beaudry
* **S'aider soi-même,** Lucien Auger
* **S'aider soi-même davantage,** Lucien Auger
* **S'aimer pour la vie,** Dr Zev Wanderer et Erika Fabian
* **Savoir organiser, savoir décider,** Gérald Lefebvre
* **Savoir relaxer pour combattre le stress,** Dr Edmund Jacobson
* **Se changer,** Michael J. Mahoney
* **Se comprendre soi-même,** collaboration
* **Se concentrer pour être heureux,** Jean-Paul Simard

* **Se connaître soi-même,** Gérard Artaud
* **Se contrôler par le biofeedback,** Paul-tre Ligondé
* **Se créer par la gestalt,** Joseph Zinker
  Se guérir de la sottise, Lucien Auger
  S'entraider, Jacques Limoges
  Séparation du couple, La, Dr Robert S. Weiss
* **Trouver la paix en soi et avec les autres,** Dr Theodor Rubin

* **Vaincre ses peurs,** Lucien Auger
* **Vivre avec sa tête ou avec son coeur,** Lucien Auger
  Volonté, l'attention, la mémoire, La, Robert Tocquet
  Votre personnalité, caractère..., Yves Benoit Morin
* **Vouloir c'est pouvoir,** Raymond Hull
  Yoga, corps et pensée, Bruno Leclercq
  Yoga des sphères, Le, Bruno Leclercq

SEXOLOGIE

* **Avortement et contraception,** Dr Henry Morgentaler
* **Bien vivre sa ménopause,** Dr Lionel Gendron
* **Comment séduire les femmes,** E. Weber, M. Cochran
* **Comment séduire les hommes,** Nicole Ariana
  Fais voir! W. McBride et Dr H.F.-Hardt
* **Femme enceinte et la sexualité, La,** Elizabeth Bing, Libby Colman
  Femme et le sexe, La, Dr Lionel Gendron
* **Guide gynécologique de la femme moderne, Le,** Dr Sheldon H. Sherry
  Helga, Eric F. Bender

  Homme et l'art érotique, L', Dr Lionel Gendron
  Maladies transmises sexuellement, Les, Dr Lionel Gendron
  Qu'est-ce qu'un homme? Dr Lionel Gendron
  Quel est votre quotient psycho-sexuel? Dr Lionel Gendron
* **Sexe au féminin, Le,** Carmen Kerr
  Sexualité, La, Dr Lionel Gendron
* **Sexualité du jeune adolescent, La,** Dr Lionel Gendron
  Sexualité dynamique, La, Dr Paul Lefort
* **Ta première expérience sexuelle,** Dr Lionel Gendron et A.-M. Ratelle
* **Yoga sexe,** S. Piuze et Dr L. Gendron

SPORTS

  ABC du hockey, L', Howie Meeker
* **Aïkido — au-delà de l'agressivité,** M. N.D. Villadorata et P. Grisard
  Apprenez à patiner, Gaston Marcotte
* **Armes de chasse, Les,** Charles Petit-Martinon
* **Badminton, Le,** Jean Corbeil
  Ballon sur glace, Le, Jean Corbeil
  Bicyclette, La, Jean Corbeil
* **Canoé-kayak, Le,** Wolf Ruck
* **Carte et boussole,** Björn Kjellström
  100 trucs de billard, Pierre Morin
  Chasse et gibier du Québec, Greg Guardo, Raymond Bergeron
  Chasseurs sachez chasser, Lucien B. Lapierre
* **Comment se sortir du trou au golf,** L. Brien et J. Barrette
* **Comment vivre dans la nature,** Bill Riviere
* **Conditionnement physique, Le,** Chevalier-Laferrière-Bergeron
* **Corrigez vos défauts au golf,** Yves Bergeron

  Corrigez vos défauts au jogging, Yves Bergeron
  Danse aérobique, La, Barbie Allen
* **En forme après 50 ans,** Trude Sekely
* **En superforme par la méthode de la NASA,** Dr Pierre Gravel
  Entraînement par les poids et haltères, Frank Ryan
  Équitation en plein air, L', Jean-Louis Chaumel
  Exercices pour rester jeune, Trude Sekely
* **Exercices pour toi et moi,** Joanne Dussault-Corbeil
  Femme et le karaté samouraï, La, Roger Lesourd
  Guide du judo (technique debout), Le, Louis Arpin
* **Guide du self-defense, Le,** Louis Arpin
* **Guide de survie de l'armée américaine, Le**
  Guide du trappeur, Paul Provencher
  Initiation à la plongée sous-marine, René Goblot

* **J'apprends à nager,** Régent LaCoursière
* **Jogging, Le,** Richard Chevalier
Jouez gagnant au golf, Luc Brien, Jacques Barrette
* **Jouons ensemble,** P. Provost, M.J. Villeneuve
* **Karaté, Le,** André Gilbert
* **Karaté Sankukai, Le,** Yoshinao Nanbu
Larry Robinson, le jeu défensif au hockey, Larry Robinson
Lutte olympique, La, Marcel Sauvé, Ronald Ricci
* **Marathon pour tous, Le,** P. Anctil, D. Bégin, P. Montuoro
Marche, La, Jean-François Pronovost
Maurice Richard, l'idole d'un peuple, Jean-Marie Pellerin
* **Médecine sportive, La,** M. Hoffman et Dr G. Mirkin
Mon coup de patin, le secret du hockey, John Wild
* **Musculation pour tous, La,** Serge Laferrière
Nadia, Denis Brodeur et Benoît Aubin
Natation de compétition, La, Régent LaCoursière
Navigation de plaisance au Québec, La, R. Desjardins et A. Ledoux
Mes observations sur les insectes, Paul Provencher
Mes observations sur les mammifères, Paul Provencher
Mes observations sur les oiseaux, Paul Provencher
Mes observations sur les poissons, Paul Provencher
Passes au hockey, Les, Chapleau-Frigon-Marcotte
Parachutisme, Le, Claude Bédard
Pêche à la mouche, La, Serge Marleau
Pêche au Québec, La, Michel Chamberland
Pistes de ski de fond au Québec, Les, C. Veilleux et B. Prévost
Planche à voile, La, P. Maillefer
* **Pour mieux jouer, 5 minutes de réchauffement,** Yves Bergeron

* **Programme XBX de l'aviation royale du Canada**
Puissance au centre, Jean Béliveau, Hugh Hood
Racquetball, Le, Jean Corbeil
Racquetball plus, Jean Corbeil
** **Randonnée pédestre, La,** Jean-François Pronovost
Raquette, La, William Osgood et Leslie Hurley
Règles du golf, Les, Yves Bergeron
Rivières et lacs canotables du Québec, F.Q.C.C.
* **S'améliorer au tennis,** Richard Chevalier
Secrets du baseball, Les, C. Raymond et J. Doucet
Ski nautique, Le, G. Athans Jr et A. Ward
* **Ski de randonnée, Le,** J. Corbeil, P. Anctil, D. Bégin
Soccer, Le, George Schwartz
* **Squash, Le,** Jean Corbeil
Squash, Le, Jim Rowland
Stratégie au hockey, La, John Meagher
Surhommes du sport, Les, Maurice Desjardins
Techniques du billard, Pierre Morin
* **Techniques du golf,** Luc Brien, Jacques Barrette
Techniques du hockey en U.R.S.S., André Ruel et Guy Dyotte
* **Techniques du tennis,** Ellwanger
* **Tennis, Le,** Denis Roch
Terry Fox, le marathon de l'espoir, J. Brown et G. Harvey
Tous les secrets de la chasse, Michel Chamberland
Troisième retrait, Le, C. Raymond, M. Gaudette
Vivre en forêt, Paul Provencher
Vivre en plein air, camping-caravaning, Pierre Gingras
Voie du guerrier, La, Massimo N. di Villadorata
Voile, La, Nick Kebedgy

Imprimé au Canada/Printed in Canada

2